主办／
中国社会科学院法学研究所
中国社会科学院国家法治指数研究中心

实证法学研究（第七期）

CHINESE JOURNAL OF EMPIRICAL LEGAL STUDIES Vol.7

主　编／田　禾
　　　　　吕艳滨
执行主编／刘雁鹏

社会科学文献出版社
SOCIAL SCIENCES ACADEMIC PRESS (CHINA)

《实证法学研究》编委会

编委会主任 陈 甦

编委会成员（以姓氏笔画为序）

    左卫民 田 禾 吕艳滨 朱景文

    李 林 吴大华 陈 甦 陈柳裕

    莫纪宏

主 编 田 禾 吕艳滨

执 行 主 编 刘雁鹏

本刊编辑组（以姓氏笔画为序）

    王小梅 王祎茗 刘雁鹏 胡昌明

    栗燕杰 黄 晋

目　录

【学术争鸣：涉税犯罪案件移送前只确认违法事实的决定书是否可诉】

决定书不具有可诉性的分析 ……………………………… 钱蓓蓓 / 1

决定书属于行政诉讼受案范围的分析 …………………… 栗燕杰 / 12

【刑事法治】

以危险方法危害公共安全罪的司法偏差及其纾解
　　——基于 1024 份判决的实证分析 ……… 吴乘子　刘杨东 / 23

企业刑事合规不起诉制度适用对象研究 ………………… 隋志月 / 61

刑事附带民事公益诉讼制度问题实证研究
　　——以 1045 份裁判文书为分析样本 ………………… 屈思忱 / 82

黑恶势力涉案财产处置之现状审视与路径规范 …… 石　魏 / 119

【民商法治】

股权转让合同解除权禁用合同法规范之质疑
　　——兼评指导案例 67 号示范性偏差 ………………… 贾　帅 / 146

论服务类财产权信托中信托监察人制度的构造
　　——以企业集团"出售式重整"为视角 ………… 王泽钧 / 174

【司法建设】

司法审判中的认知偏差
　　——由精神损害赔偿中的锚定效应切入 ………… 王蕙心 / 202

健全基层法院一站式诉讼服务体系面临的问题与对策
　　——以全国 16 家基层法院实证比较研究为视角
　　………………………………………… 陈臻胜　仙玉莉 / 246

裁判文书公开的价值之辨 ………………………… 王祎茗 / 263

法官人身安全保护：问题审视与路径选择
　　——以近五年侵害法官人身安全案例实证分析为基础
　　………………………………………………………雷　霞 / 288

【附录】

稿件规范与注释体例 ……………………………………… / 307
《实证法学研究》约稿函 ………………………………… / 310

【编者手记】

…………………………………………………………… / 312

CONTENTS

【Academic Contention】

An Analysis of the Suitability of the "Tax Treatment Decision" That
 Only Confirms the Illegal Facts
before the Transfer of a Tax-Related
 Crime Case　　　　　　　　　　　　　　　　*Qian Beibei* / 1
The Tax Treatment Decision that Only Identifies the Fact of False
 Disclosure of Illegality should Belong to the Scope of
 Administrative Litigation　　　　　　　　　　*Li Yanjie* / 12

【Criminal Law】

The Judicial Deviation of the Crime of Endangering Public
 Safety by Dangerous Methods and Its Remedy
 —Empirical Analysis Based on 1024 Judgments
　　　　　　　　　　　　　　Wu Chengzi, Liu Yangdong / 23
Research on the Applicable Objects of Enterprise
 Criminal Compliance Non-prosecution System　*Sui Zhiyue* / 61

Empirical Research on the System of Civil Public Interest Litigation
Incidental to Criminal Cases
——Take 1045 Judgment Documents as Analysis Samples *Qu Sichen* / 82

Review of the Current Situation and Path Specification of the
Disposal of Property Involved by Underworld Forces *Shi Wei* / 119

[Civil and Commercial Rule of Law]

Challenging the Prohibition of Contract Law Norms on the
Termination of Equity Transfer Contracts
——Comment on the Exemplary Deviation of Guiding Case No. 67
Jia Shuai / 146

On the Structure of Trust Supervisor System in Service Property Trust
——From the Perspective of "Sale-Style Reorganization" of
Enterprise Groups *Wang Zejun* / 174

[Judicial Construction]

Cognitive Biases in Judicial Trials
——The Anchoring Effect in the Compensation for Mental Damage
Wang Huixin / 202

Problems and Countermeasures of Perfecting the One-Stop Litigation
Service System of Basic Courts
——From the Perspective of Empirical Comparative Study of
16 Grassroots Courts in China *Chen Zhensheng, Xian Yuli* / 246

Discussing the Value of the Disclosure of Judgment Documents
Wang Yiming / 263

Judge's Personal Safety Protection: Problem Review and Path Selection
—Based on the Empirical Analysis of Cases of Infringement on the Personal Safety of Judges in the Past Five Years *Lei Xia* / 288

【Appendices】

Citations and Formatting Guide / 307

Call for Papers / 310

【Editor's Note】

/ 312

【学术争鸣：涉税犯罪案件移送前只确认违法事实的决定书是否可诉】

决定书不具有可诉性的分析

钱蓓蓓[*]

摘　要：税务部门的稽查局在处理涉嫌构成刑事犯罪的虚开发票类案件中，在移送公安机关之前经常会作出一种特别的只确认违法事实而不作日常税务处理和税务行政处罚的"税务处理决定书"（以下简称"决定书"）。针对这一决定书，福建省高院在（2018）闽行申595号一案中将其认定为过程性行政行为，否定了它的可诉性。实践中很多涉税当事人希望对此可以提起行政诉讼，提前实现司法救济。本文支持福建省高院的观点，并从三个方面加以论述：其一，从税务稽查行刑衔接类案件的走向分析，决定书只是稽查局的初步违法确认，后续会根据司法机关的意见再进行处理和处罚，因此决定书不具有终局性；其二，从避免行政审判和刑事审判产生矛盾以及刑事优先角度说明否定决定书可诉性的合理性；其三，从税务稽查程序的

---

[*] 钱蓓蓓，国家税务总局党校讲师，名古屋大学法学博士。

规范性角度分析不存在赋予决定书可诉性的紧迫性。在此分析基础上，本文同时建议国家税务总局出台文件，统一规定稽查局针对该类移交处理不再采用"税务处理决定书"，以避免不必要的误解和纷争。

关键词： 决定书　案件移送　过程性行为　可诉性

近年来，虚开增值税专用发票案件频发，为处理该类行刑衔接类案件，税务部门的稽查局在稽查审理结束之后作出了一类特别的税务处理决定书。这类决定书虽然是采用税务处理决定的文书式样作出的，但其记载的内容区别于传统的要求补缴税款和滞纳金的税务处理决定，不涉及税款方面的处理，而只是对违法事实进行说明和初步确认，同时告知涉税当事人暂不进行税务行政处罚，将案件移交司法部门。如何正确理解此类决定书的法律属性，直接决定涉税当事人能否对该类行为提起行政复议或行政诉讼，对涉税当事人救济权的行使影响巨大。从福建省高院对（2018）闽行申595号一案作出的行政裁定来看，该法院一方面否定了该类以决定书形式作出的"处理决定"为《税收征收管理法》第88条第1款规定的关于纳税争议方面的处理决定［也是《税务行政复议规则》（国家税务总局令第44号）第14条第1项规定的"征税行为"］；另一方面，也否定了为再审申请人所主张的税务行政处罚决定，而认为其是"作出最终行政处分之前，会有一些预备性、程序性和处于中间阶段的过程性行政行为。""这些过程性行为，对相对人不产生独立的、最终的行政法律效力，故不属于可诉的行政行为。"笔者赞成福建省高院的裁断。但可惜的是，法院并没有就此论断进行充分的阐述和说理。本文从三个方面进一步说明不宜赋予决定书可诉性。

一 决定书不具有终局性

从税务行刑衔接类案件的办理流程来看，决定书只是稽查局的初步违法确认，后续有可能根据司法机关的意见再作出最终的处理和处罚决定，因此不具有终局性。该案件经稽查局调查和认定，认为其涉嫌构成刑法上的虚开增值税专用发票罪，按照修订前的《行政处罚法》第22条（修订后对应的是第27条）以及《行政执法机关移送涉嫌犯罪案件的规定》（以下简称《移送规定》）第3条的规定，稽查局必然将案件移送给公安机关。按照《移送规定》第8条的规定，如果是属于自己拥有管辖权的案件，公安机关应当自接受稽查局移送的涉嫌犯罪案件之日起3日内，对所移送的案件进行审查。认为有犯罪事实，需要追究刑事责任，依法决定立案的，应当书面通知稽查局；认为没有犯罪事实，或者犯罪事实显著轻微，不需要追究刑事责任，依法不予立案的，应当说明理由，并书面通知稽查局，相应退回案卷材料。因此，案件移送后面临两种可能性：一是由公安机关立案，此时稽查局一般先作结案处理，这意味着案件进入了刑事领域，不再属于稽查局的职权管辖范围；二是公安机关认为不构成犯罪，不予立案。

（一）公安机关不予立案后稽查局会对案件作最终处理

根据《移送规定》第9条的规定，稽查局可以申请复议，也可以提请检察院进行立案监督，如果还是不予立案，则说明公安机关确实认为不构成犯罪。此时，案件退回稽查局，按照《移送规定》第10条的规定，由稽查局作出最终的处理处罚决定。需要说明的是，既然公安机关已经认定为不构成刑事犯罪，一般来说，稽查局会考虑公安机关的意见，就自身的职权范围作出行政上的违法认定和处理。①公安机关认为不存在犯罪事实的，稽查局需要对案件违法事实再次进行评估，或者补充调查，来确定公安机关认为的不存在犯罪事实，是不是意味着行政违法事实也不存在。如果行政违法事实不存在，稽查局会以"税务稽查结论"结案。如果虽然不存在犯罪事实，但行政上的违法行为和事实确实存在，则需要作出税务处理，并根据不同情况作出处罚决定。这种犯罪事实不成立但税收违法行为依然存在的情形在虚开发票类案件中时有出现，因为《发票管理办法》第22条第2款规定的"虚开"与《刑法》第205条规定的"虚开增值税专用发票"犯罪的"虚开"，构成要件并不完全重合①。②公安机关认为犯罪事实显著轻微不构成犯罪的，表明违法行为和事实确实是存在的，只是达不到刑事立案的标准。此时稽查局一般也会结合公安机关给出的意见，最终作出处理处罚决定。

由此可见，在公安机关不予立案的情况下，稽查局会根据公安机关不予立案的理由，结合之前查明的案件事实作出终局性的处理，可能会追究涉税当事人的行政违法责任，也可能不再追究。

---

① 对于虚开增值税专用发票罪究竟是行为犯还是结果犯争论已久。仅从刑法条文表述来看，其与《发票管理办法》对虚开的界定并没有什么区别，只涉及行为的描述。但近些年来，最高人民法院在刑事案件中确立了一个审判规则，就是认定虚开发票犯罪，必须要有偷逃税款的目的且造成了税款的流失，如果只是以通过虚开发票的形式为达到虚增销售额等与偷逃税款无关的目的，且没有造成税款流失的，不构成虚开增值税专用发票罪，如法研〔2015〕58号文和2018年12月4日最高人民法院发布的第二批人民法院充分发挥审判职能作用、保护产权和企业家合法权益典型案例中的"张某虚开增值税专用发票案"，都明确"不具有骗取国家税款的目的，未造成国家税款损失，其行为不构成虚开增值税专用发票罪"。但类似像虚增、对开、环开等虚开发票的行为，虽然不构成犯罪，却仍然构成《发票管理办法》上的虚开发票行为，需要接受行政上的处理处罚。最高人民法院确立的这一原则，使得虚开发票类案件在行刑衔接的认定上，出现了对"虚开"事实的两种认定标准，即行政上仅以行为存在为违法构成要件，但在刑事上则考虑目的和危害后果。

（二）公安机关立案后稽查局会根据司法裁判对案件作最终处理

虽然公安机关立案了，但公诉机关也可能作出不予起诉的决定，这种情况和前述公安机关不予立案的情况类似，案件依然有可能退回稽查局再次进行处理。大部分行刑衔接类案件会按照流程进入法院的刑事审判阶段。不同的法院判决，直接决定稽查局是否需要再对案件进一步作出行政处理。

一是判决犯罪事实成立，构成虚开增值税专用发票罪。此时法院会根据《刑法》判处罚金，因为稽查局之前未作出税务行政处罚，不存在罚款折抵罚金的问题，此时罚金吸收了税务行政处罚的罚款部分，直接约束涉税当事人，稽查局无须再作出税务行政处罚决定。但是，根据《刑法》第212条的规定，稽查局应根据法院认定的违法事实来追缴税款，因此仍然需要作出一般意义上追缴税款和滞纳金的税务处理。

二是判决不构成犯罪，但理由可能是之前稽查局对虚开发票认定金额有误、没有达到刑事犯罪的立案标准或者是没有造成税款流失等危害后果的，此时税收违法行为仍然存在，案件同样要返回稽查局，稽查局根据法院认定的违法事实按《发票管理办法》进行税务行政上的处理和处罚。

三是判决不构成犯罪，但原因是违法行为本身不是虚开发票行为，此时，意味着稽查局原来查处的违法行为既不能构成《发票管理办法》上的"虚开"行为，也不构成《刑法》上的"虚开"行为，根据司法最终原则和既判力原理，稽查局也就没有必要再作处理了。

从上述分析来看，无论是公安机关予以立案还是不予立案，案件一旦移交，稽查局作出的最终处理都要充分尊重司法机关的意见，在法院判决的情况下，法院认定的事实直接会拘束稽查局对案件事实的认定，影响最终的行政处理和处罚决定。因此，福建省高院认为决定书不具有"成熟性和终局性"，而仅仅是过程性行政行为，不无道理。

（三）决定书作出后稽查局不必然启动后续的惩戒措施

事实上，该类决定书作出之后，也不必然意味着稽查局会采取后续措施对纳税人实施惩戒。比如，关于纳税人信用等级是否降低的问题，根据《纳税信用管理办法（试行）》（国家税务总局公告2014年第40号）第20条第1项的规定："有下列情形之一的纳税人，本评价年度直接判为D级：（一）存在逃避缴纳税款、逃避追缴欠税、骗取出口退税、虚开增值税专用发票等行为，经判决构成涉税犯罪的……"，即如果是已经移交公安机关的案件，必须等待法院判决确实构成涉税犯罪的，才会直接将纳税人的信用等级判定为D。

同样，对于是否实施联合惩戒，按照《重大税收违法失信主体信息公布管理办法》（国家税务总局令第54号）第2条的规定："税务机关依照本办法的规定，确定重大税收违法失信主体，向社会公布失信信息，并将信息通报相关部门实施监管和联合惩戒。"也就是说，先确定重大税收违法失信主体，然后才实施联合惩戒。对于重大税收违法失信主体的确定，《重大税收违法失信主体信息公布管理办法》第7条第2款规定："对移送公安机关的当事人，税务机关在移送时已依法作出《税务处理决定书》，未作出《税务行政处罚决定书》的，当事人在法定期限内未申请行政复议、未提起行政诉讼，或者申请行政复议，行政复议机关作出行政复议决定后，在法定期限内未提起行政诉讼，或者人民法院对税务处理决定或行政复议决定作出生效判决、裁定后，有本办法第六条规定情形之一的，税务机关确定其为失信主体。"据此似乎应该赋予纳税人对税务处理决定书提起复议和诉讼的权利。但是，仔细分析这个条款，以及第7条第1款，该条要强调的立法宗旨并非税务处理决定或者税务行政处罚决定的可复议性和可诉性问题，而是强调必须要等这些文书所确定的法律事实和法律效果具有不可争辩性之后才可以将相关纳税人确定为失信主体。因此，本文也建议，如果案件已经进入刑事程序，稽查局最好不要启动重大税收违法失信主体的确认程序和联合惩戒程序，要等司法机关作出裁断之后再进行相应的处理。

事实上，在税务执法实践中，有些地方的稽查局对该类案件的处理，不会出具虚开发票处理决定书，甚至不会出具任何执法文书而直接移交公安机关。因此，有实务界人士提出："从规范执法角度看，针对类似案件，不宜采用税务处理决定书，而应采用案件移送告知书，或许更为妥当。"① 这不失为化解目前误解的一种有效方法。

当然，税务执法实践中，针对这类案件也有稽查局会根据查明的违法事实作出税款方面的处理决定，即要求补缴税款和滞纳金，该类税务处理决定书在违法事实确认方面则和本文所讨论的决定书一样。一般认为，如果稽查局选择作出税收争议方面的处理决定，则该处理决定就是可诉的。当然如果公安机关不予立案或是检察院决定不起诉，理论上稽查局也应该重新评价自己作出的税收处理决定，必要时予以撤销或变更。特别是在生效刑事判决认定的事实对

---

① https://mp.weixin.qq.com/s/UqGW8IHM13O2cxn3rUqfvw.

税务处理决定所依据的事实作出否定的情况下，根据司法认定的终局性原则，原处理决定依据的事实丧失了合法性，理论上也应该予以撤销①。从上述角度来看，稽查局作出的一般意义上的税收处理决定也不是终局性的。但即使如此，也不能认为本案讨论的决定书和一般意义上的税务处理决定书是一回事。这是因为本案中讨论的决定书只有违法事实认定的内容，并没有对涉税当事人增加具体的义务或减少具体的权益，且决定书的内容几乎不具有可执行性。当然，从主张刑事优先、司法优先以及节约行政资源的角度，笔者也同时主张，面对所有行刑衔接类案件，税务机关的稽查局（包括其他行政机关）最好等司法部门最终裁判之后再作相应处理。

二 否定决定书的可诉性，可以避免行政判决和刑事判决可能出现的矛盾

从另一角度看，如果赋予涉税当事人对决定书提起诉讼的权利，则案件必然进入行政诉讼程序，从而将案件简单定性为行政案件。但事实上，行刑衔接类案件具有特殊性，一旦移交，特别是在公安机关立案的情况下，案件性质已经发生了变化，一切按照刑事案件

---

① 当然，实践中即使法院作出了生效刑事判决，行政执法机关也未必主动纠错予以撤销。当事人可以针对处理处罚决定提起确认违法之诉，也可以等到执行阶段，针对强制执行缺乏合法依据提起行政诉讼。后者见原告佛山市顺德区金冠涂料集团有限公司不服被告广东省国家税务局税收强制执行决定案（2013）穗中法行初字第21号。在该案中，法院判决就提道："本案被告作出被诉税收强制执行决定的依据是粤国税稽处〔2006〕1号税务处理决定，该税务处理决定虽然未经法定有权机关变更或撤销，在形式上仍然有效，但该税务处理决定所依据的事实与法院生效刑事判决相冲突，生效刑事判决从证据、稽查方法、程序等方面均否定了税务处理决定所依据的事实。由于司法认定具有终局性，在生效刑事判决认定的事实对税务处理决定所依据的事实作出否定的情况下，应认定被诉税收强制执行决定的执行依据明显缺乏事实依据，被告依据该税务处理决定作出被诉税收强制执行决定，认定事实不清，适用法律错误，应当予以撤销。"

流程进行，公安机关也完全有可能通过侦查补强原来稽查局的取证，力求达到排除合理怀疑的证明标准。此时，若出现了行政诉讼判决和后续刑事判决不一致的情形，必然会损害司法权威。如果等待行政案件判决之后再作刑事判决，一来会造成案件久判不决，二来有可能出现两者各自审判、相互矛盾的情形。

三 稽查局作出的决定书也不具备提前给予司法救济的紧迫性

从稽查局办案流程的规范性角度来讲，此类决定书也不具备提前赋予司法救济的紧迫性。税务行政执法主体包括负责日常征管职能的税务局以及专门查处偷逃税、虚开发票等大案要案的稽查局。稽查局办案流程包括选案、检查、审理和执行。检查部门负责调查取证，对案件进行初步定性，给出初步的处理建议。审理部门进行书面审理，同时负责听取涉税当事人的陈述和申辩，必要时进行听证，再结合检查部门的意见作出处理和处罚意见。如果是行刑衔接类案件，如本案判决中所陈述的，审理部门还不能作出最终的处理和处罚意见，要将案件上报税务局重大税务案件审理委员会再次审理，然后根据重案审理委员会出具的意见书再作出处理和处罚决定[①]。稽查局的检查人员必须通过税务执法资格考试，才具备执法资格进行办案，而审理人员更要求通过国家法律职业资格考试。因此，无论从整套流程的规范性还是办案人员本身所具备的业务能力和法治素养来看，都具有较强的准司法性，办案质量有一定保障。考虑

---

① 《重大税务案件审理办法》2021年进行了修正，修正之后的重案审理范围有些许变化，对"公安机关尚未就税收违法行为立案，但被查对象为走逃（失联）企业，并且涉嫌犯罪的"，不再列入重案审理范围。

到行政程序的规范性和稽查局后续惩戒措施的谦抑性,笔者认为并不存在给予决定书这一过程性行为提前司法救济的紧迫性。

综上所述,笔者赞成法院作出决定书不具有可诉性的裁决。但是需要指出,这类税务处理决定书是特殊的处理决定,和一般意义上针对纳税争议进行处理的税务处理决定书不同。同时为增加行刑衔接类虚开增值税专用发票案件处理流程的规范性和全国统一性,建议国家税务总局出台专门的规范性文件,规定在此类案件的行刑衔接过程中,如果只是针对虚开发票事实作出初步认定,稽查局不再采用税务处理决定书形式,而改用案件移送告知书或税务事项告知书等通知类文书,或是不对外作出相关文书,同时必须等待司法裁断之后再作出最终的税务处理和处罚决定,以此避免纳税人不必要的误解和纷争。

An Analysis of the Suitability of the "Tax Treatment Decision" That Only Confirms the Illegal Facts before the Transfer of a Tax-Related Crime Case

Qian Beibei

Abstract: In handling cases of connection between executions, especially cases of false invoicing, the inspection bureau of the tax department often makes a special "Tax Treatment Decision" that only confirms the illegal facts without handling and punishing them before transferring them to the public security organs (hereinafter referred to as the "Decision"). In response to this "Decision", the High Court of Fujian Province identified it as a procedural administrative act in the case of (2018) Min Xingshen No. 595, denying its suitability. In practice, many tax-related parties hope to file an administrative lawsuit to achieve judicial relief in advance. This article supports the view of the Fujian Provincial High Court and discusses it from three aspects: First, from the perspective of the trend of tax audit and execution-punishment cases, it is analyzed that the "Decision" is only the preliminary illegal confirmation of the audit bureau, and the follow-up may be based on the opinions of the judicial organs. Therefore, the "Decision" is not final; the second is to explain the rationality of denying the suitability of the "Decision" from the perspective of avoiding conflicts between administrative trials and criminal trials and giving priority to criminals; third, from the perspective of taxation from the normative perspective of the audit procedure, there is no urgency to make the Decision Letter actionable.

Key words: Decision Letter; Case Transfer; Procedural Behavior; Justiciability

决定书属于行政诉讼受案范围的分析

栗燕杰[*]

摘　要： 仅认定虚开增值税专用发票而未载明补缴、处罚等措施的税务处理决定，虽然表面上看是行政管理的细枝末节，但在税务管理实践中应用广泛，且对开票方和受票方都有巨大影响。认定虚开发票的税务处理决定作出后，开票方将在纳税信用等级认定、联合惩戒等方面受到广泛制裁；受票方虽非其直接相对人，但也将面临进项转出、补缴税款等法律后果。综上认为，虽然虚开发票的税务处理决定一度被认定为过程行为，或者仅仅是对虚开发票事实的确认，但实践中现行税收监管及信用惩戒法律的制度规范和贯彻实施，已明确该行为具有直接的法律影响，理应纳入司法审查范围。认定虚开发票后移送司法机关与刑事司法的衔接，并不意味着应当排除受案范围。

关键词： 虚开增值税专用发票　税务处理决定　司法审查　信用惩戒

---

[*] 栗燕杰，中国社会科学院法学研究所副研究员。雷继华、李雨桐提供了部分素材。

对认定虚开发票的税务处理，在实践中应用极为广泛。仅2018年8月到2021年，税务机关联合公安、海关、人民银行开展打击"假企业""假出口""假申报"专项行动，就依法查处涉嫌虚开骗税企业47万余户①。2021年，中共中央办公厅、国务院办公厅印发《关于进一步深化税收征管改革的意见》，明确提出要"实现对虚开骗税等违法犯罪行为惩处从事后打击向事前事中精准防范转变"，提出要精准有效打击"假企业"虚开发票。显然，虚开发票已不是市场主体涉税违法的多种情形之一，而成为受到各方关注的主流形态。在常态化打击虚开发票违法行为的同时②，可能"误伤"的监督救济问题，日渐凸显。

受案范围，是中国行政诉讼最古老的问题之一，也是法律、司法解释制定、修改和适用中的焦点问题③。只认定虚开增值税专用发票，而载明处罚、补税等事项的税务处理决定（以下简称为"认定虚开的税务处理决定"），是否属于行政诉讼受案范围，税务机关做法不一，司法机关认识不一也广泛存在。对此，部分税务系统实务人员和法官认为，此类税务处理决定具有过程性，与税务处罚、补缴决定等不同，对当事人无实质影响，且作出后往往移送司法机关④。基

---

① 数据参见《国家税务总局2021年法治政府建设情况报告》，http://www.chinatax.gov.cn/chinatax/n810214/n2897183/c5174086/content.html，最后访问日期：2022年6月9日。
② 2022年1月26日，国务院新闻办公室举行减税降费促发展强信心新闻发布会，其主题为"减税降费促发展强信心"，税务部门将重点关注一些领域，"特别是对团伙化、暴力式虚开发票等严重涉税违法行为"，进一步强化常态化打击。http://guizhou.chinatax.gov.cn/sjpd/gaxqgwh/tzgg_60042/202201/t20220127_72432099.html，最后访问日期：2022年6月8日。
③ 梁凤云：《新行政诉讼法讲义》，人民法院出版社，2015，第51页。
④ 但也有部分地区税务机关，在决定书中告知当事人可以申请复议。比如，国家税务总局广州市税务局第二稽查局向广州金焕衣服饰有限公司作出的穗税二稽处〔2019〕150092号税务处理决定书，在认定"为他人开具上述889份增值税专用发票的行为，属于虚开发票行为"之后，即告知"可自收到本书之日起六十日内依法向国家税务总局广州市税务局申请行政复议"。参见广州金焕衣服饰有限公司与国家税务总局广州市税务局第二稽查局税务行政管理（税务）一案行政二审裁定书【（2020）粤71行终514号】。

于种种考虑，排除受案范围，既有法律依据操作层面也较为妥当。对此，本文持完全反对态度，认为应当肯定此类认定虚开的税务处理决定的可诉性。

从受案范围要件来看，认定虚开的税务处理决定，与税务机关行使行政管理职权明确相关，这并无争议。排除司法审查的常见理由为"过程行为"，或对事实的认定不具有处分性，或两法衔接。本文认为，其主张均不成立，无论从行为属性还是效果看，应旗帜鲜明地将此类行为纳入行政诉讼受案范围。

一 认定虚开的税务处理决定并非内部行为

《最高人民法院关于适用〈中华人民共和国行政诉讼法〉的解释》在排除受案范围时，罗列了"行政机关作出的不产生外部法律效力的行为"这种事实行为，以及"行政机关为作出行政行为而实施的准备、论证、研究、层报、咨询等过程性行为"的内部行为。事实上，税务机关与虚开发票认定相关的活动，的确有内部行为的情形。比如，税务机关之间开具"已证实虚开通知单"，这种通知单并不向外部企业送达，作为税务系统内部往来函件和一方对违法线索的确认，不直接对相关方产生影响，认定为"内部行为"，在目前行政诉讼理论指引下，尚可自圆其说；而税务机关直接向当事人作出认定虚开的税务处理决定书，会带来一系列后续效果，并不具有"已证实虚开通知单"的内部性，这是无疑问的。

二 认定虚开的税务处理决定的实际影响

2017年通过、2018年起施行的《最高人民法院关于适用〈中华人民共和国行政诉讼法〉的解释》第一条，在罗列不属于行政诉讼受案范围事项时，最终兜底条款为"对公民、法人或者其他组织权利义务不产生实际影响的行为"，这种表述对应了行政行为上处分性的认识。认定虚开的税务处理决定，并不符合其特点要求。

（一）认定虚开的税务处理决定对开票方的巨大影响

开具发票的单位、个人，一旦收到认定构成虚开的税务处理决定，虽然暂时无处罚，或看起来没有直接的惩戒处置，但事实上已具有司法救济的紧迫性。认定虚开发票之后，税务执法机关将依照《税收征收管理法》《发票管理办法》等规定，处以罚款等行政处罚；涉嫌犯罪的，将移送司法机关。其主要影响突出表现如下。

1. 将被年度评价降级及相应后果

2014年国家税务总局发布的《纳税信用管理办法（试行）》（国家税务总局公告2014年第40号）第20条规定，对于虚开增值税专用发票行为，无论是判决构成涉税犯罪，还是已缴纳税款、滞纳金、罚款，或者"导致其他单位或者个人未缴、少缴或者骗取税款的"，均在本评价年度直接判定为D级。因此，企业被认定为虚开增值税专用发票，无论是否有后续的处罚、补税等，即便是导致其他单位或者个人未缴、少缴或者骗取税款，同样会被判定为D级。被判定为D级之后，将受到多项处置措施，包括列入重点监控对象，提高监督检查频次，建议在政府采购、工程招投标、安全许可等方面予以限制或禁止，受到税务机关与相关部门实施的联合惩戒措施①。被判定为D级后，不利影响较多：小微企业纳税人享受增值税期末留抵退税，需纳税信用等级为A级或B级，即D级的不得享

---

① 参见2014年《纳税信用管理办法（试行）》第32条。

受；不得申请享受资源综合利用项目增值税即征即退。在实践中，被判定为D级后，银行贷款、招投标等将会受限，不利影响广泛存在。而这些限制的起点，均在于税务机关一纸外观上看起来貌似行政确认、认定虚开的税务处理决定书。

2. 将被认定为失信主体

2021年的《重大税收违法失信主体信息公布管理办法》对于"虚开增值税专用发票或者虚开用于骗取出口退税、抵扣税款的其他发票的"，以及"虚开增值税普通发票100份以上或者金额400万元以上的"，均认定为"重大税收违法失信主体"。在此，有人或许提出，被认定为失信主体，当事人也可以申请复议或提起行政诉讼，同样可以获得救济。由此是否可以得出结论，认定虚开发票等税务处理决定书，并无必要纳入受案范围？

笔者认为这种观点不能成立，理由至少有二。其一，认定为失信主体，在司法审查时，关注的是失信主体的认定和公布，是否存在违法、滥用权力等违法行为；而在先的税务处理决定书，则是失信认定的前提，并非失信认定行政纠纷的争议焦点所在。对失信认定的复议诉讼，徒然浪费时间、资源，并不能达到纠纷实质化解的效果。其二，《重大税收违法失信主体信息公布管理办法》第7条第2款规定，对移送公安机关的当事人，税务机关在移送时已依法作出税务处理决定书，未作出税务行政处罚决定书的，当事人在法定期限内未申请行政复议、未提起行政诉讼，或者申请行政复议，行政复议机关作出行政复议决定后，在法定期限内未提起行政诉讼，或者人民法院对税务处理决定或行政复议决定作出生效判决、裁定后，有本办法第6条规定情形之一的，税务机关确定其为失信主体。换言之，在该管理办法制定者看来，当事人被移送司法机关时，仅收到税务处理决定书的,也可通过行政复议、行政诉讼进行权利救济;如未寻求救济或救济不成立的,税务机关将确定其为失信主体。

由此可见,认定虚开等税务处理决定,对于开票方无理由排除出受案范围。

(二)认定虚开税务处理决定对受票方亦有影响

根据《国家税务总局关于纳税人虚开增值税专用发票征补税款问题的公告》(国家税务总局公告2012年第33号),纳税人取得虚开的增值税专用发票,不得作为增值税合法有效的扣税凭证抵扣其进项税额。因此,认定虚开发票后,将直接影响受票方权益,面临进项转出、补缴税款的后果。如产生争议进入司法程序,表面上看是补缴税款的争议,实质上仍为审查认定虚开行为的合法性。显然,认定虚开的税务处理决定,在原告资格方面,既可能是开票方,也可能是受票方。

三 他山之石的镜鉴意义

对违法事实的认定,是否属于受案范围?一种观点认为,认定虚开的税务处理决定,具有"公布违法事实"之效果,可视为对事实的行政确认,因此,可排除出法院受案范围。行政确认是否可诉,是行政诉讼法理论和实践方面的难题。有观点认为,行政确认是否可诉,端赖于所确认对象之属性。如果确认的是事实,则不具有可诉性;如果确认的是法律关系,则属于受案范围。这也是一些税务机关和司法机关的主张。无论原理层面如何争议,实践中,已有部分行政机关经过与主管部门反复争论,出现将对违法事实的认定最终纳入受案范围的先例，可资参考。

一个典型例证是，最高人民法院通过答复明确，出具介绍信，证明被介绍人的法定身份和权限的行为，如果对行政法律关系的内容进行了变更，属于受案范围①。一个更接近的例证是，火灾原因认定和火灾事故责任认定，虽然公安部通过部门规章、批复等形式多次认为不属于受案范围②，但是，最高人民法院认可下级法院受理此类案件。特别要注意的是，是否排除出受案范围，"公安部的批复无权规定是否属于行政诉讼受案范围的内容"③。国家税务总局的批复或认知，也不能将类似虚开的税务处理决定，排除出行政诉讼受案范围。

四 税务程序的准司法性并非排除理由

有种观点认为，认定虚开的税务处理决定，需要经过系统而极为严谨的执法程序，检查人员须通过税务执法资格考试，审理人员须通过国家法律职业资格考试，为此，办案质量有较强保障。这并非排除出受案范围的正当理由。众所周知，一些部委还设立了行政处罚委员会，其处罚经过严密论证，且即便被诉也有连续多年保持

---

① 参见《最高人民法院关于教育行政主管部门出具介绍信的行为是否属于可诉具体行政为请示的答复》，答复认为，"教育行政主管部门出具介绍信的行为对行政相对人的权利义务产生实际影响的，属于可诉的具体行政行为"。

② 比如，2000年，公安部作出《关于对火灾事故责任认定不服是否属于行政诉讼受案范围的批复》（公复字〔2000〕3号），认为"火灾事故责任认定是公安消防机构在查明火灾事故事实后，根据当事人的行为与火灾事故之间的因果关系，以及其行为在火灾事故中所起的作用而作出的结论，其本身并不确定当事人的权利义务，不是一种独立的具体行政行为，不属于《行政诉讼法》第十一条规定的受案范围"。但是，这种观点并未得到司法系统的采纳。参见江必新、梁凤云《行政诉讼法理论与实务》（第3版），法律出版社，2016，第400~401页。需要指出的是，该批复在2009年被公安部废止。

③ 江必新、梁凤云：《行政诉讼法理论与实务》（第3版），法律出版社，2016，第400~401页。

"零败诉"的纪录，但这并不是将其处罚和各类监管决定排除出受案范围的正当理由。

恰恰相反，监管谈话的行政监督管理措施，要求特定主体接受"监管谈话"，已然被中国证监会等纳入复议、诉讼范围[①]。而依照税务系统的逻辑，这类要求接受监管谈话，系典型的过程行为，无处分性。但从监管对象角度来看，此类监管谈话，显然易引发市场反应甚至震荡，对监管对象具有事实上的影响。也因此，将采取监管谈话措施纳入受案范围，直接被这些部门载入其"采取监管谈话措施的决定"中。由此，在横向比较视野下，举重以明轻，将认定虚开的税务处理决定纳入受案范围，显然顺理成章。

五 移送司法机关亦非排除理由

税务机关作出认定虚开的税务处理决定后，往往会告知涉税当事人暂不实施税务行政处罚，而是将当事人移送司法机关。而司法机关仅将虚开认定作为证据之一，并非必然采纳。这也是一些法院认为此类决定不具有成熟性和终局性的原因，从而无必要纳入行政诉讼的受案范围。也有法院持此观点。其典型如，二审法院认为，"虽然被上诉人将案件移送公安机关处理前作出被诉税务处理决定，对上诉人虚开增值税发票的行为作出事实认定，但该认定不是具有独立意义的终局行政行为。在案件性质转为刑事案件后，被诉税务处理决定仅属于刑事案件的证据，而能否成为刑事案件的定案依据仍需司法机关予以审查认定。对上诉人产生实际影响的是后续刑事

---

① 典型个案如"关于对罗钦城采取监管谈话措施的决定"，http://www.csrc.gov.cn/csrc/c106065/c1668493/content.shtml，最后访问日期：2022年5月4日。

司法行为或者被上诉人可能根据司法机关对涉嫌犯罪线索的处理结果而作出的最终处理决定。因此，被上诉人作出的被诉税务处理决定不具有通过行政诉讼进行合法性审查的必要性，也对上诉人的权利义务不产生实际影响"[①]。由此，从两法衔接角度看，其论证过程不可谓没有道理，但结论并不能成立。从移送司法机关到最终判决，还需要很长时间，而前文所述的评价降级和失信认定等后果，已结结实实落在当事人头上。为此，移送司法机关与纳入行政诉讼受案范围，并非互斥关系，而是两者各行其道。从后端看，一旦认定虚开发票被法院监督予以纠正甚至撤销，也有利于刑事司法程序的快速了结。

余论 纳入受案范围弊少利多

一些税务干部可能存在担忧：将此类认定纳入受案范围，会不会导致被诉案件量激增？导致应诉压力疲于应付，造成恶性循环？会不会导致税务稽查执法受到过多干扰而不能正常进行？

将纳入受案范围视为洪水猛兽并不恰当。从当下看，把此类认定纳入行政诉讼受案范围，基于清税前置、复议前置等要求，能去法院起诉的当事人，也经过层层过滤，数量已大为缩水[②]。当然这里的清税前置、复议前置是否合理，则是另一个值得研讨的话题。限

[①] 广州金焕衣服饰有限公司与国家税务总局广州市税务局第二稽查局税务行政管理（税务）一案行政二审裁定书中，二审法院的主张。

[②] 需要指出的是，虚开认定是否复议前置，在司法实践中也有不同认识。比如，广东省高级人民法院在"鼎鉴行（厦门）金属材料有限公司与国家税务总局广州市税务局第三稽查局税务处理决定再审案"[（2021）粤行再3号]中认为，针对虚开增值税专用发票行为作出处理的税务处理决定书，不属于纳税争议。"原一审法院认为本案属于纳税争议，属于复议前置行为，进而认为鼎鉴行公司起诉不符合法定起诉条件，裁定不予立案，属于认定事实不清，适用法律错误。"

于篇幅和主题，本文不再展开。

就其益处而言，纳入受案范围之后，认定虚开的税务处理决定的调查程序会更加全面、客观、公正，证据搜集整理更加规范、充分。从宏观上看，将认定虚开发票纳入受案范围，不仅有利于更全面地保护市场主体的合法权益，而且填补了中国营商环境法治化拼图的关键空白。

The Tax Treatment Decision that Only Identifies the Fact of False Disclosure of Illegality should Belong to the Scope of Administrative Litigation

Li Yanjie

Abstract: The tax treatment decision that only determines the false issuance of special VAT invoices but does not specify measures such as supplementary payment and punishment, although it seems to be the details of administrative management on the surface. However, it is widely used in tax management practice and has a huge impact on both the issuer and the recipient. After the tax treatment decision for false issuance is made, the issuer will be subject to extensive sanctions in terms of tax credit rating determination, joint punishment, etc.; while the recipient of the bill is not its direct counterpart, but will also face input transfers and make up taxes and other legal consequences. To sum up, although the tax treatment decision that identified false opening was once identified as a procedural act, or was only a confirmation of the fact of false opening, the current system standardization and implementation of the tax supervision and credit punishment laws in practice have made it clear that this behavior has the direct legal impact should be included in the scope of judicial review. The connection between the transfer to the judicial organ and the criminal justice after it is determined to be false does not mean that the scope of accepting cases should be excluded.

Key words: Falsely Issuing Special VAT Invoices; Tax Treatment Decision; Judicial Review; Credit Punishment

【刑事法治】

以危险方法危害公共安全罪的司法偏差及其纾解

——基于1024份判决的实证分析

吴乘子　刘杨东[*]

摘　要：本文借助机器学习方法分析1024份以危险方法危害公共安全罪相关案件的判决，发现该罪存在微观司法偏差。其中，高空抛物行为的认定极易主观归罪，妨害驾驶行为的认定忽略入罪标准，拒不执行疫情防控工作行为的认定存在"重刑化"倾向，盗窃窨井盖行为的认定混淆此罪与彼罪的界限。本文采用因果推断法分析其存在司法偏差的原因，在于"情绪化"舆论趋势加压，立法规定不够明确，司法认定过于随意。为了纠正司法偏差，可以通过三个方面进行纾解：差异化认定不同的行为类型，将公共安全理解为不特定人或者多数人的安全，根据手段危险性与结果危险性及具体案情中行为内在的危险属性来判

---

[*] 吴乘子，华东政法大学刑事法学院刑法学专业研究生，研究方向为中国刑法与经济刑法；刘杨东，法学博士，上海立信会计金融学院法学院实践教学中心主任，研究方向为中国刑法与经济刑法。

断"其他危险方法"。

关键词： 以危险方法危害公共安全罪　司法偏差　公共安全

一　问题的提出

近年来，涉及高空抛坠物、盗窃窨井盖、妨害安全驾驶、拒不执行疫情防控措施的案件不时发生，由于事关"头顶的安全""脚底的安全""出行的安全"等，社会关注度较高。为更准确地适用法律以规制上述危险行为，最高司法机关颁布多个司法解释。即便如此，当法官面对案件影响恶劣且法律适用模糊的情形，往往呈现以危险方法危害公共安全罪定罪的司法惯性。通过以危险方法危害公共安全罪对上述危险行为进行刑事处罚，固然可以达到平息众怒与暂缓舆情的效果，却使得广受理论界诟病的以危险方法危害公共安全罪"口袋化"趋势日趋明显。从法条本身的表述看，《刑法》在规定以危险方法危害公共安全罪的实行行为性质时，仅呈现依赖价值判断的叙述，将堵截性的行为方式独立成罪[①]。以危险方法危害公共安全罪缺乏明确的入罪标准，使得"其他危险方法"呈现开放性、模糊性，这与罪刑法定原则要求的明确性产生差距[②]。从目的解释角度看，认定以危险方法危害公共安全罪时，首先必须论证行为客观上危害了公共安全，其次必须证明行为人主观上具有危害公

[①] 参见劳东燕《以危险方法危害公共安全罪的解释学研究》，载《政治与法律》2013年第3期，第24页。
[②] 参见张明楷《论以危险方法危害公共安全罪——扩大适用的成因与限制适用的规则》，载《国家检察官学院学报》2012年第4期，第43页。

安全的心理态度[①]。理论界关于如何判断"其他危险方法"与"公共安全"众说纷纭，难以形成统一的标准，并且在司法实务中，本罪构成要件的认定标准历来就是难点。基于此，以危险方法危害公共安全罪的认定存在哪些偏差，为何会存在这些偏差，又如何纾解这些偏差，就是亟须解决的问题。本文在考察以危险方法危害公共安全罪认定的现实样态基础上，通过案件统计、机器学习模型、描述性统计分析，比对本罪在不同的具体行为类型案件中的适用情况，进一步查找该罪的认定存在哪些偏差及其原因，并尝试探究纾解司法偏差的合理路径。

二 以危险方法危害公共安全罪的司法现实样态

（一）数据来源

本文研究的数据来源于中国裁判文书网。本文的研究重点在于以危险方法危害公共安全罪的认定规则，故样本的选择应聚焦以危险方法危害公共安全罪的认定，尽量排除与本罪无关因素的干扰。因高空抛坠物、拒不执行疫情防控措施、妨害驾驶安全等案件较为集中地出现于2020年之后，且为防止2021年《刑法修正案修（十一）》施行后，有些地方的司法机关盲目适用新罪名以创造"司法政绩"、对新罪名的理解偏差、忽视时效问题等无关变量带来的样本偏差，故选取2020年的案件，以"以危险方法危害公共安全""刑事案由""基层法院"为过滤条件，得到1024份裁判文书。之所以选取基层人民法院一审案件作为研究样本，一方面在于其数据来源

[①] 参见江溯《隐瞒接触史、症状进入公共场所定罪研究》，载《法学》2020年第5期，第21~22页。

的多样性及与群众生活联系的紧密性，更易于得到普遍性的认定规则；另一方面在于其数据具有较强的可比性，以防止样本数据被"污染"从而减少统计风险。如果包括中级人民法院、高级人民法院和最高人民法院审理的案件，由于有的案件会经历二审或再审，可能会使同一个案件被重复统计，引起统计偏差。将同一审级的案件进行比对，更能够合理地达成研究目的，故特意选取基层法院一审案件作为研究样本。

(二) 研究方法

为了解以危险方法危害公共安全罪认定的整体现状，收集与本罪定罪相关的案件，做出统计模型并分析。本文的研究拟基于立法规定、司法解释及裁判文书中的相关信息定义相关变量，采用机器学习方法，运用统计软件R建立逻辑回归[1]，python构建决策树分类器[2]，得出影响定罪的因素，探寻法官审理此类案件的司法判断逻辑。

在设置模型的变量时，应注意两个方面。其一，输出变量设置。输出变量被定义为案件的判决结果，设定为Y：1=判决结果是以危险方法危害公共安全罪，0=判决结果是其他犯罪。其二，输入变量设置。输入变量被定义为对判决结果有重大影响的因素，设定为X。根据以危险方法危害公共安全罪的犯罪构成，通过查阅判决书找出

---

[1] 回归（regression）用于预测输入变量和输出变量之间的关系，特别是当输入变量的值发生变化时，输出变量的值随之发生的变化。回归模型表示从输入变量（影响因素）到输出变量（判决结果）之间映射的函数。参见李航《统计学习方法》（第2版），清华大学出版社，2019，第32页。

[2] 决策树（decision tree）是一种基本的分类与回归方法。决策树模型呈树形结构，在分类问题中，表示基于特征对实例进行分类的过程。决策树学习的算法通常是一个递归选择最优特征，并根据该特征对训练数据进行分割，使得各个子数据集有一个最好的分类过程，这一过程对应着特征空间。参见李航《统计学习方法》（第2版），清华大学出版社，2019，第67~70页。因本文研究涉及二分类问题，为进一步探究各因素对判决结果的影响，可通过用于分类的决策树来直观地反映决策过程，并作为逻辑回归的补充。

司法实务中关注的因素（包括非法规因素），归纳出 13 个影响因素。X_1^1 即犯罪人所使用的工具，划分标准为工具杀伤力、扩散性。1 为工具本身杀伤力大或具有扩散性，主要包括公交车、货车、私家车、电网、自制爆炸装置、易燃易爆物品等。0 为工具本身杀伤力较小且扩散性不大，如酒瓶、脸盆、花盆、菜刀等。X_2^1 即行为方式，划分标准为行为是否具有内在危险，也就是行为自身是否存在能够直接导致严重损害结果发生的性质。1 为行为存在内在危险性质，如架设电网、引发火灾、爆炸等。0 为行为不存在内在危险性质。X_3^1 即是否存在使得行为人能力下降的情形，划分标准为行为人是否存在醉酒、吸毒等。1 为存在，0 为不存在。X_4^1 即行为人是否强化行为力度，划分标准为行为人是否存在连续行为或持续行为，如行为人是否连续或多次撞击，行为人肇事后是否在高速公路上持续逆向行驶等。1 为存在，0 为不存在。变量 X_1^1、X_2^1、X_3^1、X_4^1 设置的目的在于判断以危险方法危害公共安全罪的适用是否将"危险方法"纳入考量范围。X_5^1 即行为对象，划分标准为行为发生时可能侵害的对象，1 为侵害人身或重大财产，0 为未侵害人身和重大财产。X_6^1 即行为发生的时间，1 为白天，0 为夜间。X_7^1 即案件是否涉及不特定人的人身或财产安全，划分标准为行为实施场所的开放程度。1 为涉及，如行为发生在公共道路、广场等。0 为不涉及。X_8^1 即是否涉及多数人的人身或财产安全，划分标准为场所是否属于人员密集性、流动性强的地方。1 为涉及，0 为不涉及。变量 X_5^1、X_6^1、X_7^1、X_8^1 设置的目的在于判断以危险方法危害公共安全罪的适用是否将"公共安全"纳入考量范围。X_9^1 即是否造成损害结果，1 为造成损害结果，0 为不造成损害结果。X_{10}^1 即罪过形式，1 为故意，0 为过失。X_{11}^1 即行为人动机是否特定，1 为行为人动机特定，从而指向目标具体的相对人，如在公交车上殴打司机、开车冲撞仇人；0为行为人动机不特定，如为发泄不满、愤恨、怨气等，醉酒后不计后果地随机伤害他人。X_{10}^1、X_{11}^1设置的目的在于判断行为主体实施行为时的心理状态（主观过错与行为动机）是否会影响法官对于以危险方法危害公共安全罪的认定。X_{12}^1即是否取得被害人谅解，1为取得谅解，0为未取得谅解。X_{13}^1即行为人是否认罪认罚，1为认罪认罚，0为未认罪认罚。X_{12}^1、X_{13}^1设置的目的在于判断司法实务常见的法外因素是否会影响以危险方法危害公共安全罪的适用。

（三）建模分析

1. 逻辑回归

（1）模型建立与评估

由于"是否认定为以危险方法危害公共安全罪"为二元分类变量，遂采用逻辑回归分析。以"是否认定为以危险方法危害公共安全罪"为输出变量，剩余变量（X_1^1—X_{13}^1）为输入变量，在分析软件R中建立模型。通过混淆矩阵①（见表1）得到模型的准确率②为85%，该准确率较为理想，故运用该模型分析相关输入变量（影响因素）对输出变量（是否认定为以危险方法危害公共安全罪）的影响具有可行性。

---

① 混淆矩阵（confusion matrix）是展示模型错误信息的一种简易方法，其主要用途在于比较分类结果和实际测得值，把分类结果的精度显示在一个混淆矩阵中。参见〔美〕加雷斯·詹姆斯、丹妮拉·威滕、特雷弗·哈斯帖、罗伯特·蒂施莱尼《统计学习导论——基于R应用》，王星译，机械工业出版社，2017，第99~103页。

② 评价分类器性能的指标一般是分类准确率（accuracy），其定义是：对于给定的测试数据集，分类器正确分类的样本数与总样本数之比，即从预测结果角度看，有多少预测是准确的，准确率80%左右的模型较为理想。参见李航《统计学习方法》（第2版），清华大学出版社，2019，第28~30页。

表1　混淆矩阵

预测值＼真实值	0	1
0	199	52
1	105	668

（2）模型数据与分析

解读模型数据，重点在于分析显著性（p 值）、①回归系数（β）②。p 值是指比较的两者的差别是由机遇所致的可能性大小，p 值越小，越有理由认为对比事物间存在差异。一般认为 p 小于 0.05 时差异具有统计意义，即输入变量对输出变量具有显著影响。回归系数（β）表示输入变量 X 增加一个单位时输出变量 Y 的平均增加值，可以从回归系数的正负号来判断输入变量与输出变量相关的方向。

关于影响以危险方法危害公共安全罪认定具有显著性的因素，X_1^I $p=<0.00001$（<0.05），说明在控制其他因素的情况下，"行为人使用的工具"即工具杀伤力、扩散性大小对以危险方法危害公共安全罪的认定具有显著影响；$\beta=-3.391$，说明"行为人使用的工具"与认定以危险方法危害公共安全罪为负相关关系。同理可得出："行为是否具有内在危险""是否存在行为人能力下降的情形""行为人

---

① 显著性（p 值）就是当原假设为真时所得到的样本观察结果或更极端结果出现的概率。如果 p 值很小，说明原假设情况的发生率很小，而如果出现了，根据小概率原理，就有理由拒绝原假设，p 值越小，拒绝原假设的理由越充分，一般人们遵循费希尔设定的 0.05 作为显著性水平，$p>0.05$ 称"不显著"；$p<=0.05$ 称"显著"。参见〔美〕加雷斯·詹姆斯、丹妮拉·威滕、特雷弗·哈斯帖、罗伯特·蒂施莱尼《统计学习导论——基于 R 应用》，王星译，机械工业出版社，2017，第 92~93 页。

② 回归系数（β）表示两个变量之间的正（负）相关关系。回归系数越大表示 X 对 Y 影响越大，正回归系数表示 Y 随 X 增大而增大，负回归系数表示 Y 随 X 增大而减小。参见〔美〕加雷斯·詹姆斯、丹妮拉·威滕、特雷弗·哈斯帖、罗伯特·蒂施莱尼《统计学习导论——基于 R 应用》，王星译，机械工业出版社，2017，第 93 页。本文主要研究变量之间呈正相关或负相关关系。

是否强化了行为力度""行为发生时可能侵害的对象""是否涉及不特定人的人身或财产安全""是否涉及多数人的人身或财产安全""罪过形式""是否取得被害人谅解"对以危险方法危害公共安全罪的认定具有显著影响。其中,"行为人使用的工具""是否存在行为人能力下降的情形"与认定以危险方法危害公共安全罪为负相关关系,其余因素为正相关关系(见表2)。

表2 方程中的变量

输入变量		回归系数（β）	显著性（p值）
X_1^I	行为人使用的工具	-3.391	<0.00001*
X_2^I	行为是否具有内在危险	0.941	0.003
X_3^I	是否存在行为人能力下降的情形	-0.723	0.012
X_4^I	行为人是否强化了行为力度	1.768	<0.00001
X_5^I	行为发生时可能侵害的对象	2.090	0.004
X_6^I	行为发生的时间	0.361	0.075
X_7^I	是否涉及不特定人的人身或财产安全	1.991	<0.00001
X_8^I	是否涉及多数人的人身或财产安全	1.227	<0.00001
X_9^I	是否造成损害结果	0.117	0.640
X_{10}^I	罪过形式	1.754	<0.00001
X_{11}^I	行为人的动机	0.111	0.710
X_{12}^I	是否取得被害人谅解	0.475	0.024
X_{13}^I	行为人是否认罪认罚	0.077	0.776

*显著性（p值）<0.00001,即小于软件显示的最小值。

关于影响以危险方法危害公共安全罪认定不具有显著性的因素, $X_6^I\ p=0.075$（>0.05）,说明在控制其他因素的情况下,"行为发生的时间"对以危险方法危害公共安全罪的认定不具有显著影响,也即,行为发生于白天与认定为以危险方法危害公共安全罪并不显著高于或低于行为发生于夜间的情形。同理可得出:"是否造成损害结果""行为人的动机""行为人是否认罪认罚"对以危险方法危害公共安全罪的认定不具有显著影响。

2. 决策树分类器

因本文采用数据集的特征均为属性变量,且研究问题为一个二分类问题,故采用python建立决策树分类器并利用其特征重要性排序来进一步探究影响司法裁判结果的因素,也能够为逻辑回归的结论提供一定的支持与补充说明(见图1)。

图1 决策树的可视化输出

(1) 模型结果与评估

通过模型分类水平指标[①]评估模型的表现(见表3)。以危险方法危害公共安全罪的定罪模型侧重分析对以危险方法危害公共安全罪定罪有显著影响的输入变量,找出法官认定以危险方法危害公共安全罪时考量的倾向性因素。而本模型得到输入变量为1(以危险方法危害公共安全罪定罪),召回率为98%,精确率为93%,精确率反映的是"查得准",召回率反映的是"查得全",两个衡量模型性能的指标超过80%,说明决策树分类器有较好的表现,通过样本数

---

① 二分类问题常用的评价指标是精确率(precision)与召回率(recall),用来判断分类器在测试数据集上的预测正确或不正确。精确率是指正确预测为正的占全部预测为正的比例,召回率是指正确预测为正的占全部实际为正的比例。见李航《统计学习方法》(第2版),清华大学出版社,2019,第29页。本文研究中"认定为以危险方法危害公共安全罪"的精确率为被正确预测认定为以危险方法危害公共安全罪的样本数/预测为认定为以危险方法危害公共安全罪的样本数,召回率为被正确预测为认定为以危险方法危害公共安全罪的样本数/真实为认定为以危险方法危害公共安全罪的样本数。

据建立的模型可用于实际问题分析和预测。另外,从召回率指标的表现来看,此模型也可在有新样本的情况下,用来预测法官认定以危险方法危害公共安全罪时考量的倾向性因素。换言之,在结合案件各影响因素的情况下,可预测判决的最终结果。

表3 模型分类水平指标

输入变量	精确率(%)	召回率(%)	F_1—得分(分)
0(其他罪名)	94	83	0.88
1(以危险方法危害公共安全罪)	93	98	0.95

(2)结果论证与分析

通过输入变量重要性排序(见表4)可知,"罪过形式"的重要性评分[1]最高,且评分远大于其他输入变量。"是否涉及多数人的人身或财产安全""是否涉及不特定人的人身或财产安全""行为是否具有内在危险""行为人是否强化了行为力度""行为人使用的工具""是否造成损害结果"的重要性评分略大于除"罪过形式"外的其他输入变量。除此之外,"行为人的动机""是否取得被害人谅解""行为人是否认罪认罚""行为发生的时间""是否存在使行为人能力下降的情形"的重要性评分较小,但数值大于0,因而也有一定的影响。"行为发生时可能侵害的对象"的重要性评分远小于其他输入变量,但数值同样大于0,对于以危险方法危害公共安全罪的认定也存在一定影响。

---

[1] 重要性评分反映一个输入变量对于输出变量变化的重要程度,重要性评分越大,说明该输入变量对定罪结论具有越大的影响力。重要性评分数值表明其在模型中存在一定的重要性,即该因素在司法裁判中对定罪判断存在一定影响。参见〔美〕加雷斯·詹姆斯、丹妮拉·威滕、特雷弗·哈斯帖、罗伯特·蒂施莱尼《统计学习导论——基于R应用》,王星译,机械工业出版社,2017,第216~217页。

表 4 输入变量的重要性排序

输入变量		重要性评分（分）
X_{10}^I	罪过形式	0.351144
X_4^I	是否涉及多数人的人身或财产安全	0.091867
X_2^I	是否涉及不特定人的人身或财产安全	0.076247
X_{12}^I	行为是否具有内在危险	0.074117
X_{11}^I	行为人是否强化了行为力度	0.065517
X_6^I	行为人使用的工具	0.063461
X_1^I	是否造成损害结果	0.060774
X_3^I	行为人的动机	0.049101
X_5^I	是否取得被害人谅解	0.049101
X_7^I	行为人是否认罪认罚	0.043822
X_8^I	行为发生的时间	0.040332
X_9^I	是否存在使行为人能力下降的情形	0.030568
X_{13}^I	行为发生时可能侵害的对象	0.009153

说明：重要性评分为<0.00001 的应理解为数值小于软件显示的最小值。

"罪过形式"的重要性评分排名第一，该因素在模型中被认为对判决结果有最重要的影响，这一点也与主客观相统一的刑法基础性原则一致。"是否涉及多数人的人身或财产安全""是否涉及不特定人的人身或财产安全"的重要性评分仅次于"罪过形式"，这两个因素在判决书中通常体现法官对于是否危害公共安全的判断。"行为是否具有内在危险"重要性评分排名第四，仅略低于排在其前面的两个因素，验证了法官认定其他危险方法时，要求行为必须具备能够产生多数人或不特定人受伤或者死亡危险的内在性质（以下简称"手段危险性理论"）。必须说明的是，此处难以识别行为内在危险性质的判断是否包括与放火、爆炸等行为的同质性判断，需要在后文进一步分析。"行为人是否强化了行为力度"重要性评分靠前，验证了法官认定时会考量主体能力减弱以及强化行为力度与危险均增强结果发生的风险。"行为人使用的工具"与前述法官认定时会考量

"手段危险性理论"相印证。在司法实践中，工具的杀伤力、扩散性体现行为的客观危险性，该因素对是否认定为以危险方法危害公共安全罪有一定的影响。"是否造成损害结果"的重要性评分略大于其后输入变量，这说明法官会在事后比较侵害人与被告人损失来判断行为的危险性以及是否危害公共安全的做法一致。另外，"是否取得被害人谅解""行为人是否认罪认罚""行为发生的时间""行为发生时可能侵害的对象""行为人的动机""是否存在使行为人能力下降的情形"均对判决结果具有一定影响：法官在处理案件时力求最大限度地达到各方满意的效果，体现了认罪认罚从宽制度在该类案件中的运用；法官在认定案件时会考虑行为可能侵害人身或重大财产情况；案发时间在一定程度上会作为法官判断公共安全的要素；法官在认定案件时会考虑行为主体当时的身体状态，如在驾驶撞击行为中，行为人有醉酒驾驶、无证驾驶、突发疾病、吸食毒品等情形。

3. 实验结论

通过以上两个模型得出的结果，本文认为，"行为人使用的工具""行为是否具有内在危险""是否存在使行为人能力下降的情形""行为人是否强化了行为力度""行为发生时可能侵害的对象""是否涉及不特定人的人身或财产安全""是否涉及多数人的人身或财产安全""罪过形式""是否取得被害人谅解"为重要影响因素，它们对认定以危险方法危害公共安全罪有显著影响。"是否造成损害结果""行为人的动机""行为人是否认罪认罚""行为发生的时间"等四个因素，尽管它们在逻辑回归中的显著性并不突出，但决策树表明它们也对认定以危险方法危害公共安全罪存在一定影响。必须指出的是，"行为人的动机"对判决结果具有一定的正相关影响，即在行为人的行为动机特定的情况下，法官更倾向于选择以危险方法危害公共安全罪来认定。可见，实验设计的13个输入变量中，4个关于"危险方法"、4个关于"公共安全"、1个关于"危害结果"、2个关于"行为人心理状态"、2个常见的法外因素，这些变量都或多或少地对认定以危险方法危害公共安全罪产生影响。在以危险方法危害公共安全罪的适用过程中，法官侧重考量"危险方法""公共安全"等客观方面的要素，其判断逻辑是先认定行为客观上危害公共安全，再判断主观上的心理态度，从而最终认定以危险方法危害公共安全罪。这种判断逻辑遵守了主客观相统一的原则，在某种程度上限制了以危险方法危害公共安全罪的适用，难以呈现以危险方法危害公共安全罪的"口袋"特征。

三　以危险方法危害公共安全罪的司法偏差

正如上文所言，将查询到的以危险方法危害公共安全罪案件作整体的统计、分析，只能呈现该罪的宏观适用状况，难以呈现该罪适用的微观偏差，因而可以通过以危险方法危害公共安全罪规制的具体行为类型来分析该罪适用的微观偏差。

（一）高空抛物案件的处理极易主观归罪

从1024份以危险方法危害公共安全罪相关裁判文书中提取出63件涉及高空抛物的案件作为研究样本，构建高空抛物案件处理的逻辑回归与决策树分类器①。高空抛物案件处理的逻辑回归显示，在以

---

① 采用的算法与前述模型相同：设置判决结果为输出变量，将判决以危险方法危害公共安全罪设为1，判决其他犯罪设定为0。设置15个影响因素作为输入变量。X_1^{II}即裁判文书中对于"高空"的认定，1为认定高空的存在，0为未认定高空。X_2^{II}即对于"抛物"的认定，1为认定抛物行为的存在，0为未认定抛物行为。X_3^{II}即行为人抛掷　（转下页注）

危险方法危害公共安全罪定性的案件中，罪过形式（X_{12}^{II}）在逻辑回归中 p 值<0.05，表现为对判决结果具有显著影响；行为人抛掷物品本身的性质（X_3^{II}）、抛掷物落地效果（X_4^{II}）、抛掷行为的程度（X_5^{II}）、是否存在使行为人能力减弱的情形（X_6^{II}）这四个判断"危险方法"的因素的 p 值均>0.05，对定罪的影响并不显著；抛掷时间（X_7^{II}）、抛掷场所（X_8^{II}）、是否涉及不特定人的人身或财产安全（X_9^{II}）、是否涉及多数人的人身或财产安全（X_{10}^{II}）这四个通常用来判断"危害公共安全"的因素 p 值均>0.05，对定罪的影响同样不显著。显然，罪过形式（X_{12}^{II}）的重要性评分为 0.790448，在决策树中重要性评分排名第一，是法官认定时考虑的首要因素。而除了该变量，是否造成损害结果（X_{11}^{II}）的重要性评分为 0.058109、是否涉及不特定人的人身或财产安全（X_9^{II}）的重要性评分为 0.047807、抛掷行为的程度（X_5^{II}）的重要性评分为 0.040768、是否取得被害人谅解（X_{16}^{II}）的重要性评分为 0.028999、抛掷时间（X_7^{II}）的重要性评分为 0.026343、是否存在行为人能力减弱的情形（X_6^{II}）的重要性评分为 0.007526，这些因素法官认定时也会考虑，但该 6 个输入变量的重要性评分与罪过形式的评分相去甚远，缺乏统计学意义。其余 8 个因素的重要

（接上页注①）物品本身的性质，1 为杀伤力大或扩散性强，0 为不存在杀伤力大或扩散性强。X_4^{II} 即抛掷物落地效果，1 为行为实施后会导致危险随时无限扩大，0 为行为实施后不会导致危险随时无限扩大。X_5^{II} 即抛掷行为的程度，1 为强化行为力度，0 为未强化行为力度。X_6^{II} 即是否存在使行为人能力减弱的情形，1 为存在使主体能力减弱的情形，0 为不存在。X_7^{II} 即抛掷时间，1 为白天，0 为夜间。X_8^{II} 即抛掷场所，1 为楼下有人或重大财产，0 为无人或无重大财产。X_9^{II} 即是否涉及不特定人的人身或财产安全，1 为涉及，0 为不涉及。X_{10}^{II} 即是否涉及多数人的人身或财产安全，1 为涉及，0 为不涉及。X_{11}^{II} 即是否造成损害结果，1 为造成实害结果，0 为无。X_{12}^{II} 即罪过形式，1 为故意危害公共安全的行为，0 为过失。X_{13}^{II} 即行为人的动机，1 为抛物行为针对特定的相对人，0 为发泄不满、愤恨以及醉酒后不计后果的抛物。X_{14}^{II} 即是否取得被害人谅解，1 为取得谅解，0 为未取得谅解；X_{15}^{II} 即行为人是否认罪认罚，1 为认罪认罚，0 为未认罪认罚。

性评分均<0.00001，不是法官认定时考虑的因素。因此，在高空抛物案件中，罪过形式（X_{12}^{II}）是制约犯罪能否成立的唯一因素，而"其他危险方法""公共安全"（前述的 X_8^{II}、X_{10}^{II} 等变量），则不是法官定罪时考虑的主要因素。换言之，在以危险方法危害公共安全定罪定性高空抛物行为案件中，法官往往忽视对客观行为（手段、时间、地点及场所等）是否符合"其他危险方法"与"公共安全"的判断，呈现主观归罪的倾向。

（二）妨害驾驶案件的处理忽视对行为"相当性"的判断

在已查询到的 1024 份裁判文书中，720 份裁判文书最终以以危险方法危害公共安全罪定性，其中妨害驾驶的案件 251 起，占比 24.5%。然而，将有些妨害驾驶行为定性为以危险方法危害公共安全罪并不妥当。就行为本身而言，妨害驾驶行为能够产生与放火、爆炸等行为"相当性"的损害后果，才可以说是具备行为手段的客观危险性。"相当性"则须具备控制难度高的事实特征和同时侵害人数多、危害程度高的规范特征[①]。显然，并非所有妨害安全驾驶行为均具备行为手段危险性。在 251 份裁判文书中，妨害驾驶行为的具体表现及所占比例为：殴打、拉拽司机占 59.4%，抢夺、拉拽车辆操纵装置占 39.0%，持器物威胁、攻击司机占 1.6%。妨害驾驶行为的损害后果及所占比例为：造成司机或乘客受伤、死亡损害后果占 10.4%；与其他车辆相撞占 5.2%；车辆撞击树木、电线杆等道旁静物占 8.8%；出现剧烈晃动、严重偏离轨迹等危险运行姿态占 10.4%；占比最大的是未造成重大不良后果的情形，高达 65.3%（见表5）。

---

① 参见何鑫《妨害安全驾驶行为的罪名适用——兼论妨害安全驾驶罪的条文增设》，载《上海公安学院学报》2019 年第 29 卷第 4 期，第 59 页。

值得注意的是，26件造成司机或乘客受伤或死亡的案件中，没有一例重伤、死亡的损害结果出现。其中，11件仅造成司机受伤的损害结果，12件造成一名乘客轻伤或轻微伤，3件造成多名乘客轻伤或轻微伤。在13件与其他车辆相撞的案件中，产生的也都是财物损害，并且未出现撞击行人的案件。由此可见，在现实生活中，妨害驾驶行为通常难以具备同时侵害人数多、危害程度高的规范特征。同时，该行为也并不全然符合控制难度高的事实特征。65.3%的案件中司机均能及时控制车辆，有效防止重大不良后果出现，其余34.7%的案件也未出现乘客、行人重伤、死亡的后果，尤其是当车辆行驶在非临水、临崖及普通道路的情况下，妨害驾驶行为很难造成车内乘客及道路上其他车辆、行人的人身伤害。换言之，只有在极少数情况下，妨害驾驶行为才与放火、爆炸等行为相当，从而构成以危险方法危害公共安全罪。统计数据显示，在以以危险方法危害公共安全罪定罪的案件中，妨害驾驶行为占比高达24.5%，这说明在处理妨害驾驶案件的过程中，法官忽视对行为"相当性"的判断，从而将妨害驾驶行为错误定性。

表5 妨害公共交通工具驾驶案件的具体情况

单位：件，%

妨害行为的具体表现	案件数量	占比	妨害行为的损害后果	案件数量	占比
殴打、拉拽司机	149	59.4	司机或乘客受伤、死亡	26	10.4
抢夺、拉拽车辆操纵装置	98	39.0	与其他车辆相撞	13	5.2
持器物威胁、攻击司机	4	1.6	车辆撞击树木、电线杆等道旁静物	22	8.8
			出现剧烈晃动、严重偏离运行轨迹等危险运行姿态	26	10.4
			未造成重大不良后果	164	65.3

（三）拒不执行疫情防控案件的处理存在"重刑化"倾向

在新冠肺炎疫情防控中，拒不执行疫情防控的行为人如果构成犯罪，其罪过形式通常为过失，即行为人已经预见自身的行为可能会造成病毒的传播，却轻信能够避免这种结果的发生。然而，以危险方法危害公共安全罪罪过形式的要求是故意，拒不执行疫情防控的行为人显然不符合该罪的罪过要求。通常而言，确诊患者或疑似患者故意导致病毒传播的情形极其罕见，如果行为人是出于报复社会而故意引起病毒传播的动机拒绝执行、配合疫情防控工作，可以认定为本罪[①]。2020年2月6日，"两高"联合"两部"印发了《关于依法惩治妨害新型冠状病毒感染肺炎疫情防控违法犯罪的意见》（以下简称《意见》），《意见》的出台回应了严惩拒不配合、执行疫情防控工作行为的"民意"。一些地方的司法机关为积极响应国家号召、迎合公众舆论，一概将某些拒不执行疫情防控行为认定为以危险方法危害公共安全罪。诚然，疫情防控期间拒不执行疫情防控行为的确具有刑事惩罚的必要性，以警示那些抱有侥幸心理的人，但司法机关不能动辄就用以危险方法危害公共安全罪来惩治拒不执行疫情防控行为。这说明，法官在处理拒不执行疫情防控案件过程中，存在"重刑化"倾向，极易将一些轻罪行为作为重罪来处理。

（四）盗窃窨井盖案件的处理混淆此罪与彼罪的界限

据前述统计，5起盗窃窨井盖案件中（见表6），行为都没有产生严重后果，说明盗窃窨井盖通常并不会导致危险立即出现。由于盗窃

[①] 参见刘宪权、黄楠《论拒绝执行防疫措施行为的刑法定性》，载《法治研究》2021年第2期，第1~8页。

窨井盖的次数（"多次"盗窃）、盗窃窨井盖数量这样强化行为力度的因素存在，提高了行为的恶劣程度，从而增强了法官在观念中对于该行为危险程度的判断。并且，盗窃窨井盖均发生在人群或车辆经过的公共场所，显然危及公共安全的概率会更高。分析判决理由可知，法官的判断逻辑是：路面上的窨井盖丢失形成一个地面空洞，过往行人若未及时注意便存在掉入可能，轻则受伤，重则有生命危险，其在本质上创设了刑法不允许的危险，从而认定成立以危险方法危害公共安全罪。然而，窨井盖在市内或村内道路、非机动车道路上所占面积较小，发生一次致多人损伤的情况可能性较小，并且被告人盗窃窨井盖之后，该路段存在空洞导致的结果（包括实害与危险）显然与放火、爆炸等行为不具有相当性，而相对封闭小区内道路的窨井盖空缺产生的影响则更小。可见，被盗窃窨井盖所处地理位置不同，对公共安全影响的大小也不同，并且盗窃窨井盖产生的危险范围是固定的，行为实施完毕与危害的发生往往也有一定时间间隔，所以盗窃窨井盖的行为本身是高度定型的，而且如果过路的行人稍加注意，该危害结果的发生也可以避免。当然，天气状况也会对案件产生影响。通常在起大雾或者下暴雨时，过路的行人或车辆很可能发生危险，因为难以注意到该路段情况，但在天气晴朗时，途径的行人视野良好，就可能会避免窨井盖缺失所导致的结果。申言之，盗窃窨井盖的危险在危害结果未出现时只是一种抽象层面的危险，即不确定行为结束后带来的后果是否会随之产生，而以危险方法危害公共安全罪中的危险在行为完毕之后是立即、马上发生的，两者具有本质上的区别。尽管《关于办理涉窨井盖相关刑事案件的指导意见》[①] 明确强调盗窃、破坏窨井盖等

---

① 参见《最高人民法院　最高人民检察院　公安部关于办理涉窨井盖相关刑事案件的指导意见》，最高人民法院网，http://www.court.gov.cn/fabu-xiangqing-226711.html，最后访问日期：2021年9月3日。

行为对社会公众具有很大的危险性,根据优先保护公共安全的原则,对于这类危险行为优先适用危害公共安全类的罪名[1],但是,司法机关对此罪与彼罪(主要涉及财产犯罪)不加以区分,一概认定为以危险方法危害公共安全罪并不妥当。

表6 盗窃窨井盖案件的具体情况

案号	具体行为	行为发生的场所	损害结果
(2020)豫0327刑初498号[1]	多次盗窃正在使用的窨井盖,共12块	生产生活、人员密集场所	未造成严重后果
(2020)冀0109刑初571号[2]	多次盗窃窨井盖,共6块	人员密集往来的非机动车道上以及商业中心、社区附近	未造成严重后果
(2020)鲁1324刑初867号[3]	多次盗窃窨井盖,共17块	密集往来的非机动车道上	未造成严重后果
(2020)津0116刑初1168号[4]	多次盗窃窨井盖,共10块	酒店旁、小区内人员聚集场所	未造成严重后果
(2020)豫1002刑初257号[5]	多次盗窃窨井盖,共18块	人员密集往来的非机动车道	未造成严重后果

①被告人蠡某某多次盗窃生产生活、人员密集场所正在使用的窨井盖,足以危害公共安全,尚未造成严重后果,其行为已构成以危险方法危害公共安全罪。参见河南省宜阳县人民法院刑事判决书,(2020)豫0327刑初498号。

②被告人贾某某多次盗窃人员密集往来的非机动车道上以及商业中心、社区附近的窨井盖,足以危害公共安全,尚未造成严重后果,构成以危险方法危害公共安全罪。参见黑龙江省佳木斯市向阳区人民法院刑事判决书,(2020)冀0109刑初571号。

③被告人李某以非法占有为目的,秘密窃取他人财物,数额较大,其行为已构成盗窃罪;盗窃人员密集往来的非机动车道上的窨井盖,危害了公共安全,尚未造成严重后果,其行为已构成以危险方法危害公共安全罪。参见山东省兰陵县人民法院刑事判决书,(2020)鲁1324刑初867号。

④被告人张某多次盗窃人员聚集场所的窨井盖,足以危害公共安全,尚未造成严重后果,其行为已构成以危险方法危害公共安全罪。参见天津市滨海新区人民法院刑事判决书,(2020)津0116刑初1168号。

⑤被告人张某某盗窃人员密集往来的非机动车道的窨井盖,足以危害公共安全,尚未造成严重后果,其行为已构成以危险方法危害公共安全罪。参见河南省许昌市魏都区人民法院刑事判决书,(2020)豫1002刑初257号。

---

① 参见元明、肖先华《〈关于办理涉窨井盖相关刑事案件的指导意见〉的司法适用》,载《人民检察》2020年第9期,第31~34页。

四 以危险方法危害公共安全罪存在司法偏差的原因

(一) 情绪化的社会舆论与模糊性立法的叠加

随着信息网络的普及,社会生活中发生的影响力刑事案件会持续发酵,社会公众参与讨论案件的情绪高涨。他们习惯于在各类社交媒体上各抒己见,不仅针对案件事实,也针对法院裁判。涉及公共安全的刑事案件一旦出现并引发社会关注,通常会造成一定范围内社会公众的心理恐慌。高空抛坠物、妨害安全驾驶、拒不执行疫情防控措施、盗窃窨井盖等行为,与社会公众的生活息息相关。他们结合自己的朴素价值观,在现实与网络空间里情绪化地宣泄对这些案件的看法。这些看法很容易被不良媒体推波助澜,进而迅速引发"严惩犯罪"的舆情。面对舆情,作为案件最终裁判者的司法机关承受着巨大压力,难以理性平和地处理案件,运用重罪或重刑回应民众的诉求就成为"当务之急"。模糊性的立法规定又赋予了司法机关充分的自由裁量权。从《刑法》第114条、第115条规定本身来看,其模糊性体现为本罪的罪状属于空白罪状。这意味着不同的法官可以融入自己的价值判断,对其进行阐释。因此,情绪化的社会舆论与以危险方法危害公共安全罪立法上的先天不足[①],叠加在一起,必然会导致以危险方法危害公共安全罪适用过程中出现偏差。

(二)"其他危险方法"的认定过于随意

通过前述逻辑回归及决策树的结果可知,在司法实践中,法官

---

① 参见陈兴良《口袋罪的法教义学分析:以以危险方法危害公共安全罪为例》,载《政治与法律》2013年第3期,第10页。

关于"危险方法"的判断主要关注行为方式以及是否强化行为力度。通过进一步统计（见表7）可知，法官在720件认定构成以危险方法危害公共安全罪的案件中，只有23.1%的判决考虑了行为的手段危险性和结果危险性，69.6%的判决体现法官随意判断"其他危险方法"以达到定罪的目的，甚至存在7.4%的判决没有阐明理由而直接定罪。并且，在720份判决书中，仅有2份判决书的内容涉及"行为相当性"，并对其进行阐述①。例如，在陈某某过失以危险方法危害公共安全案中，被告人陈某某多次在禁猎期内以架设电网的方式狩猎，并在第四次伙同他人非法狩猎过程中引发山火。法官认为，被告人陈某某架设电网并引发山火是潜在危险大、后果严重的行为方式，其多次架设电网是强化了行为力度。结合陈某某的行为方式、强化行为力度，其行为会对公众的生命、健康或财产安全产生危险，故构成过失以危险方法危害公共安全罪②。由此可见，法官的判断逻辑是，通过对手段危险性的肯定来认定"危险方法"的存在。问题在于，架设电网的行为确实与放火、爆炸、投放危险物质等行为具有同质性，但并不必然会造成与前述行为相当的损害结果。又如，在方某某以危险方法危害公共安全案中，被告人方某某在家中将木制椅子、装有热水的烧水壶先后扔出窗外，楼下为商业街临街店铺，该地段来往车辆和行人较多，该行为最终造成他人车辆受

---

① 本案的裁判理由是，被告人袁某某故意以放火、决水、爆炸、投放危险物质以外并与之相当的驾车冲撞活动板房及车辆的危险方法，危害不特定多数人的生命、健康及公私财产安全的行为，构成以危险方法危害公共安全罪，公诉机关指控被告人袁某某犯以危险方法危害公共安全罪的事实清楚，证据确实、充分，指控罪名成立。参见贵州省六盘水市六枝特区人民法院刑事判决书，（2020）黔0203刑初207号。从以上评价理由可以看出，法官认为"驾车冲撞"是与放火、决水、爆炸、投放危险物质等具有危险相当性的行为，故可以认为该份判决书涉及"行为相当性"的论述。此处暂且不论该观点的合理性。

② 本案的裁判理由是，被告人陈某某的行为造成巨大财产损失，其行为触犯了《刑法》第115条第2款和第341条第2款，应当以过失以危险方法危害公共安全罪和非法狩猎罪追究其刑事责任。参见湖北省阳新县人民法院刑事判决书，（2020）鄂0222刑初348号。

损的结果，法官认为该行为构成以危险方法危害公共安全罪①。法官认为，抛物落点地段来往车流量较大且人群流动性较强，方某某的抛物行为对公众的财产、人身安全造成隐患，具有导致结果发生的危险性。据此，法官的判断逻辑是，通过对结果危险性的肯定来认定"危险方法"的存在。问题在于，抛物行为与放火、爆炸、投放危险物质等行为的区分明显，并不具有对公共安全的手段危险性。

表7 案件中认定各要素的判断标准

	判决书中体现法官的判断标准	手段危险性	结果危险性	手段危险性或结果危险性	手段危险性和结果危险性	判决书中未体现判断标准
"其他危险方法"的认定	案件数量（件）	72	261	168	166	53
	占比（%）	10.0	36.3	23.3	23.1	7.4
"公共"的认定	判决书中体现法官的判断标准	不特定人	多数人	不特定或多数人	不特定且多数人	已包含在对"其他危险方法"的判断中	判决书中未体现判断标准
	案件数量（件）	108	83	215	166	28	120
	占比（%）	15.0	11.5	29.9	23.1	3.9	16.7
"安全"的认定	是否包括财产安全	人身安全/人身+财产安全		财产安全			
	案件数量（件）	705		15			
	占比（%）	97.9		2.1			

通过统计"其他危险方法"的主要模式与具体行为可知（见表8），样本案件中涉及极端危险行为的仅占18.1%，涉及直接针对公众人身安全的高度危险行为占比18.2%，涉及高度危险行为并强化行为力度的占比8.6%，余下55.1%的案件仅仅是存在一般或普通危险的行为，而这些行为通常难以直接且迅速地危害公共安全。例如，非

---

① 本案的裁判理由是，被告人方某某酒后故意从临商业街高层民房抛掷木制椅子和装有热水的烧水壶，危害公共安全，尚未造成严重后果，其行为已触犯刑律，构成以危险方法危害公共安全罪，判处有期徒刑三年。参见浙江省瑞安市人民法院刑事判决书，（2020）浙0381刑初350号。

法制造、运输弹药、爆炸物以及非法买卖枪支等，这些行为对公共安全的威胁通常表现为一种抽象危险，其行为本身不存在危害公共安全的内在属性，显然不符合"其他危险方法"的手段危险性。又如，明知自己是艾滋病病毒携带者仍去献血、出租属违章建筑的楼房、使用携带艾滋病毒的美容针扎具体人等行为，所指向的仅仅是具体个人，难以满足"其他危险方法"的结果危险性。总之，司法机关在判断"其他危险方法"时，倾向于手段危险性或结果危险性择一认定，并且缺乏对被告人行为相当性的判断，认定较为随意。尽管这种根据具体案件情况阐述裁判理由的做法在司法实践中较为常见，但其对是否存在危险方法的论证并不充分。

表8 样本案件中"其他危险方法"的主要模式与具体行为

类型		具体行为	案件数量（件）	占比（%）
1. 极端危险行为（18.1%）		架设电网	41	5.7
		点燃或欲点燃汽油/天然气/煤气/液化气	43	6.0
		释放或欲释放煤气/液化气/天然气	31	4.3
		引起火灾、爆炸的其他行为，如在公共场所点火自焚；非法狩猎过程中引发山火；向自己与他人泼倒汽油；在公共场所泼倒汽油，引爆汽油燃烧；故意引起车辆着火；电动自行车、车辆故障引发火灾；泄漏液化气，产生爆炸危险；焊接油罐车时引发爆炸	15	2.1
2. 高度危险行为（26.8%）	行为直接针对公众人身安全（18.2%）	醉酒/吸毒/无证驾驶+连续/多次+冲撞人/人群	84	11.7
		连续/多次+冲撞人/人群	36	5.0
		冲撞人/人群	4	0.6
		持菜刀追砍人群，持钢管追打人群	3	0.42
		在公共场所持枪射击他人	4	0.6
	行为被极度强化（8.6%）	醉酒/吸毒/无证驾驶+连续/多次冲撞	37	5.1
		超速/逆行/追逐竞驶+连续/多次冲撞	17	2.4
		连续/多次冲撞+闯红灯/违规变道、逆行、倒车等违法行为	8	1.1

续表

类型	具体行为	案件数量（件）	占比（%）
3. 普通危险行为（55.1%）	违规驾驶行为，如随意拦截、恶意别车、长时间占用超车道、逼停过往车辆等违法驾驶行为，以闯红灯、违规变道、逆行、倒车等方式逃避检查，高速驾驶不符合规定的车辆，驾车碰撞导致连环撞击，从车上跳下任由车辆行驶并发生碰撞，持续逆向行驶、超速驾驶等违规驾驶行为	38	5.3
	殴打、持器物威胁、攻击司机，抢夺车辆操纵装置等妨害驾驶行为	251	34.7
	影响道路安全的行为，如在公共道路上放置自制美工刀片、抛洒铁钉球、抛掷砖块等影响道路安全的行为；破坏拖拉机刹车线；擅自打开窨井盖倾倒污水，未关闭；在公交站台使用弹弓对正在运营的公交车发射钢珠；燃烧稻草产生浓烟，影响驾驶视线等	5	0.7
	盗窃窨井盖	5	0.7
	以投掷三角钉、向警车喷洒柴油、撞击警车等方式逃避抓捕	5	0.7
	高空抛物	63	8.8
	行为间接作用于公共安全，如非法制造、运输爆炸物、原油、电石，私自装卸危险化学品，非法挖掘、改造河道，擅自用泥石改建阻碍行洪的拦水土石坝，使用未经过漏电保护的开关接电抽水，在公共河道内安装有安全隐患的抽水泵等	15	2.1
	随意将钢丝扔在小区的高压电线上，私自搭设电线，盗窃小区消防风机电源线 150 米，用有钢珠弹丸的弹弓射击电线上的鸟，在天台用弓弹、钢珠练习打靶，砸碎窗玻璃掉落等	10	1.4
	明知自己是艾滋病病毒携带者仍去献血，出租属违章建筑的楼房，使用携带艾滋病毒的美容针扎具体人，加油站加油机旁使用打火机等	5	6.9

说明：统计样本为以认定以危险方法危害公共安全罪定罪的 720 件案件，统计重点在于考察以危险方法危害公共安全罪定罪的案件中"其他危险方法"的主要模式。

（三）"公共安全"的认定尚无统一标准

通过最初的逻辑回归及决策树的结果可知，在司法实践中，裁判者关于是否危及"公共安全"的判断标准主要是什么时间段内实施特定行为以及该时间段内人群的密集性、流动性大小。通过对裁判文书的统计可知，法官认定"公共安全"选择的标准（见表9）主要表现为"不特定人"的安全、"多数人"的安全、"不特定多数人"的安全、"不特定或多数人"的安全、"不特定且多数人"的安全。需要说明的是，有的法官认为"其他危险方法"的判断可以囊括"公共安全"，有的法官认为对于财产的危险性也属于"公共安全"。

表9 样本案件中"公共安全"的主要模式与具体行为

类型	具体地点	案件数量（件）	占比（%）
1. 具有绝对开放性的公共场所	市内/村内道路、高速公路、街边、广场等	514	71.4
2. 具有相对开放性、存在一定人群的公共场所	宾馆、酒吧、饭店、烧烤摊、夜市摊、食堂、村委会办公室、民政局大厅、公司大楼、小区内道路、单元楼门口、加油站、公交车站、农贸市场、商铺、工厂、施工工地等	155	21.5
3. 相对封闭的私人场所或人员较少处	家中、他人住宅内、自家承包地、稻田内、山林等	51	7.1

说明：统计样本为以认定以危险方法危害公共安全罪定罪的720件案件，统计重点在于考察以危险方法危害公共安全罪定罪的案件中"公共安全"的主要模式。

法官采用的判断标准情况如下。一是15.0%的判决书采用的"公共安全"标准是"不特定人"安全。例如，在陈某某以危险方法危害公共安全案中，被告人陈某某于21楼的过道向外抛掷工具箱，工具箱及内装的开锁工具落至楼下单元门门口[①]。二是11.5%的判决书采用的"公共安全"标准是"多数人"安全。例如，在赵某

---

① 参见安徽省肥西县人民法院刑事判决书，（2020）皖0123刑初490号。

某以危险方法危害公共安全案中，被告人赵某某为报复张某，驾驶汽车冲向位于曾某夜宵摊前且身边站有多名围观人员的张某，张某和围观人员避让至夜宵摊所在人行道上，赵某某继续驾车冲向人群中的张某（被告人驾车冲撞的对象为特定的多数人）①。三是29.8%的判决书采用的"公共安全"标准是"不特定或多数人"安全。例如，在孙某以危险方法危害公共安全案中，被告人孙某因下车一事与司机蔡某发生争吵，孙某即上前抢夺公交车的方向盘，导致公交车向右前方偏向行驶，蔡某踩住刹车后，公交车撞到路边护路方砖才停止行驶（可能会造成车上特定乘客的安全或者威胁道路上不特定车辆、行人的安全）②。四是23%的判决书采用的"公共安全"标准是"不特定且多数人"安全。例如，在刘某某以危险方法危害公共安全案中，被告人刘某某酒后驾驶车辆与陶某发生争执后，明知陶某在其车辆引擎盖上，仍在城市道路主干道超速行驶，且在路口连续撞坏两辆轿车后，置交通事故和该路段正值人流、车流高峰于不顾，仍超速行驶，又撞坏道路中心隔离栏，飞起的隔离栏又砸倒电瓶车，造成四人受伤，四辆车和道路中心隔离栏受损（对不确定的多数人产生危险）③。五是3.8%的判决书事实上并未体现对"公共安全"的判断，仅仅体现为对"其他危险方法"的判断。六是16.7%的判决书不论是裁判过程，还是裁判结果，都难以看出"公共安全"的标准。

从案件具体发生的地点来看（见表9），514件（占比71.4%）案件发生于市内或村内道路、高速公路街边、广场等具有绝对开放性的公共场所；155件（占比21.5%）案件发生于宾馆、酒吧、饭店、烧烤摊、夜市摊、食堂、村委会办公室、民政局大厅、公司大

---

① 参见湖北省潜江市人民法院刑事判决书，(2020) 鄂9005刑初149号。
② 参见长春市双阳区人民法院刑事判决书，(2020) 吉0112刑初197号。
③ 参见四川省自贡市自流井区人民法院刑事判决书，(2020) 川0302刑初255号。

楼、小区内道路、单元楼门口、加油站、公交车站、农贸市场、商铺、工厂、施工工地等具有相对开放性、存在一定人群的公共场所；51件（占比7.1%）案件行为发生于家中、自家承包地、稻田内、山林等人员较少处。其中，在108件涉及"不特定人"安全的案件中（表7显示，法官认定"公共"时，以"不特定人"作为判断标准的案件有108件），51件案件犯罪行为发生于人员较少处；33件案件犯罪行为发生在自己家中，均采用点燃或欲点燃、释放或欲释放液化气、天然气、煤气罐等方式；18件案件犯罪行为发生在自家承包地、稻田内、山林，均采用私设电网的方式。由此可见，"少数人"安全要被认定为"公共安全"需要同时具备两个条件：其一，行为属于点燃液化气、天然气、煤气等极端危险类型；其二，"少数人"安全实际上是"多数人"安全的一部分，行为可能会对不确定的多数人安全造成威胁，相对封闭的个人房屋事实上为整栋楼的组成部分。28件案件均是采用点燃液化气、天然气、煤气、私设电网、点火自焚等极端危险型的行为方式（表7显示，体现法官对"公共"的判断已包含在"其他危险方法"中的案件有28件），这种情况下"公共安全"内嵌于"其他危险方法"，因而有的法官认为极端危险行为具有危害公共安全的天然属性。

综上所述，关于"公共安全"的认定具有如下显著特点。其一，对"公共安全"的判断标准不够重视。判决文书中极少直接表述"公共安全"，仅有38份判决书在判决理由部分提及"公共安全"。其二，"公共安全"的认定并不独立，且受制于"其他危险方法"的认定，特别是出现极端危险的情形，法官直接认定"以危险方法危害公共安全"或草率地将私人场所以"公共场所"论。其三，"公共安全"的认定标准并不统一。在720份判决书中，肯定（包含)"不特定人"安全的判决书为572份,肯定(包含)"多数人"安全的判决书为464份,法官并没有明确的、倾向性的认定标准。其四,对"公共安全"的认定较为笼统,缺乏对具体人数的考量。71.4%的案件发生于绝对开放性的场所,21.5%的案件发生于相对开放性的场所,而判决的内容几乎不涉及具体人数。其五,97.9%的案件涉及人身安全或同时涉及人身安全与财产安全,2.1%的案件仅涉及财产安全,这说明公共安全的认定并不排除单纯造成财产损害的情形。

五 以危险方法危害公共安全罪的司法偏差之纾解

(一)差异化认定不同的行为类型

通过前述统计分析,可以发现司法实践中法官认定"其他危险方法""公共安全"的主要考量因素。根据逻辑回归与决策树的指引,罪过形式、是否强化行为力度、行为方式、行为发生的时间是法官判断该罪是否成立的主要考量因素。据此,可以从行为本身的危险程度出发,将该罪的行为方式分为极端危险型、高度危险型(直接针对公众人身安全型与行为被极度强化型)、普通危险型(情况极其异常)三种具体类型(见表10)。

表10 "其他危险方法"与"公共安全"的类型化

类型	其他危险方法	公共安全(排除单纯财产损害)
极端危险型	1. 手段危险性:行为危险直接、迅速导致结果,有蔓延性 2. 结果危险性:危险或结果极为严重、规模大。对"公众"的生命、健康有具体危险	1. 具有绝对开放性的公共场所 2. 具有相对开放性+存在一定人群的公共场所 3. 相对封闭的私人场所或人员较少处。此时私人场所必须为公共场所的组成部分

续表

类型		其他危险方法	公共安全（排除单纯财产损害）
高度危险型	直接针对公众人身安全型	1. 手段危险性：因为直接指向人群，行为能够迅速产生危害结果 2. 结果危险性：危险或结果极为严重、成规模。对"公众"的生命、健康有具体危险	1. 具有绝对开放性的公共场所 2. 具有相对开放性+存在一定人群的公共场所。此时需要考察场所开放性、人流密集性、人员构成的复杂性等因素来最终认定"公共安全"
	行为被极度强化型	1. 手段危险性：行为具有产生结果的高概率，危险有扩散性。强化行为力度与危险 2. 结果危险性：危险或结果极为严重、规模大。对"公众"的生命、健康有具体危险	具有绝对开放性的公共场所。此时需要更为严格地考察场所开放性、人流密集性、人员构成的复杂性等因素来最终认定"公共安全"
普通危险型（情况极其异常）		1. 手段危险性：极端情况下可以存在 2. 结果危险性：极端情况下可以存在	具有绝对开放性的公共场所。此时需要更为严格地考察场所开放性、人流密集性、人员构成的复杂性等因素来最终认定"公共安全"

1. 极端危险型

在司法实践中，私自架设电网，点燃或欲点燃煤气、汽油，在公共场所点火自焚等行为属于此类型。这一类型可通过以下两方面来判断。一方面，应当考量行为的手段危险性，行为是否与放火、爆炸等行为具有相同的内在性质，即行为导致的危险是否极为严重、有蔓延性，工具极具杀伤力且破坏力极强，实施这类行为是否会立刻直接导致大规模的严重后果。例如，使用枪支、弹药、爆炸性物品、易燃性物品、易燃易爆设备、燃气设备、腐蚀性物品、电力设备等作为犯罪工具[①]。另一方面，应当考量行为的结果危险性，即行

[①] 根据《刑法》第118条、第127条、第130条、第136条规定，爆炸性物品、易燃性物品、腐蚀性物品、枪支、弹药、易燃易爆设备、电力设备、燃气设备可以产生类似放火、决水、爆炸、投放危险物质的危险。因此，若使用这些物质作为犯罪工具，行为极有可能产生类似放火、决水、爆炸、投放危险物质的极端危险。

为是否对公众生命、健康造成具体危险。由于工具极具破坏力，行为着手就可能会造成具体危险，因而这类行为具体危险的产生时点较早。另外，应当慎重考量是否存在"公共安全"，即行为造成的危险是否涉及不特定人或多数人，其侵犯法益是否属于"公共性"与"非针对具体个人"、"非绝对私人"的法益。与传统的工具相比，前述工具具有极强杀伤力和破坏力，其辐射性和穿透力对公共安全的侵犯存在显著差别，即使行为现场是封闭的或者仅有少数人，但如果该现场属于一个更大场所的组成部分，且该更大场所的安全很可能也遭受侵犯，那么行为人实施的前述行为也会被认定为危害公共安全。

2. 高度危险型

该类型又可具体分为两种类型。一是直接针对公众人身安全型。在司法实践中，这一类型通常表现为驾车直接撞击人群、持菜刀追砍人群、持钢管追打人群、在公共场所持枪射击他人等行为。这一类型的认定应当注意以下三点。首先，应当考量行为的手段危险性，即手段本身的危险是否具有产生结果的高概率、有扩散性。例如，驾车直接撞击人群、持菜刀追砍人群的显著特点，在于该类危险行为直接危及多数人的生命、健康，无须媒介传递，后果就极为严重且规模较大，这与放火、爆炸、投放危险物质等行为的危险性相当。其次，应当考量行为的结果危险性。如前所述，驾车直接撞击人群、持菜刀追砍人群一旦实施就会立刻危及现场人群的生命、健康安全，其具体危险的产生时点较早。最后，应当考量行为是否侵犯"公共安全"。与前述极端危险型不同，由于此类行为辐射性与穿透力不强（有的甚至无辐射性与穿透力），如果在绝对开放性的公共场所实施，就可以认定为侵犯"公共安全"；如果在具有相对开放性、存在一定人群的公共场所实施，此时需要考察场所开放性、人流密集性、人员构成的复杂性,来最终认定是否侵犯"公共安全"。例如,刘某与吴某、武某、文某素有恩怨,刘某深夜在广场上持刀追砍三人,此时广场上并无他人通行,且路过行人的可能性也较小。在此情形下,不应认定刘某实施的行为危害"公共安全"。二是行为被极度强化型。对此行为类型的认定应注意以下三点。首先,对于一些能够产生高度危险的违规驾驶行为,如醉酒驾驶在道路上随意冲撞、追逐竞驶等,应当由交通肇事罪或危险驾驶罪来规制。因此,在判断行为的手段危险性时,必须存在极度强化行为力度的情形,如连续或多次冲撞、肇事逃逸后持续闯红灯、违规变道或违规倒车、逆向行驶等不法行为。其次,在考量结果危险性时,更应当关注是否能对不特定人或多数人产生具体危险。最后,如果这种类型的行为导致大规模的损害结果需要媒介或一定时间,对于是否危害"公共安全"的判断标准应当更为严格。不仅要判断该场所是否属于绝对开放性的公共场所,而且要判断该场所开放性、人流密集性、人员构成的复杂性等因素。

3. 普通危险型(情况极其异常)

通常而言,一些高空抛物、妨害驾驶、影响道路安全的行为,并不具备加害方式直接、控制难度高、同时危及多数人等手段危险性特征,故无须将这些行为纳入以危险方法危害公共安全罪的规制范围,只有出现极其异常的情形时,才需要判断是否将其认定为以危险方法危害公共安全罪。例如,在"10·28"重庆公交车坠江事故中,一辆载客10多人的公交车通过临江路段时,乘客持续殴打司机,使得司机难以控制车辆且无法及时停止车辆,造成车辆坠入江中、多名乘客死亡的危害结果[①]。在此类妨害驾驶的极端情形下,乘

---

① 参见《重庆公交坠江事故始末回顾,危害公共安全岂是儿戏》,搜狐网,https://m.sohu.com/a/273009392_147557/? pvid=000115_3w_a,最后访问日期:2022年5月9日。

客妨害驾驶的行为可以达到与放火、爆炸、投放危险物质等行为同等的严重损害程度,并且危害生命和健康安全。在此情形下,妨害驾驶行为就符合前述手段危险性与结果危险性的判断标准,可以被认定为"其他危险方法"。当然,该类型行为导致大规模的损害结果,往往需要媒介或一定时间,因而对其是否危害"公共安全"的判断标准,也应当非常严格,判断方法与前述类型大同小异,在此不再赘述。

(二)"公共安全"的应然理解

"公共"的基本内容包括"集体""群体""共同体"。从文理解释来看,"公共"重视总体性、公开性及非排他性[①];从目的解释来看,危害公共安全罪的设定在于将生命安全、人身安全等个人法益抽象为社会利益从而作为保护对象,因此"公共"必须强调其"社会性"[②]。据此,本文认为,对"公共安全"的理解应当注意以下四个方面的内容。

首先,"不特定+多数人"(不特定多数人或不特定且多数人)安全的判断标准应摒弃。通过前文实证分析可知,实务界的做法仍习惯于从"不特定+多数人"安全的角度去表述公共安全[③]。然而,额外增设"不特定人"作为"公共"的排除标准,这种做法不仅未体现"公共"的实质内涵,还会不当限缩危害公共安全犯罪的处罚范围[④]。例如,在李某某以危险方法危害公共安全案中,被告人李某某在酒吧门口与尹某等人发生争执,李某某驾驶车辆向对方人员及

---

① 参见郭湛主编《社会公共性研究》,人民出版社,2009,第83~84页。
② 参见曲新久《论刑法中的"公共安全"》,载《人民检察》2010年第9期,第17页。
③ 720件以危险方法危害公共安全罪的案件中,38份判决书的评价由部分提及"公共安全",其中33份判决书采用"不特定多数人"这一经典表述。
④ 参见劳东燕《以危险方法危害公共安全罪的解释学研究》,载《政治与法律》2013年第3期,第25~26页。

旁边的车辆冲撞，致使附近停放的车辆受损、酒店玻璃门被撞坏。李某某将车倒出酒店后再次驾车撞向酒吧门口的行人和车辆，致使周某、胡某身体受伤，多辆车受损[①]。在本案中，尽管李某某冲撞特定人群，但酒吧门口具有场所开放性、人员流动性大、人员构成复杂等特点，体现了该场所的公开性及社会性，此时驾车随意冲撞的行为必然侵害公众利益，因而可以认定李某某的行为已危害"公共安全"。

其次，对于公共安全的理解，实务界宜先取"不特定人或多数人"安全的判断标准。尽管对于"多数"的理解与如何理解"公共"息息相关，以"多数"为核心理解"公共"的概念可以囊括其在文义解释、立法解释上的含义，但所谓的"不特定人"是指行为所造成的危险具有不可限定性[②]，也有指向"多数"的内在含义。因此，与"多数人"相比，"不特定人或多数人"的表述更为精准。据前文实证分析可知，仅有"少数人"在场的情形，行为人实施的极端危险行为也会对潜在的多数人产生危险。例如，独自在家中点燃天然气，行为场所虽只有一人，但会对潜在的多数人（邻里街坊）产生危险。又如，在山坡上放置电网，虽然该场所日常通行人数较少，但会对不特定的一人或不特定的多数人产生危险。因此，对于"公共安全"的认定，采取"不特定人或多数人"安全的判断标准，不仅便于以危险方法危害公共安全罪的适用，而且还可以防止该罪处罚范围的不当缩小。

再次，理解"公共安全"时，"不指向具体人员"安全或"不针对特定人员"安全是"公共安全"的排除标准，可以作为"不特

[①] 参见云南省弥勒市人民法院刑事判决书，(2019) 云 2504 刑初 575 号。
[②] 参见陆诗忠《论"以危险方法危害公共安全罪"中的"危险方法"》，载《法律科学》（西北政法大学学报）2017 年第 5 期，第 61 页。

定人或多数人"安全的补充。从《刑法》体例来看，危害公共安全罪在侵犯公民人身权利、民主权利罪之前，位于危害国家安全罪之后，说明该罪所侵犯的是超个人法益（社会性法益）。另外，从"公共"的字面意思来看，"公共"也有非排他性的内涵，"不指向具体人员"或"不针对特定人员"是对社会性的进一步解释。当然，侵犯多数人的法益通常就是侵犯公共法益，但也的确存在侵犯多数人的法益而未侵犯公共法益的情形。在刘某被控以危险方法危害公共安全案中，刘某的冲撞行为是以报复为目的针对具体多人的行为，若当时停车场不存在与其产生纠纷的6人以外的其他人员在场，综合考量案发当时其他人员通过的可能性、冲撞的时间跨度、冲撞的速度等因素，应当认定刘某的冲撞行为针对的是具体人员，可以通过"不针对具体人员"的标准排除以危险方法危害公共安全罪的适用[1]。

最后，"公共安全"不应包括单纯的财产损害，否则将扩大"公共安全"的范围，导致以危险方法危害公共安全罪的犯罪圈过大。在句某以危险方法危害公共安全案中，被告人句某在家中将一只法国斗牛犬从客厅窗户扔下，砸损被害人申某停放于楼下的汽车。法官认为，句某以高空抛物的方式危害公共安全，其行为已构成以危险方法危害公共安全罪[2]。事实上，本案中物品落地的场所为停车场，损害对象是申某的汽车，即财产，不涉及他人的生命、身体安全，纯粹的财产安全不应该被包含在危害公共安全之内，原因在于：其一，假设单纯的财产安全也属于"公共安全"的范畴，那么，盗窃、诈骗金融机构的财产甚至一般单位的财物行为也可以被纳入危

---

[1] 参见云南省禄劝彝族苗族自治县人民法院刑事判决书，(2020)云0128刑初196号。
[2] 参见天津市红桥区人民法院刑事判决书，(2020)津0106刑初161号。

害公共安全的犯罪圈，本罪与财产犯罪将会极度混淆；其二，单纯危及财产安全的行为不可能存在与放火、爆炸等行为相似的内在危险性。

(三)"其他危险方法"的应然理解

对于"其他危险方法"的理解，应当注意以下三个方面。其一，判断手段危险性存在与否。存在手段危险性的行为必须具有能够致使多数人或不特定人伤亡危险的内在属性，同时具有与放火、爆炸、投放危险物质等行为的同质性[①]。这样的限定不仅基于刑法文本逻辑规则的要求，也是综合考量本罪的法定刑得出的结论，因为从法定刑设置上，以危险方法危害公共安全罪与故意伤害罪（致人重伤）的法定刑均为三年以上十年以下有期徒刑。所以"其他危险方法"至少应当参照故意伤害致人重伤的评价标准。其二，判断结果危险性存在与否。具体而言，存在结果危险性的行为对公共法益产生的威胁会成为现实，且行为的现实化具有直接性、迅速蔓延性和高度概然性。其中，直接性是指行为产生损害后果不需要其他媒介的传递，迅速蔓延性是指行为所蕴含的危险现实化进程十分短暂，高度概然性是指行为蕴含的内在危险通常情况下能够实现。其三，经过手段危险性与结果危险性的综合考量，再结合具体案情中行为本身的内在危险属性，就可以判断是否属于"其他危险方法"。例如，在高空抛物案件中，与放火、爆炸、投放危险物质相比，高空抛物行为并不具有同质性，从高楼上抛掷花盆、水瓶、菜刀等行为远不及放火、爆炸、投放危险物质的危险程度，不存在手段危

[①] 参见徐光华《公众舆论与以危险方法危害公共安全罪的扩张适用》，载《法学家》2014年第5期，第119页。

性。当然，如果行为人抛掷的物品落地与地面碰撞后温度迅速升高，可能发生燃烧或爆炸危险，并且能够导致多数人重伤或死亡的直接性、迅速蔓延性及高度概然性，那么，此时的高空抛物行为就同时存在手段危险性与结果危险性，完全可以认定为"其他危险方法"。

六 结语

由于以危险方法危害公共安全在立法上存在"先天不足"，难以避免其在司法上会出现"后天畸形"，"口袋化"的趋势越发明显。"情绪化"公众舆论对重刑的需求是导致以危险方法危害公共安全罪扩张适用的直接原因，在现实生活中舆情对裁判结果发挥着一定作用，司法者对法律的阐释无法脱离生活、其他社会主体及社会形势的影响[①]。诚然，民众通过媒体、舆论影响司法审判甚至是立法的现象饱受诟病，但信息时代的司法实践不可能是真空的，法官也无法达到"绝对的自由心证"，正确的做法是不该将媒体、公众的情绪拒之门外，其与法学研究以及法治实践的交互关系只会越来越显著[②]。因此，只有以去中心化视角将舆论、舆情等社会生活因素考虑在司法重构的具体机制中，并促进立法、司法、社会生活在内的多元主体间良性互动，才可能纾解以危险方法危害公共安全罪"口袋化"的趋势，促进现实生活中公平正义的实现。毋庸

[①] 2018年重庆市"10·28"公交车坠江事故发生后，妨害交通工具驾驶的行为引起全社会强烈关注，严惩此类行为的呼声高涨，也促使了《关于依法惩治妨害公共交通工具安全驾驶违法犯罪行为的指导意见》的出台。诸如此类的热议案件会对现存的司法逻辑造成一定冲击，典型的"首例"判决也会影响法官日后对类似案件的审判结果。

[②] 参见高一飞《互联网时代的媒体与司法关系》，载《中外法学》2016年第2期，第506~517页。

置疑,在多元主体互动中法官必须把握限度,避免落入"沉默的陀螺"① 陷阱。司法审判切不可随波逐流,法官群体对法律的阐释绝不可过于随意,法律适用必须兼顾法条语义的内涵,并彰显立法精神。

The Judicial Deviation of the Crime of Endangering Public Safety by Dangerous Methods and Its Remedy
—Empirical Analysis Based on 1024 Judgments

Wu Chengzi, Liu Yangdong

Abstract: Using machine learning methods to analyze 1024 judgments related to the crime of endangering public security by dangerous methods, find some micro-judicial deviation of this crime, descriptive statistical analysis was carried out on various specific types of cases. Among them, the determination of high-altitude parabolic behavior is very easy to be subjectively incriminated; the determination of obstructing driving behavior ignores the criminalization criteria; the determination of refusal to carry out epidemic prevention and control work tends to be "heavily punished";

---

① "沉默的螺旋"理论是由德国社会学家伊丽莎白·诺埃勒·诺依曼在《沉默的螺旋:一种舆论学理论》中提出,是指人们在表达自己想法和观点的时候,如果看到自己赞同的观点受到广泛欢迎,就会积极参与进来,这类观点也就会被越发大胆地发表和扩散;而发觉某一观点无人或很少有人理会时(有时甚至会遭到群起而攻之的待遇),即使自己赞同也会保持沉默。结果意见一方的沉默造成另一方意见的增势,如此循环往复,便形成一方的声音越来越大,另一方则越来越沉默。

the determination of theft of manhole covers confuses this crime with the limits of his sin. Using the causal inference method to analyze the reasons for the existence of judicial deviation is that "emotional" public opinion takes advantage of the situation, the legislative provisions are not clear enough, and the judicial determination is too arbitrary. In order to correct the judicial deviation of this crime, it can be alleviated through three aspects: differentiated identification of different types of behavior; understanding of public safety as the safety of unspecified people or the majority of people; "Other Dangerous Methods" are judged by the inherently dangerous nature of the behavior.

Key words: Crime of Endangering Public Safety by Dangerous Means; Judicial Deviation; Public Safety

企业刑事合规不起诉制度适用对象研究

隋志月[*]

摘 要：合规不起诉制度自引入以来，对中国企业的司法保障带来了积极影响，但在实践中合规不起诉制度的适用对象引起了争论。着眼于现实需求，其适用需要扩大范围，从小微企业延伸到包含大中型企业，从轻罪企业扩大到重罪企业。未来立法应立足当前实践，吸收国外的有益经验，根据新对象的特点，进一步完善合规不起诉制度的适用对象构建，量身打造本土化合规不起诉制度。

关键词：合规不起诉适用对象 大中型企业 重罪企业

引 言

近年来，随着研究的不断深入，合规不起诉制度建设已经成为刑事合规试点改革的重点内容。当下，全国已有十个省份相继开展

---

[*] 隋志月，西北政法大学法治学院、法律硕士教育学院2021级研究生。

合规不起诉试点工作。不过，中国企业合规不起诉制度的具体规定仍处于初步探索阶段，本土化机制依然不健全，刑事立法也没有得到应有的重视和体现，探索适合我国实际的合规不起诉制度已经成为当前中国法学界关注的重要议题之一，尤其是适用对象尚有待理论阐释与现实检验。最高人民检察院发布的企业合规典型案例主要是小微企业和轻型企业犯罪案件，大中型企业和严重的企业犯罪是否适用及如何适用合规不起诉制度目前关注不足。而随着对外开放进程加快，更多大中型企业走出国门，如果内部没有完备的企业合规计划，会面临难以抵挡的刑事风险。合规不起诉制度改革作为中国司法实践的重点，正处于从理论认识到制度形成的关键时期，研究中应当将关注点从小微企业的轻微犯罪转向大中型企业犯罪案件，为改革提供符合本土国情又可持续的方案。

一 中国企业合规不起诉制度适用对象现状

（一）在企业规模的选择上偏向小微企业

关于小微企业的概念，2011年7月颁发的《中小企业划型标准规定》作出了明确界定，小微企业主要包括小型企业、微型企业和个体工商户，且满足以下三个条件：第一，企业应纳税所得额300万元以下；第二，企业从业人数在500人以下；第三，资产总额在5000万元以下[①]。小微企业是创业就业的主要力量，是政府税收的重要来源，是劳动就业的必要载体，是国民经济和社会发展的生力军。

受2020年以来的新冠肺炎疫情影响，小微企业受到重创，甚至

[①] 戴红萍：《疫情下小微企业供应链管理的反思》，《商业经济》2020年第6期。

休克，陷入深度经营和财务危机。部分企业为了维持下去，选择从事非法业务，如"虚开增值税专用发票，生产、销售假冒注册商标的产品，生产、销售伪劣产品，非法吸收公众存款，单位行贿，网络诈骗"[1] 等。这些公司并非专门从事犯罪活动的组织，它们要么是管理体系出现问题而无法杜绝犯罪隐患，要么是在疫情环境导致的经济寒冬中存在资金周转等方面的问题，存在铤而走险的风险。一旦对这类公司及其责任人进行定罪判刑，一方面会造成企业破产倒闭，使得公司员工深陷工作、收入等多重危机；另一方面也会产生连带效应，牵连合作伙伴、投资者等多个群体，造成巨大的社会问题。

正是基于上述情况，中国2020年开始的企业合规试点实践，更加着眼于拯救小微企业。最高人民检察院先后在北京、上海、江苏、山东等地区开展企业合规相对不起诉适用机制改革，各省份纷纷聚焦小微企业，以期帮助它们度过困境。江苏省检察机关着眼不同地区的焦点，注重发现其中的闪光点，从试点地区筛选出应当率先攻克的小微企业合规、重罪案件适用企业合规等多个典型，根据实际情况安排对应的地区优先实践，争取为全国贡献更广泛有效的现实成果[2]。"镇江市内民营企业居多，在全市企业占比高达95%以上，其中大部分的企业为小微企业或个体工商户。"[3] 基于此，镇江市人民检察院推行"小微企业简式合规"，坚持"简程序不降标准"，降低小微企业合规成本，在最高人民检察院先后公布的十个企业合规典型案例中，涉及的企业大多是小微企业，并且"S 公司、眭某某

---

[1] 陈瑞华：《企业合规不起诉制度研究》，《中国刑事法杂志》2021年第1期。
[2] 卢志坚、郝红梅：《企业合规改革走出"江苏节拍"》，《检察日报》2021年12月26日。
[3] 吴银权、高光治：《当好企业合规改革试点推动者》，《检察日报》2021年12月26日。

销售假冒注册商标的商品案"① 正是积极引导涉案小微企业开展合规建设的案例,这在全国范围内具有引导作用,足以证明中国企业合规不起诉制度对小微企业的关注度之高。

在改革试点中,不少小微企业因企业合规不起诉制度"重获生机"——不仅没有因为涉罪导致收益下降,反而加快了交易进度,提高了利润水平。例如,在最高人民检察院公布的典型案例"张家港市L公司、张某甲等人污染环境案"中,L公司通过开展合规制度建设,快速转变了发展模式,陆续搭建起完备的企业合规管理规章,同时注重提升发展质量,由以往的简单粗放式经营转向高质量精细化管理,促使员工转变思想观念,极大提升了防范和控制犯罪风险的意识和能力。根据调查数据,"2021年L公司一季度销售收入同比增长275%,缴纳税收同比增长333%,成为所在地区增幅最快的企业"②。由此可以看出,企业合规制度建设对小微企业是有益且影响深远的。

(二) 在犯罪类型中轻罪企业广受关注

中国的企业合规不起诉主要呈现为"检察建议模式"和"附条件不起诉模式"。其中检察建议模式是指司法机关根据对涉案企业的社会调查结果,作出相对不起诉决定,针对合规管理漏洞制发修改建议,进行刑事合规指引,确定考察期限,进行考察评估,规定合理期间,促使企业搭建系统的合规制度体系③;附条件不起诉模式则是指司法机关在作出不起诉决定之前,设立一定考察期,在考察期

---

① 孙风娟:《及时推广试点工作经验 深入推进企业合规改革》,《检察日报》2021年12月26日。
② 最高人民检察院:《企业合规改革试点典型案例》,《检察日报》2021年6月4日。
③ 徐化成:《涉案企业合规不起诉检察建议模式探析》,《检察日报》2021年11月23日。

结束后，经审查企业合规情况合格，司法机关再依法作出不起诉决定①。现有法律规定与这两种模式相似的条文正是《刑事诉讼法》规定的"相对不起诉"和"附条件不起诉"，它们最初的对象设定都是自然人，且适用于被判处三年有期徒刑以下的犯罪分子。以此为参考，中国在企业合规试点中也把适用对象锁定在这个范围。辽宁省人民检察院等制定的《关于建立涉罪企业合规考察制度的意见》第6条规定了涉罪企业适用合规考察制度应当符合的条件："直接负责的主管人员和其他责任人员依法可能被判处三年以下有期徒刑、拘役、管制或单处罚金，并且涉罪企业、人员系初犯、偶犯；犯罪事实清楚，证据确实、充分；对主要犯罪事实无异议，且自愿认罪认罚。"②

根据最高人民检察院公布的报告，适用合规不起诉的轻型企业犯罪案件，主要涉及假冒注册商标、销售假冒注册商标的商品、串通投标、重大责任事故、走私普通货物、掩饰或隐瞒犯罪所得、电信诈骗等罪名。对这些犯罪的刑罚，一方面，"只要触犯轻罪的企业接受认罪认罚，又对其内部进行了合规整改，原则上应当减轻刑罚或者免于刑罚，否则应当作出解释"③；另一方面，部分省份的司法机关在试点工作中，对企业管理人员的处理也适用附条件不起诉制度，并将是否对企业直接负责的主管人员、其他直接责任人员提起诉讼与企业履行合规管理的结果直接挂钩。例如，最高人民检察院公布的最新典型案例绝大部分属于检察机关对企业和责任人同时提出量刑从轻处理的建议（见表1）。这种不区分企业责任与直接责任

---

① 陈瑞华：《企业合规不起诉制度研究》，《中国刑事法杂志》2021年第1期。
② 《辽宁省人民检察院等十机关关于建立涉罪企业合规考察制度的意见》，华辩网，http://www.148hb.com/newsview/8572.html，最后访问日期：2022年5月10日。
③ 刘晓虎：《涉企轻罪案件量刑要点论纲》，《人民法院报》2021年8月16日。

人责任的观念，会导致合规不起诉制度的主体仅限于轻罪企业。

表1 最高人民检察院公布的第二批企业合规典型案例及处理结果①

案例	处理结果
上海J公司、朱某某假冒注册商标案	合规考察后对涉案企业及个人不起诉
张家港S公司、眭某某销售假冒注册商标的商品案	合规考察后向公安机关发出检察建议，公安机关根据检察建议作出撤案处理，并移送市场监督管理部门作行政处罚
山东沂南县Y公司、姚某明等人串通投标案	合规考察后对涉案企业及个人相对不起诉
随州市Z公司康某某等人重大责任事故案	对企业合规考察后，对康某某等人不起诉
深圳X公司走私普通货物案	合规考察后对涉案企业及个人相对不起诉
海南文昌市S公司、翁某某掩饰、隐瞒犯罪所得案	合规整改后，对涉案企业及个人提出轻缓量刑建议

合规不起诉制度避免轻罪企业走向破产倒闭，帮助其重获生机，正是通过对涉案企业采取不起诉的激励方式，强化企业对内部合规制度建设的重视，相对于单纯受到法律惩戒，合规建设是当前公司标准化管理的重要方面之一，可以帮助企业实现合理经营、绿色发展、增强实力的目标。轻罪企业的社会危害性低，企业内部若制定完善的合规计划，其再犯的概率会大幅下降，有助于节约司法力量着重解决重刑犯罪。

二 中国企业合规不起诉制度适用对象的现实弊病

在实践中，合规不起诉的适用对象主要为"小微企业和依法应

---

① 《企业合规典型案例（第二批）》，最高人民检察院网，https://www.spp.gov.cn/xwfbh/wsfbt/202112/t20211215_538815.shtml#2，最后访问日期：2022年5月10日。

被判处 3 年有期徒刑以下刑罚的轻罪企业，并要求涉罪企业系初犯、偶犯、认罪认罚等"[1]。这带来两个问题：一是检察机关适用合规不起诉的对象，大多是小微企业，而大中型企业没有得到关注，适用主体的狭隘性无疑阻碍了中国企业合规建设的进一步发展；二是在合规不起诉领域只关注企业轻微犯罪，严重的企业犯罪案件则没有适用这一制度的空间。合规不起诉的适用对象是当前改革路径中的一个难关，在学界引起了讨论，下面依次对这些问题作出分析和评论。

（一）适用类型的单一化

目前中国企业合规不起诉制度适用的对象主要是小微企业，而不是大中型企业，这是改革初期由中国本土国情所决定的，但也偏离了引入合规不起诉制度的"初心"，导致适用主体狭隘。中国开始重视企业合规要追溯到 2018 年，中兴通讯被美国商务部处罚事件使中国政府和企业逐步认识到，在经济全球化时代合规制度对企业发展的重要性，如何构建中国企业合规制度，避免境外发展企业在国际市场出现类似情况成为讨论的焦点。随着理论研究和改革进程的推进，第二轮改革试点工作已经启动，小微企业逐渐形成了自己的合规不起诉模式。面对新型全球化的兴起和"一带一路"经济带建设倡议全面实施，势必有更多大中型企业走出国门，伴随而来的是国际市场上未知的多重刑事挑战。因而，应当把重点逐步转移到大中型企业，扩大适用主体范围，让企业合规在全国范围内普遍展开，只有这样，才能更好地发挥合规不起诉制度的优越性。

---

[1] 万方：《合规计划作为预防性法律规则的规制逻辑与实践进路》，《政法论坛》2021 年第 6 期。

由于对大中型企业合规建设关注度较少，现实中已经出现了一些问题。比如"长春长生疫苗事件"，2017年长春长生就因疫苗不合格而受到行政处罚。不到一年的时间，长春长生再曝疫苗质量问题。随后长春长生公司被判91亿元行政罚款，企业负责人被公安机关逮捕。最终长春长生公司因资不抵债，不能清偿到期债务，且无重整、和解的可能宣告破产[①]。

从企业合规角度而言，第一，长春长生公司内部没有建立完备的企业合规计划和合规审查机制，这就导致其即使在生产、销售过程中存在违反法律法规的行为，也缺少监管和阻止机制。在2017年被行政处分后，它仍没有及时整改，最终造成企业走向破产。第二，企业内部没有合规审查机构，缺乏对企业管理者特别是主要负责人的监督制约。涉案人员高某芳，既是公司的董事长，也是总经理，还是公司的财务总监，集大权于一身，内控制度形同虚设，企业失去了自省自警能力。第三，公司由上到下对自身的违法违规行为缺乏合乎法律法规的认识。这也暴露了许多公司缺乏合规体系，不注重合规意识，在生产和管理上职业道德缺乏[②]。

由此，中国大中型企业推行合规不起诉制度很有必要，并且大中型企业更具备建立合规计划的条件。首先，大中型企业内部具备健全的现代公司组织构架和有力的资源支撑。企业内部所有权和经营权分离，设股东会、董事会、监事会三机构，分工明确，各司其职，企业运行过程中呈现体系化、专业化。并且国际通行的有效合规计划要求较高，需建立合规宪章、合规政策、合规组织体系、防范体系、监控体系等[③]，只有大中型企业才有足够的能力和条件构建

---

① 徐子建：《政府药品监管问题研究》，郑州大学2019年硕士学位论文。
② 樊倩倩：《企业刑事合规制度的本土构建》，西南政法大学2020年硕士学位论文。
③ 陈瑞华：《企业合规不起诉改革的八大争议问题》，《中国法律评论》2021年第4期。

符合基本标准的合规计划和制度，确保合规管理规范能有效运行。与之对比，中小微企业权力往往过于集中，经常由一人身兼数职，家族企业中领导层和管理人员多为家族内部成员，董事会、监事会形同虚设，各部门无法相互制约相互监督，此外，小微企业资金管理水平不高，企业合规构建中的成本问题也不能忽视。

其次，在大中型企业中，合规制度预防犯罪的功能可以充分发挥。通过合规建设帮助企业全面整改，堵塞犯罪缺口，消除涉罪危险，明确企业责任与公司高管、员工、投资人、合作伙伴的责任，实现"去犯罪化"。而中小微企业生产手段单一，经营水平落后，既缺乏完善的现代企业管理架构，也无法做到各方责任互相独立，企业整体意志和管理人员个别意愿高度重叠，缺乏形成高效规范的合规管理制度的框架条件，合规整改通常浮于表面。

最后，大中型企业影响力大，对企业合规的需求更大。随着国际化步伐的日益深入，中国越来越多的企业开始涉足国外业务，在迎接机遇的同时也会面临更多的挑战，尤其是不少上市企业在国际市场上屡屡面临合规风险，中国境外发展企业要求建设合规管理制度的呼声越来越高，迫切需要建立健全的合规法律体系来应对他国制裁，由此，中国应逐渐由小微企业转向关注大中型企业来应对现实之需。

(二) 重大企业犯罪案件适用空间有限

虽然在实践中也曾出现过法定刑在3年以上10年以下的涉企重罪案件适用，但是中国企业合规不起诉制度主要面向的还是轻罪企业。这引发了一个问题：合规不起诉制度是否也要根据未成年人适用附条件不起诉的规定，将范围界定为3年有期徒刑以下的轻罪？

若要如此，对于一些重大企业犯罪案件，检察机关就只能提起公诉，再向法院提出减轻刑事处罚的建议，这种做法与合规不起诉相比激励措施有限。可以说，如何拓宽企业合规不起诉的适用空间，在重罪企业案件中实施合规不起诉制度，已经成为目前实践中亟待解决的关键问题。

之所以在企业合规不起诉领域关注重罪企业，是因为以企业为主体的犯罪向来是"重点关注对象"。"以最高法定刑5年为界，中国刑法所规定的企业犯罪中，只有25%的罪名最高法定刑为5年以下，重罪所占比重遥遥领先。"[①] "与中国台湾地区比较，企业犯罪中包含被判处十年有期徒刑处罚的，大陆有四分之一，中国台湾地区仅占12.5%；另外，中国台湾地区的企业犯罪没有死刑的规定，而大陆有三个罪名配置了死刑。"[②] 通过上述数据不难发现，企业犯罪中被判重刑的占较大比例，尽管如此，企业犯罪数量却始终呈增加趋势，且情况不容乐观，"从2010年至2019年，每年企业犯罪数从21件上升至7253件，增加了340多倍"[③]。

基于此，本文认为如果单纯依靠刑罚手段来预防企业犯罪并不可取。因为消极的一般预防是通过向罪犯施加刑罚，来警惕潜在的犯罪行为人，使他们放弃犯罪，这很难让人们从内心主动建立起自觉的规范。积极的一般预防则是增强普通大众的法律观念，约束人们的犯罪行为，一方面是对违法行为进行惩处，另一方面是教育人们守法。假如限制施加刑罚能更为有效地帮助群众守法，那么就不必再予以处罚，只有让群众自觉遵守法律才是最有效的方法，这会

[①] 黄健、冯凯：《认罪认罚从宽视野下中国企业刑事合规制度构建研究》，《应用法学评论》2020年第1期。

[②] 李本灿：《企业犯罪预防中合规计划制度的借鉴》，《中国法学》2015年第5期。

[③] 黄健、冯凯：《认罪认罚从宽视野下中国企业刑事合规制度构建研究》，《应用法学评论》2020年第1期。

避免因科处刑罚浪费的人力、财力和时间，更好地提升司法效率。企业合规不起诉制度则可以发挥积极的一般预防作用，弥补刑罚预防企业犯罪的不足，尤其是犯了重罪的企业，本身社会危害大、波及面广，可以向司法机关承诺建立或者完善合规管理制度来获得生机，降低对社会的影响程度，而完善的内部合规计划也能从源头上遏制企业再度走上犯罪道路。与之相比，轻罪企业在企业犯罪数量中所占比例较低，企业合规不起诉制度作用的发挥也受到限制；刑罚对企业的影响相对较小，企业的生存没有面临较大危机；企业所涉及的罪刑严重程度低，实施企业合规不起诉制度的效果也没有重罪企业更加明显。

三 国外企业合规适用对象的启示

与国内形成鲜明对比，国外企业合规制度适用对象路径与中国相反，它们更关注大中型企业的合规建设，而且不单纯依据罪刑轻重决定是否适用企业合规，"一般都是依据特定犯罪的需要来规定是否适用企业合规不起诉"[1]。经过多年的司法实践，国外已经形成了较为成熟和完整的合规制度，在预防企业犯罪方面取得了良好效果，这对中国新时代企业合规适用对象转型有一定借鉴意义。

（一）国外企业合规是为大中型企业"量身打造"

在国外，企业合规不起诉制度基本都是针对大中型企业和跨国企业，多数国家对合规建设的企业规模都有一定要求。"法国《萨宾第二法案》中规定，符合下列两个条件的公司，必须开展合规建设：

---

[1] 李玉华：《企业合规不起诉制度的适用对象》，《法学论坛》2021年第6期。

一是员工在 500 人以上或虽人数为 500 人以下但是公司总部位于法国；二是营业收益超过一亿欧元。"① 之所以有这样的要求，主要基于以下几点原因。第一，相较小微企业，大中型企业所服务的客户数量多，社会影响范围广，如果直接起诉定罪处罚，会给公众造成消极影响，也不利于社会和经济发展。第二，大中型企业内部员工数量大，外部还涉及众多关联企业和投资者，可谓"牵一发而动全身"，如果直接贸然处理，所产生的"水波效应"也是巨大的。第三，合规需要巨额成本。一方面，司法机关通过向企业科处巨额罚款，促使企业主动担责，从而为建立合规制度奠定基础；另一方面，人才引进方面要加大财力支持，因为企业合规制度的建立需要聘请专业人员和行业精英来规划指导。

基于此，国外企业合规大多是为大中型企业"量身打造"，主要分为两种模式，即"美国模式"和"英国模式"。

美国采用刑罚激励机制，促进公司内部控制；英国通过建立独立的犯罪结构，促使其对腐败犯罪进行自我治理。作为刑事合规制度的发源地，美国《联邦量刑指南》对构成企业犯罪的要素作出详尽规定，形成了较为稳固的体系。依据美国《组织量刑指南》，主要包含六个要素："第一是在预防犯罪领域制定有效的遵守措施和执法标准；第二是领先和稳定的高级管理层；第三是企业具有通用的合规政策和标准；第四是具备严格的监控机制；第五是确保遵守合规标准的纪律机制；第六是犯罪后配套纠正。"② 美国企业如果实施了违法违规行为，但是企业内部具备或者有强烈的愿望实施符合上述六条的合规计划，那么就可以受到不起诉的优待。

---

① 陈瑞华：《法国〈萨宾第二法案〉与刑事合规问题》，《中国律师》2019 年第 5 期。
② 樊倩倩：《企业刑事合规制度的本土构建》，西南政法大学 2020 年硕士论文。

"英国奉行等同责任原则,具体而言就是将企业管理人员所实施的行为相当于企业实施的犯罪行为来处以刑罚"①,其企业刑事合规雏形的确立出现在"企业过失杀人与企业杀人法"的规定。2010年英国的《反贿赂法》第7条规定,"如果商业组织有足够的措施防止其成员实施犯罪行为,则构成法律辩护"②。这说明该罪已经将合规作为抗辩的理由。2011年的《反贿赂法指南》颁布了合规计划需要满足的六项原则,分别是:第一,相称的程序,包括预防贿赂的政策以及具体的执行政策程序;第二,高层的承诺,企业责任人应主动承担起反行贿的责任,这会在公司内部形成反贿赂的文化氛围;第三,风险评估,要按期进行,并详细记录;第四,尽职调查,减少贿赂风险;第五,沟通交流,即促使公司内部与外界交流,让公司员工积极参与外部培训;第六,监控、复审和评估,对反行贿的政策和程序进行定期监测和评价③。

(二) 国外企业合规的适用并无犯罪轻重限制

在欧美国家,检察机关对合规不起诉适用没有犯罪类型限制,实践中对涉嫌严重犯罪的企业也会适用暂缓起诉制度和不起诉制度。"美国的司法部门规定不起诉协议和暂缓起诉协议也适用于复杂的犯罪,包括财产欺诈、海外贿赂等重大案件。"④欧美国家也曾有过实施重刑但企业犯罪数量逐年增长的情况,他们改变了传统的企业犯罪治理模式,通过收取巨额罚款,企业担保建立和完善企业内部合

---

① 李本灿:《刑事合规理念的国内法表达——以"中兴通讯事件"为切入点》,《法律科学》2018年第6期。
② 李本灿:《企业视角下的合规计划建构方法》,《法学杂志》2020年第41期。
③ The Bribery Act 2010 Guidance,美国司法部官网,https://www.justice.gov.uk/downloads/legislation/bribery-act-2010-guidance.pdf,最后访问日期:2022年5月14日。
④ 李玉华:《企业合规不起诉制度的适用对象》,《法学论坛》2021年第6期。

规机制，很少有企业被检察机关诉至法院。

美国司法部官网公布的案例显示，2020年富国银行通过使数千名员工创建虚假记录或滥用客户身份，收取了数百万美元的费用和利息，而该公司无权获得这些费用和利息，这损害了某些客户的信用评级以及非法滥用客户的敏感个人信息，同时这些行为欺骗了数百万客户，给信任该机构的个人造成了一定的麻烦。富国银行被判决赔偿支付30亿美元，对未经客户授权开设数百万账户的销售行为进行刑事和民事调查[①]。不难看出，这是一起严重的公民信息泄露事件，最终，本案通过一项延期起诉协议得到解决，根据该协议，如果富国银行遵守某些条件，包括继续配合正在进行的调查，富国银行在协议的三年期限内将不会被起诉。政府决定签订暂缓起诉协议和民事和解考虑了若干因素，包括富国银行对政府调查的大力合作和实质性协助、富国银行承认有不当行为、继续与调查人员合作、先前在一系列监管和民事诉讼中的和解和补救措施，包括富国银行管理层及其董事会的重大变化，增强的合规计划，以及识别和赔偿可能成为受害者的客户。

在欧美国家，对企业是否适用合规不起诉制度不是单纯依据案件的严重程度，而是根据案件的实际情况，综合对比起诉与不起诉所产生的影响，择优选择最有效益的方案。即使涉嫌实施巨额贿赂行为的企业，或是泄露大批客户数据的企业，也都能通过建立和完善合规体系的方式，与司法机关达成和解协议，并最终获得了从轻处理，避免了被定罪判刑的结局[②]。西方的司法实践也说明，企业合

---

① Wells Fargo Agrees to Pay ＄3 Billion to Resolve Criminal and Civil Investigations into Sales Practices Involving the Opening of Millions of Accounts without Customer Authorization，美国司法部官网，https://www.justice.gov/usao-cdca/pr/wells-fargo-agrees-pay-3-billion-resolve-criminal-and-civil-investigations-sales，最后访问日期：2022年5月14日。

② 陈瑞华：《企业合规不起诉制度研究》，《中国刑事法杂志》2021年第1期。

规不起诉制度在预防企业犯罪尤其是重罪企业有良好的效果，中国应当转变关注重点，逐步将范围由轻罪企业扩大至重罪企业。

四　中国合规不起诉制度适用对象的本土化路径

(一) 为大中型企业定制专属合规不起诉机制

企业的性质、规模、经营范围不同，发生犯罪的原因也有差异，检察机关不可能督促所有类型企业全部建立整齐划一的合规计划，而应根据大中型企业实际情况进行差异化整改。一方面可以吸收国外的有益经验，另一方面也要适应本土国情。

在借鉴外国有益经验方面，迄今为止，美国、英国、意大利等欧美国家都推行了本国的有效合规计划，确立了各自的要素和标准。这些"有效合规计划"的标准，主要侧重于指导建立预防性的事前合规体系，对于在案发之前就建立了满足这些合规标准的企业，无论是司法机关还是行政监管部门，都可以将合规管理体系建立作为一种必要的激励机制，据此作出较为宽大的处理。

但是，对于那些因为涉嫌犯罪而受到刑事追诉的大中企业，要建立一种带有补救性的事后合规计划，就无法照搬他国的具体制度。因此，在参考其他国家合规管理经验的基础上，兼顾中国企业合规不起诉制度改革的实际情况，增加若干项合规制度要素，确保合规管理体系设计更为合理，具体来说，主要包括以下方面。

第一，在公司内部赋予合规管理条款最高效力。这是企业合规计划得以运行的前提和基础。通过将合规计划写入公司章程，向检察机关和全社会作出合规承诺，并赋予企业合规计划最高效力，确保各项合规管理制度在公司可以规范运行。第二，涉案企业针对出现的犯罪问题，建立专项合规计划，并据此确立企业的专项合规政策、标准和程序。涉案企业针对自身的犯罪情况，将合规管理的重点放在制度建立和完善上，从而形成以防范违法违规风险为重心的专项合规体系。对董事、高管、员工以及第三方合规伙伴参与企业经营管理行为确立了较为具体明确的法律边界，较为详细地重申和列举了法律法规所确立的行为准则，涉案企业还可以通过发布员工手册，对员工合规行为准则与奖惩等作出了专门规定，支持员工的依法依规经营行为，严惩员工的违法违规行为，鼓励员工举报企业违法违规的行为。第三，建立独立、权威的合规组织，保证企业合规计划得到有效执行。涉案企业可以确立董事会、监事会和管理层的合规职责，强调董事会对合规管理承担领导责任，在公司内部设立专门的合规管理部门，承担合规管理的统筹协调工作；设立首席合规官，强调首席合规官具有合规决策上的独立性，对于公司重大经营管理决策的合规性评估，拥有一定的否决权。第四，建立合规审查、检查和报告制度。合规管理部门对于企业内部遵守法律法规的情况以及存在的违法违规风险进行全流程监控，定期发布合规情况，内容可以包括合规工作报告、合规风险事项报告和重大合规风险事项报告。第五，涉案企业应建立合规考核和奖惩制度，以达到激励和惩罚的效果。负责合规工作的人员对其他职工的合规情况进行审查，考核结果作为员工考核、干部评选的重要指标；对于严格依法依规经营、防范合规风险、识别或举报重大风险事项、避免企业遭受损失的单位和员工，在年度绩效考核中进行加分或者给予特别奖励；对于隐瞒合规风险、违法违规的单位或员工，按照公司规章予以惩处，构成犯罪的，交由检察机关依法处置。第六，企业要建立合规举报和调查制度，及时控制违法违规行为。企业保障包括员工、客户、合作伙伴、信息使用者在内的所有利益相关方，都可以正常行使检举违法违规行为的权利。对于通过电话或信函等方式提出的举报，首席合规官、合规管理部应当保密，并启动调查程序，根据事件严重程度作出分级处理。"企业要建立健全举报人保护制度，严禁对举报人打击报复的行为，对因举报而遭受损失的举报人给予必要补偿。"[①]

（二）企业重罪合规不起诉问题的解决

在重罪企业合规不起诉领域，可以从现有的制度规定中寻找突破口。具体而言，一是要将企业本身与内部人员的刑事责任区分开来；二是在合规不起诉制度的基础上，挖掘其他适宜的合规激励方式。

在合规不起诉改革试点中，经常出现将企业责任与企业家责任混同的现象，原因如下。第一，实际上，许多与企业有关的刑事犯罪中，企业负责人与企业的联系十分紧密，有时会存在界限模糊难以明确区分的情况。由于经营观念落后、产权结构不清晰、合规意识淡薄，一些企业特别是民营企业在运行过程中没有形成现代企业管理制度，这导致了企业不是由公司自己掌控，而是被少数当权者操纵。第二，在立案侦查方面，中国公安机关存在重自然人、轻单位的问题，因为证明个人行为属于企业犯罪的难度较大，单位犯罪的追究最终演化为只追究涉罪个人。从另一角度而言，这也与公安机关内部贯彻的办案绩效考核息息相关。第三，刑法规定，"在追究刑事责任的过程中，刑法是对单位判处罚金，对单位直接负责的主

---

① 陈瑞华：《大型企业的有效合规计划》，《民主与法制》2022 年第 7 期。

管人员和直接责任人员可以判处包括自由刑、财产刑在内的刑事处罚"[1]。而在现实处理中，两个主体的判决流程不是并向的，而是以对单位责任人的刑罚量刑标准为参照，继而决定对单位判处何种刑罚。这就造成检察机关对企业犯罪案件和企业家犯罪案件在适用合规不起诉制度中往往一概而论。

原则上，在适用合规不起诉上，应当将企业与管理人员进行区别对待。根据合规不起诉的概念，其适用对象应当是企业本身。然而，目前国内很多地方司法机关在合规不起诉制度试点时，都将企业负责人也囊括在合规不起诉的适用对象，并根据企业实施合规管理的实际效果来决定对企业和责任人员是否提起公诉。例如，最高人民检察院公布的"新泰市J公司等建筑企业串通投标系列案件"[2]，检察机关对J公司等六家企业及其负责人均作出不起诉处理的决定。合规不起诉制度应当仅限于企业，而不包括自然人，主要原因在于企业合规不起诉制度的目的就是明确企业责任和个人责任，将合规制度的建立单纯作为企业减轻刑罚或出罪的抗辩理由，这与其"放过企业，严惩个人"的观念相呼应。对于企业管理者、经营者、直接责任人员实施的与企业生产经营相关的个人犯罪案件应当探索新的激励机制，而不能一概而论。

除了明晰责任，还应探索多重企业激励方式。一方面，从结果来看，合规不起诉是对涉案企业的从轻处理，但并不代表是对企业的简单放过，换言之，对涉案企业适用不起诉并不是最终目的，制订合规方案才是解决问题的关键。因为合规建设是企业在激烈的市场竞争中脱颖而出的重要手段之一，通过把合规理念融入企业经营

---

[1] 陈瑞华：《企业合规不起诉制度研究》，《中国刑事法杂志》2021年第1期。
[2] 《企业合规典型案例（第二批）》，最高人民检察院网，https://www.spp.gov.cn/xwfbh/wsfbt/202112/t20211215_538815.shtml#2，最后访问日期：2022年5月10日。

各方面，从而实现企业生产合理化、经营规范化、管理水平提升的目标。由此可知，即使是重罪企业，只要符合适用合规不起诉的条件，也可以适用该制度。那些被指控犯有严重罪行的公司，如果希望通过合规不起诉不受法律制裁而得到较轻的惩罚，往往都要为此付出很大的代价，主要包括高强度罚款，更换领导层，任命合规监督官，增加合规资金占比，改善和执行合规计划等。另一方面，企业合规不起诉制度的适用标准不应当单纯依赖犯罪的严重程度，而是根据实际情况予以区别对待，建立不同的激励机制。即使是重罪企业，如果已经建立了成熟的公司管理架构，具备实施各类专项合规管理计划的能力，企业也可以投入充足的人力物力对公司内部人员和外部合作伙伴实施行之有效的内部合规监管，只要它们有强烈的合规建设需求，检察机关就能将其列为附条件不起诉的适用对象，开展合规考察和合规监管，并作出相对不起诉决定。如果单位所犯之罪性质特别恶劣，即便具有成熟的合规不起诉制度，也可以采取其他措施，如起诉以后量刑从轻，降低刑事处罚幅度等。这样，合规不起诉制度就不会被当成"免罪金牌"而在司法实践中滥用。未来应当根据企业犯罪的自身条件和实际情况，来决定对其适用的具体手段。

五　余论

中国企业合规不起诉从设立到在本土不断发展，适用对象是无法回避且亟待解决的。本文根据中国目前企业合规不起诉的现状，结合域外合规不起诉的成果，评析讨论了中国合规不起诉的适用对象存在的问题及解决的必要性。首先，合规不起诉不应仅仅适用于小微企业，更应顺应时代发展，逐步转向大中型企业。其次，合规不起诉除了针对轻微企业犯罪适用，对重罪企业更应适用，如此才能彰显和发挥该制度的作用。国外对重罪企业和大中型企业引入合规不起诉制度经过多年探索形成了成熟的范式，而中国对轻微犯罪企业和小微企业适用合规不起诉展开了理论和实践探索。虽然路径相反，但这是由本土国情所决定的，事实上合规不起诉适用对象多元化才是未来的主流。合规不起诉的适用对象不仅是当前试点中的考验，也是未来中国合规立法必然要克服的问题，更是世界各国都关注的焦点话题。除本文所讨论的外，仍有一些问题有待现实深入讨论研究，如企业合规不起诉制度的主体是否能包括企业家？作为合规不起诉的实施单位即检察机关的级别应如何选择？检察机关与行政机关如何做到有效衔接？必须以中国地方性的成功实践为依托，借鉴各国丰富的研究成果，将中国力量融入全球的企业合规治理中。

Research on the Applicable Objects of Enterprise Criminal Compliance Non-prosecution System

Sui Zhiyue

Abstract: Since the introduction of compliance non prosecution, it has had a positive impact on the judicial protection of Chinese enterprises. However, in the process of practice, the object of application of the compliance non prosecution system has aroused controversy. Focusing on the actual needs, its application needs to be expanded, from small and micro enterprises to large and medium-sized enterprises, and from misdemeanor enterprises to felony enterprises. The future legislation should be based on the current practice, absorb the beneficial experience of foreign countries, further improve the construction of the compliance non prosecution system on the applicable objects according to the characteristics of the new objects, and tailor-made the local compliance non prosecution system.

Key words: Applicable Objects of Compliance non Prosecution; Large and Medium-Sized Enterprises; Felony Enterprise

刑事附带民事公益诉讼制度问题实证研究

——以 1045 份裁判文书为分析样本

屈思忱[*]

摘　要：我国生态环境与消费类犯罪有所抬头，刑事附带民事公益诉讼在打击犯罪的同时兼具生态修复、警示与教育功能，在诉讼经济、证据共享、社会效果方面具备天然优势，未来发展空间很大。要发挥好刑事附带民事公益诉讼在公益救济与法益维护两方面的双重功效，首先必须厘清制度本质，明确它与刑事附带民事诉讼、检察民事公益诉讼的界线。在此基础上，将目光投入实践运行，完善调解、公告程序，明确诉讼主体地位与举证责任，建立线索共享机制，推动公益诉讼单独立法，建立基金管理专项账户。一方面，被告参与诉讼程序能够有规范可循、有据可依，刑事判决与民事公益诉讼赔偿都能得到妥善解决；另一方面，将刑事附带民事公益诉讼这一新类型诉讼模式的功效发挥到极致，助力生态环境实现"绿水青山"，保障

---

[*] 屈思忱，山西省司法厅工作人员。

人民群众生命健康等愿景早日实现。

关键词： 刑事附带民事公益诉讼　诉前公告　公益救济

刑事附带民事公益诉讼是一项实践先行的新型诉讼制度，一开始只是在检察公益诉讼试点工作中探索，直到2018年《关于检察公益诉讼案件适用法律若干问题的解释》（以下简称《检察公益诉讼解释》）颁发实施后，该制度才具备了较为正式的法律支撑。在检察公益诉讼改革背景下，案件数量在两年内迅猛增长，甚至打破了长期以来刑主民辅的办案格局，一跃成为检察公益诉讼工作的重要内容。毫无疑问，刑事附带民事公益诉讼在公益维护与法益救济、丰富检察监督内核方面发挥着不可替代的作用。该制度经过初期探索与经验积累，目前已形成了一套稳定的审理模式，但仔细审视实践运行状况不难发现，该制度在诉讼主体、程序运行、法律规范适用、赔偿款项管理以及责任分配规则等方面还存在不足，仍存在一些问题，本文基于这些问题深入剖析成因，并提出针对性的改善建议。

一　刑事附带民事诉讼的实证分析

（一）样本选取

1. 样本选取方法

本文所选取的1045个样本，是通过中国裁判文书网获取的，根据地域划分，选取了江苏省、山西省、四川省这三个东、中、西部省份的全部裁判文书，以"刑事附带民事公益诉讼"为关键词，按照与本文研究的相关度进行剔除，最终确定总数为1045个案件的样本。

以四川省为例，截至 2021 年 1 月 1 日，共检索到裁判文书 629 份。通过对样本进行逐一浏览，首先，按照文书的类型进行剔除，剔除掉了"判决书"以外的其他文书类型，如裁定书、通知书、调解书等，此时供研究的文本为 596 份；其次，按照文本的相关度进行剔除，排除了与本文刑事附带民事公益诉讼制度不相关的文书，如只是内容上涉及民事公益诉讼的文书，此时供研究的文本还剩 590 份；最后，按照时间顺序进行剔除，剔除了 2018 年 3 月以前的文书，此时的样本即为 588 份，为本文最终确定的研究样本。以此类推，最终统计出江苏省的裁判文书 333 份，山西省的裁判文书 124 份，加上四川省 588 份总计为 1045 份裁判文书，代表了我国东、中、西部三省份 2018 年 3 月以来的所有刑事附带民事公益诉讼判决情况。

2. 样本选取标准

我国幅员辽阔，挑选江苏省、山西省、四川省这三省能够很好地代表我国东、中、西部案件情况。具体来说，四川省地处我国西部，生态环境资源丰富，生态类、环境类案件较多，并且近两年连续位居全国刑事附带民事公益诉讼案件办理数量第一名；江苏省作为我国东部沿海省份，一直以来案件办理情况良好，探索时间早、方法经验多，在目前最高人民法院、最高人民检察院发布的 6 件刑事附带民事公益诉讼典型案例中[1]，江苏省办理的案件就占据了 3 件；山西省作为我国中部省份，也在积极探索办理公益诉讼案件。

---

[1] 最高人民法院以及最高人民检察院发布的关于刑事附带民事公益诉讼六件典型案例分别为：（2019）苏 0981 刑初 98 号施某华非法狩猎罪，（2019）苏 0682 刑初 605 号李某根非法捕捞水产品罪，（2018）皖 0202 刑初 283 号李某、黄某某、张某某等污染环境罪，（2018）青 2701 刑初 14 号贡嘎某某、贡嘎某某等非法猎捕杀害珍贵濒危野生动物罪，（2018）湘 3125 刑初 5 号秦某学滥伐林木罪，（2018）苏 0102 刑初 68 号南京胜科水务有限公司等污染环境罪。

选取这三个省份的裁判文书研究，能够很好地掌握我国东、中、西部办案情况，具有一定的典型性、代表性。

3. 样本选取范围

本文对检索到的 1045 份判决书逐一编号，四川省的号码范围为"1~588"，江苏省为"589~921"，山西省为"922~1045"。

首先，本文的裁判文书来源是中国裁判文书网。中国裁判文书网是最高人民法院设立的互联网网站，统计了全国各省份裁判文书的上网情况，自从 2014 年开始实施裁判文书上网以来，中国裁判文书网的数据库相比其他网站更为全面，对于本文的实证研究也更有帮助。

其次，以 2018 年 3 月为节点，选取了 2018 年 3 月以后的裁判文书。2018 年 3 月是刑事附带民事公益诉讼制度正式建立的时间，之后刑事附带民事公益诉讼制度运行才有了正式规范依据支撑，因此将 2018 年 3 月以前试点期间的案件剔除，这样获取的样本时间范围就确定为 2018 年 3 月到 2021 年 1 月 1 日。

最后，将样本的文书类型限定为判决书。判决书是关于审理案件实体层面的文书，法庭调查、法庭辩论活动中证据出示、质证意见、辩护意见等都能在判决书上有所体现。检索到的这三个省份共计 49 份裁定书，结果大多为裁定"驳回上诉，维持原判"，并且都只对案件基本情况作了简单说明；检索到的总计 5 份通知书均为执行通知书，因此，分析研究裁定书与通知书的意义不大，这两种文书类型均不在本文研究范围内。

（二）样本的初步分析

1. 罪名分布

通过对 1045 份裁判文书数据作量化分析，可以发现主要适用于生态环境资源领域和消费者权益保护领域。罪名主要集中在以下三种：第一类，几乎涵盖了《刑法》第 6 章第 6 节中"破坏环境资源保护罪"内容中的环境类、资源类案件（见图 1）：非法猎捕、杀害珍贵、濒危野生动物罪 29 件，污染环境罪 64 件，非法捕捞水产品罪 172 件，滥伐林木罪 144 件，非法收购、运输、出售珍贵、濒危野生动物罪 21 件，非法采矿罪 35 件，非法采伐、毁坏国家重点保护植物罪 29 件，非法收购、运输、加工、出售国家重点保护植物罪 8 件，盗伐林木罪 75 件，非法收购、运输盗伐、滥伐林木罪 2 件，非法占用农用地罪 43 件，非法狩猎罪 63 件。第二类，属于我国《刑法》第 3 章第 1 节"生产、销售伪劣商品罪"内容中的消费者权益保护类案件（见图 1）：生产、销售不符合安全标准的食品罪 98 件，生产、销售假药罪 66 件，生产、销售有毒、有害食品罪 114 件，销售假冒注册商标的商品罪 1 件。第三类，这两大领域以外的其他领域案件（见图 2）：故意伤害罪 13 件，盗窃罪 50 件，失火罪 50 件，掩饰、隐瞒犯罪所得、犯罪所得收益罪 4 件，放火罪 4 件，非法行医罪 4 件，寻衅滋事罪 3 件，侵犯公民个人信息罪 2 件，非

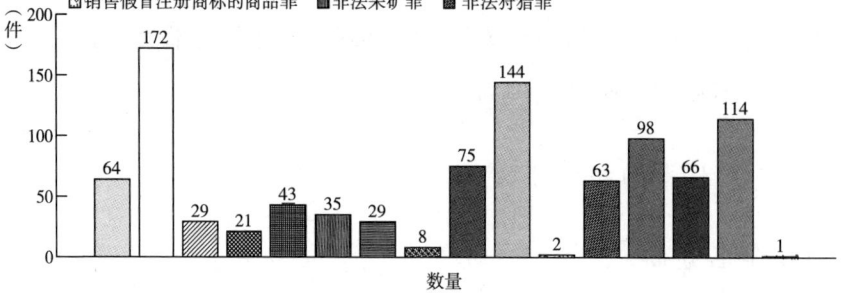

图 1 环境类、资源类与消费类案件分布情况

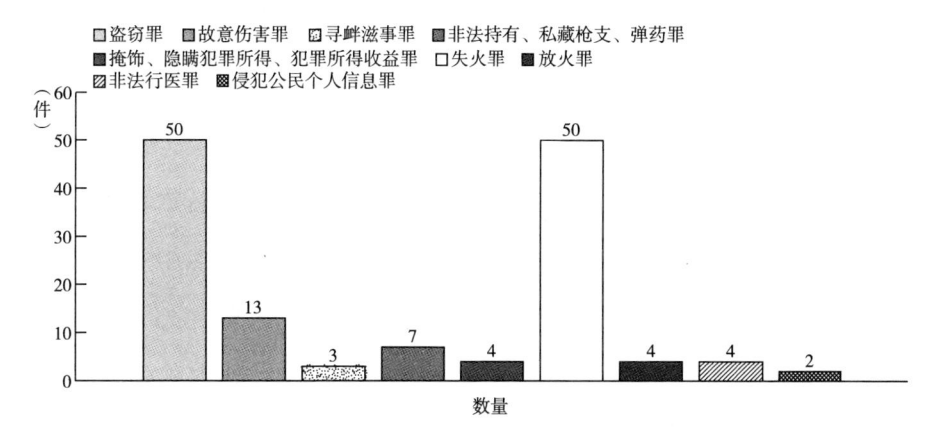

图2 其他领域案件分布情况

法持有、私藏枪支、弹药罪7件。其中，故意伤害罪，寻衅滋事罪，非法持有、私藏枪支、弹药罪，掩饰、隐瞒犯罪所得、犯罪所得收益罪均不是独立案由，而属于数罪之一，同一被告还触犯了环境类、生态类与消费类罪名。

总的来说，样本表现的特征说明该制度涉及环境类和资源类案件的占比较高，而同属于社会公共利益重要范畴的食品药品安全等消费类案件则数量较少，并且案件分布情况彰显了极强的地域特征：四川省地处西南，生物种类丰富，总体环境类、资源类案件占比多；江苏省地处沿海地区，经济关系复杂，总体消费类案件占比多；山西省作为中部省份，环境类、资源类与消费类案件的分布都不太突出。

另外，公益诉讼案件利益范围循序渐进、逐年扩张，为满足群众日益增长的需求，应对日趋复杂的社会关系，我国也出台多部法律对特定的案件范围扩张进行保障，如《英雄烈士保护法》《未成年人保护法》等将英烈以及未成年人的合法权益领域纳入了公益诉讼案件范围①。在本文所收集的所有样本数据中，未成年人权益保护、英烈权益保护、妇女人格保护等领域案件未出现一例，但侵犯公民个人信息罪等新型领域则出现了两例。

2. 起诉主体情况

从 1045 份样本数据来看，判决书中将检察机关的名称称为"附带民事公益诉讼起诉人"的 846 件案件中，检察机关在附带民事公益诉讼部分的诉讼地位非常明确，具有统一性。除此之外，有极少量的案件未将检察机关称为"公益诉讼起诉人"，其中称为"公益诉讼机关"的有 42 份，"附带民事公益诉讼原告"的有 40 份，"附带民事公益诉讼人"的有 96 份，这三种称谓占据样本总量的 17%（见图 3）。按照司法解释规定的检察机关的称谓进行表述并体现在判决书中，说明各地审判机关对《关于检察公益诉讼案件适用法律

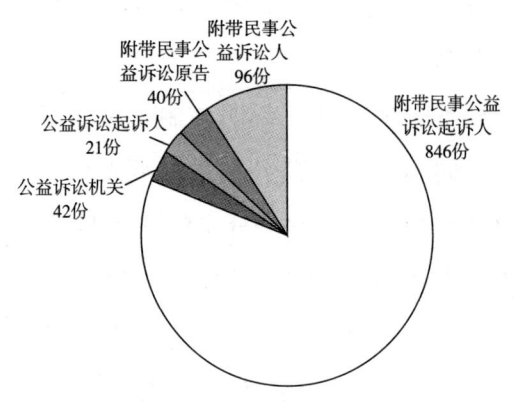

图 3 起诉主体称谓情况

---

① 《英雄烈士保护法》第 25 条规定：对侵害英雄烈士的姓名、肖像、名誉、荣誉的行为，英雄烈士的近亲属可以依法向人民法院提起诉讼。《未成年人保护法》第 106 条规定：未成年人合法权益受到侵犯，涉及公共利益的，人民检察院有权提起公益诉讼。2020 年最高人民检察院联合全国妇联下发的《关于建立共同推动保护妇女儿童权益工作合作机制的通知》第 2 条第 1 款第 6 点规定，针对国家机关、事业单位招聘工作中涉嫌就业性别歧视，相关组织、个人通过大众传播媒介或者其他方式贬低损害妇女人格等问题，检察机关可以发出检察建议，或者提起公益诉讼。

若干问题的解释》关于控方在刑事附带民事公益诉讼中的性质与地位的认识不统一，文书撰写的规范性也不够。

检察员出庭人数不同，影响和体现了检察机关在庭审中的定位与角色，是应当引起重视的一点。观察样本文书可以发现，一些案件中检察机关仅指派了一位检察员，如"（2020）川 0682 刑初 98 号：邹某某犯非法捕捞水产品罪"，同一检察员既履行公诉，又履行附带民事公益诉讼的职能；而在另外一些案件中，如"（2020）川 1702 刑初 201 号：王某某非法捕捞水产品罪"，检察机关指派了两名以上检察员分别支持公诉与公益诉讼。这两个案件涉及的都是"非法捕捞水产品罪"，案件基本事实也相似，但检察员出庭人数却不尽相同。

3. 诉前公告[①]

对是否履行诉前公告程序作统计发现，共有 409 件案件履行了诉前公告程序，占样本总体的 39.1%。其中在裁判文书上明确载明"在正义网上刊登"的数量为 61 件，"在《检察日报》上刊登"的数量为 63 件，"在《中国劳动保障报》上刊登"的数量为 5 件。在这些进行了诉前公告的案件文书中，"公告"所处的位置一般为两处：一是直接在文书开头检察机关提交起诉书相关事项后提到，"检察机关于某日公告了案件相关情况，公告期内没有法定机关和组织提起"；二是直接将公告情况单独列在附带民事公益诉讼部分的证据清单中，并载明"在正义网/《检察日报》进行了公告"。其余 636

---

① 2019 年 12 月"两高"在《关于人民检察院提起刑事附带民事公益诉讼应否履行诉前公告程序问题的批复》提出，检察机关应履行诉前公告程序，因此诉前公告程序成为硬性提起条件，本文仅对是否履行诉前公告程序作统计。事实上，还有一些其他督促手段，如检察机关虽然未履行诉前公告，但在发现公益诉讼线索后函询了当地行政主管部门，并向当地环保组织发送了检察建议书，在得到没有适格组织以及适格组织不提起公益诉讼的函复后，才提起附带民事公益诉讼。

件案件未履行诉前公告程序，占据全部样本数量的60.9%，诉前公告的适用率还不足（见表1）。

表1 履行诉前公告程序及占总样本比例情况

是否履行诉前公告程序及占总样本比例	未履行诉前公告程序	履行诉前公告程序409件			
		在《检察日报》上刊登63件	在正义网上刊登61件	在《中国劳动保障报》上刊登5件	在其他地方刊登280件
	636件				
	60.9%	6%	5.8%	0.5%	26.8%

4. 调解情况

在1045个样本中，157件案件中附带民事公益诉讼起诉人与被告进行了调解，占总样本数的15%（见图4），其中判决书中明确载明达成调解协议或调解书的共120件。调解后进行公告的案件大约有四分之一，有个别案件调解协议达成后检察机关撤回了起诉。在司法改革背景下，构建诉讼外纠纷解决机制与大调解机制已成为必然趋势。尤其是在民事诉讼中，诉前调解、案中调解结案占总数的30%以上，在节约司法资源的同时极大缓解了诉讼压力，也在一定程度上促进了和谐社会建设。而调解率不足的问题，也成为刑事附带民事公益诉讼顺应司法改革潮流亟待解决的难题。

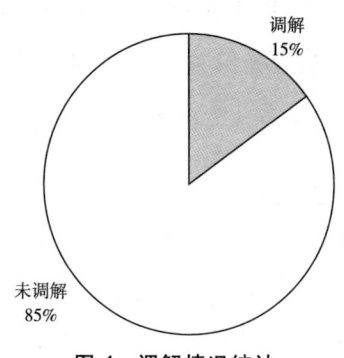

图4 调解情况统计

5. 判决依据

进一步观察 1045 个样本总体发现，将《检察公益诉讼解释》作为法律依据的案件多达 870 件，占案件总数的 83.3%。而将我国《刑事诉讼法》第 101 条第 2 款（规定了刑事附带民事诉讼）作为法律依据的案件数量为 634 件，将我国《民事诉讼法》第 55 条（规定了民事公益诉讼与检察民事公益诉讼）作为法律依据的案件数量有 327 件，两者数量之比为 1.94∶1（见图 5）。另外，同一案件可能同时引用了两种以上法律依据，因此上述数据不可避免存在交叉。

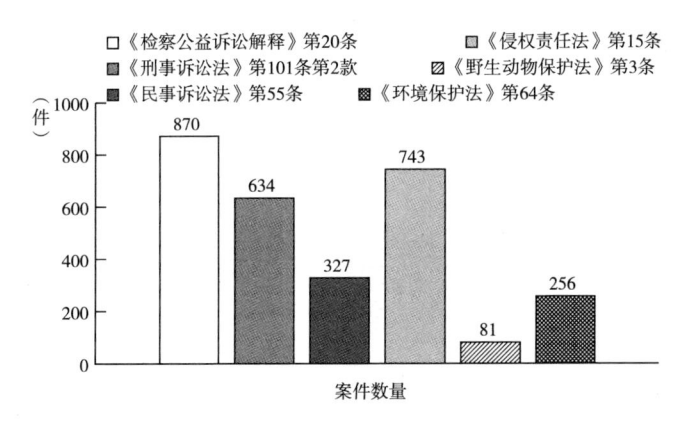

图 5 法律依据适用情况

- 《检察公益诉讼解释》第20条：870
- 《刑事诉讼法》第101条第2款：634
- 《民事诉讼法》第55条：327
- 《侵权责任法》第15条：743
- 《野生动物保护法》第3条：81
- 《环境保护法》第64条：256

除此之外，将《侵权责任法》[①] 作为法律规范的案件数量达到 743 件，比例高达 71.1%。这是由于《侵权责任法》第 15 条规定了几项民事侵权责任方式，如恢复原状、赔偿损失、赔礼道歉等，对于追究损害公益诉讼的侵权责任来说，是比较适宜的修复与维护公共利益的方式。另外，由于该制度最多涉及的是生态类、环境资源

---

① 《侵权责任法》第 15 条规定：承担侵权责任的方式主要有：（一）停止侵害；（二）排除妨碍；（三）消除危险；（四）返还财产；（五）恢复原状；（六）赔偿损失；（七）赔礼道歉；（八）消除影响、恢复名誉。

类案件，有必要提及《野生动物保护法》第 3 条，共适用了 81 次，《环境保护法》第 64 条被适用了 256 次。

6. 责任承担方式

根据统计，判决赔礼道歉的次数最多，共有 472 个被告被判决向公众赔礼道歉，形式为当庭赔礼道歉，以及在市级/省级公开媒体上向公众赔礼道歉，有的案件中赔礼道歉的内容还需经过法官审查，还有案件规定了赔礼道歉向公众公示的时间。除此之外，在恢复类的责任承担方式中，有 181 个被告被判决投放鱼苗类，167 个被告被判决补种树木类赔偿方式（见图 6）。在赔偿类责任承担方式中，则以缴纳生态损失费用为基本形式，生态损失费用的流向一般有赔偿给检察机关、上缴国库、专项用于生态修复三种。

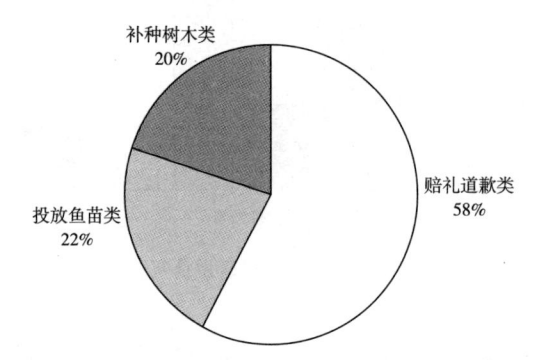

图 6 赔礼道歉类与修复类的责任承担方式统计情况

二 刑事附带民事公益诉讼存在的问题

基于公益诉讼试点工作的持续探索，该制度运行的审理模式、诉前程序、案件范围等方面已经大致明确，但诸多问题仍须进一步探索解决，如在案件办理机制与协同配套等方面都存在不足。在分析样本数据的基础上,通过挖掘本质根源,发现该制度运行中存在的问题有地位不明、规则不清、部门间协作不畅、调解与公告执行度不高等问题,以下从主体、程序、规则三大方面进行论述分析。

(一) 主体困境

根据《检察公益诉讼解释》的规定,该制度的起诉主体地位未明确,因此该参照哪部规范文本成为争议焦点。检察机关作为该制度的诉权主体,依法行使公益性职能,履行公益框架内的义务。关于主体方面的一些问题,具体表现为主体地位不清以及部门间协作不畅等问题。

1. 起诉主体地位不清

基于该制度特征,民事公益诉讼部分在刑事诉讼中附带进行,而刑事诉讼起诉主体分为自诉人和公诉人,但关于附带民事公益诉讼部分的起诉主体目前并无立法规范,仅在《检察公益诉讼解释》这部司法解释第4条规定了控方"公益诉讼起诉人"的身份。在1045个样本中,虽然有867件案件(占比83%)将检察机关一致称为"公益诉讼起诉人",遵循了司法解释关于民事公益诉讼的规定,但依然有40件案件将检察机关称为"附带民事公益诉讼原告",这体现了审判者沿用刑事附带民事诉讼审理的框架与思维,原因是刑事附带民事诉讼审理模式中检察机关的身份就是"诉讼原告"[①]。另外,42件案件称为"公益诉讼机关",96件案件称为"附带民事公益诉讼人"。接近总样本的四分之一的案件对检察机关性质定位不清、认识不明。另外,样本显示,检察机关派员人数也极

---

① 《最高人民法院关于适用〈中华人民共和国刑事诉讼法〉的解释》第142条第2款规定,人民检察院提起附带民事诉讼的,应当列为附带民事诉讼原告人。

不固定，在一些案件中检察机关除了派出两人以上的检察员出庭，在另外一些案件中检察机关只派出了一名检察员出庭。在检察员一人出庭的案件中，同一检察院既充当公诉人宣读起诉书，又充当公益诉讼起诉人提出诉讼请求，在两人出庭的案件中，刑事与民事起诉书则由两人分别宣读。

  检察人员的称谓与出庭人数是检察机关地位的体现，会影响程序的后续一系列问题。检察机关是提起该诉讼唯一的法定起诉主体，检察机关提起诉讼作为整个诉讼流程的开端，其所处的地位至关重要。以启动二审程序为例，检察机关作为公益诉讼起诉人还是法律监督者的身份，影响着检察机关应当采取上诉还是抗诉的方式。样本分析表明，起诉主体称谓和出庭人数不统一，实质是司法机关对检察机关的主要身份到底是当事人还是法律监督者仍存在不清楚的认识，认识不清会导致操作任意化，进而造成同一案件不同的审理效果，不利于同案同判，还会弱化法院裁判文书的权威性。若根据《检察公益诉讼解释》的规定，在涉及公共利益的案件中，检察机关是作为抽象的公共利益的代表者，出于法律的授权提起诉讼，自身并不是公共利益权益的享有者，也无权对公共利益进行实质处分，"民事公益诉讼起诉人"的身份已经界定了检察机关所处的地位，即不属于诉讼中的原告身份，或者诉讼中当事人的任何一方，而是以一种法律监督身份参与诉讼。但从另一角度来讲，这种超出诉讼当事人身份、履行客观公正义务的强势角色容易使民事公益诉讼的被告陷入地位不平等的境况，不利于控辩双方诉讼构造平衡。

2. 部门之间沟通不畅

  该制度提起主体主要为基层检察机关，而检察机关内部机构改革虽然使得各内部机构专业化分工更加明确,但也容易出现系统协作缺乏的弊端,刑事检察部门负责获取犯罪线索、确定犯罪嫌疑人所犯罪名以及是否有减轻情节等,对民事证据的获取不够熟悉;公益诉讼部门主要负责民事公益诉讼案件的审查起诉、出庭提起诉讼等,办案重点为民事公益领域。在司法实践中,该类案件究竟是前者主要负责办理,还是后者主要负责办理,抑或两者合作分工办理,都是涉及办案机制的关键问题。

以污染环境罪为例,本文在中国裁判文书网上检索到了2018年3月至2021年1月1日山西省、江苏省、四川省检察机关提起的公益诉讼案件共678件。通过与本文之前检索的附带性公益诉讼样本对比分析发现,对于一些事实情节基本类似或相同的污染行为,样本中的检察机关都提起了附带诉讼,在追究被告刑事犯罪的责任之外,还要求被告承担生态损害费用、鉴定费用等;而在这678件案件中检察机关仅选择单独提起公诉。而法院是根据检察机关起诉书内容来作出判决的,这会导致同样的犯罪行为,有的被告只需承担刑事责任,而有的被告还要额外承担生态修复或损害费用,对于裁判文书的公信力极为不利。例如,简阳市法院审理的翁某某、王某某、张某某等污染环境罪一案[1]与峨眉山市法院审理的四川眉山创新清淤工程有限公司、戴某某、熊某某等污染环境罪一案[2],两

---

[1] 该案案号为(2020)川0180刑初16号,该案判决结果为:第一到第五项判处被告人翁某某等五人犯污染环境罪,判处有期徒刑和缓刑不等的刑罚;第六项对被告人翁某某违法所得人民币18200元、被告人曾某某违法所得人民币200元、被告人张某某违法所得人民币2100元予以追缴,上缴国库;第七项对扣押在案的翁某某深蓝色手机一部、张某某灰色手机一部予以没收,由扣押机关简阳市公安局依法处置。

[2] 该案案号为(2019)川1181刑初251号,该案判决结果为:第一到第六项判处被告人戴某某等六人犯污染环境罪,判处有期徒刑和缓刑不等的刑罚;第七项对被告人徐某某、李某某、余某的违法所得人民币3万元(已退出),依法上缴国库;第八项被告单位四川眉山创新清淤工程有限公司及被告人戴某某、熊某某、徐某某、李某某、余某自本判决生效之日起15日内在省级官方媒体平台向社会公众赔礼道歉。

者犯罪事实相似，均涉及被告未取得危险废物处置的资质或许可，而非法处置危险废物的犯罪情形。两个案件的宣判时间也接近，分别为2020年4月3日与2020年6月28日，但第一个案件中检察机关作为公诉人只要求对被告刑事处罚，第二个案件中检察机关在指控被告犯罪的同时，还提起诉讼请求，要求恢复原状、消除潜在危险，以及要求被告在省级官方媒体平台向社会公众公开赔礼道歉。两个案件的检察机关虽然并不一致，但足以说明附带民事公益诉讼案件提起的任意性与选择性[①]，第一个案件体现的是检察机关由于内部刑事检察部门与公益诉讼部门缺乏配合，使得对于民事公益线索移交不及时，导致对不特定公众公共利益维护失格，第二个案件被告与第一个案件相比虽犯相同罪名却多承担了公益损害责任。

在司法责任制改革背景下，刑事附带民事公益诉讼在司法效率、办案质量与公益维护方面发挥了突出作用，这就需要检察机关办案模式新型化，提升办案人员综合业务能力、优化组织构架。内部部门尤其是分别负责刑事与公益诉讼的两个部门沟通不顺畅，未形成协作机制，导致线索移交不及时，则不仅使案件类型选择出现差异，还会反向导致法院对犯罪事实类似的案件作出不一致的判决，使社会公众对案件公正性产生质疑。

（二）程序困境

1. 诉前公告适用率不足

根据《最高人民法院 最高人民检察院关于人民检察院提起刑事

[①] 最高人民法院、最高人民检察院《关于检察公益诉讼案件适用法律若干问题的解释》第20条规定：人民检察院对破坏生态环境和资源保护、食品药品安全领域侵害众多消费者合法权益等损害社会公共利益的犯罪行为提起刑事公诉时，可以向人民法院一并提起附带民事公益诉讼，由人民法院同一审判组织审理。在此规定中，检察机关"可以"而非"应当"向人民法院提起附带民事公益诉讼，这给检察机关提起诉讼的类型提供了选择空间。

附带民事公益诉讼应否履行诉前公告程序问题的批复》，诉前公告已成为刑事附带民事公益诉讼制度提起的硬性条件，在检索到的 1045 件案件中，控方履行诉前公告的积极性并不太高，共有 636 件案件未履行，占总体样本的 60.9%。在未履行诉前公告的 636 件案件中，法官也未以诉前公告不履行为由裁定"撤销原判，发回重审"。然而，样本数据中未出现将诉前公告不履行作为法定程序违法理由，不代表全国其他法院没有此类做法。克孜勒苏柯尔克孜自治州中级人民法院在（2019）新 30 刑终 52 号案件中认为，一审法院未履行诉前公告程序，属于程序错误，最后裁定"撤销原审判决，发回重审"，就严格遵循了履行诉前公告的要求。

《刑事诉讼法》对审查起诉期限有严格限制，即在一个月之内完成审查起诉，而诉前公告的时间为 30 天，若在审查起诉期间进行诉前公告，则会因等待公告期满而耽误提起附带诉讼。在 409 件履行了诉前公告程序的案件中，提起公告时间并不必然，有些案件在审查起诉期间发现了公益诉讼线索就立即公告，有些案件在提起公诉后才进行公告。但总的来说，履行公告对法院审理刑事案件影响不大，样本案件基本在提起公诉两个月内完成。尽管诉前公告一定程度上督促了相关机关和社会组织提起民事公益诉讼，但从发布公告的主要载体正义网和《检察日报》来看，仍具有较为明显的缺憾。该类制度在正义网或《检察日报》等相关栏目以刊登公告的形式载明检察机关将要提起案件的相关信息，主要内容包括"××案件可能损害社会公共利益，××检察院将要提起公益诉讼，故根据现行法律发出公告，请法定机关和组织在公告发出 30 日内将拟提起民事公益诉讼的情况进行书面反馈"。正义网虽为中央重点新闻网站行列中唯一的法治类网站，但栏目组成要素过多，诉前公告位置不显眼且未区分地域，也没有专门途径提醒有资格的相关社会组织查看公告内容，导致诉前公告受众群体大，但针对性差，没有起到实质诉前督促的作用，有流于形式之嫌。《检察日报》虽为最高人民检察院主办的权威媒体，但是公告所占版面较小，致使能够刊登的诉前公告信息有限，诉前公告的影响力和范围同样也会受损。具体见2。

表2 4件典型案件的诉前公告情况

案件	案号	诉前公告时间	提起公诉时间	开庭时间	从公诉到开庭审理	判决书关于公告的相关表述
编号851	（2020）晋0724刑初45号	2020年4月14日	2020年4月13日	2020年6月17日	二个月四天	证据为公告一份，证明检察机关公告了相关情况
编号63	（2020）川0823刑初48号	2019年7月27日	2019年7月8日	2019年9月16日	一个月七天	在《检察日报》公告了相关情况
编号611	（2018）苏0682刑初261号	2018年5月19日	2018年5月16日	2018年8月3日	二个月十七天	在《法治日报》公告了相关情况
编号221	（2020）川3336刑初3号	2020年3月17日	2020年5月11日	2020年6月29日	一个月十八天	在正义网公告了相关情况

未将履行诉前督促作为前置性程序，会导致检察机关行使公益职能欠缺谦抑性，间接压缩了法定机关和组织提起公益诉讼的诉权空间，从而导致程序正义的价值被忽视。尽管如此，大部分检察机关在司法实践中还是怠于履行诉前公告，这主要是由于检察机关基于办案效率的考虑，加之前期理论上对是否履行诉前公告意见不一，导致检察机关履行动力不足。

首先，效率优先的价值追求符合刑事附带民事公益诉讼的制度设计初衷，不履行诉前公告在客观上确实能够缩短起诉审查流程周期，不履行诉前公告比较符合检察机关追求诉讼效率的习惯。1045

个样本中未履行诉前公告程序的居多,与检察机关内在履行动力不足有关。第一,检察机关长期以来以公诉职能为主,不适应民事上的诉前程序要求;第二,检察机关面临办案数量的考核压力,对办案效率要求过高,而诉前公告30天必然会对刑事案件的审理期限有影响;第三,法院未将诉前公告履行与否作为程序违法事由,在未履行诉前公告的636件案件中,可能法院认定检察机关作为该制度的唯一主体,在其未履行诉前公告时已与其沟通过,最终还是放任准入;第四,虽然有409件案件中检察机关履行了诉前公告,但由于前文所述正义网以及《检察日报》刊登公告的局限性,使得检察机关认为不管是否履行诉前公告,结果还是大概率没有法定组织在30天内提起公益诉讼,检察机关进行诉前公告的动力因此减弱。基于以上几点原因,检察机关在该类诉讼中履行诉前公告的做法较少。

其次,履行诉前公告存在学理上的争议。在很长一段时间,学界就刑事附带民事公益诉讼开展诉前公告的必要性产生了不同看法。这两种观点分歧主要发生在专门研究民事诉讼领域的学者与研究刑事诉讼领域的学者之间。民事诉讼领域的学者认为,应当履行诉前公告[①]。《检察公益诉讼解释》第13条已经对检察公益诉讼中诉前公告30天作了具体明确规定,而作为民事公益诉讼新类型的附带性公益诉讼,为延续民事实体与程序的一致性,按照司法最终解决原则,应当遵循民事公益诉讼程序;诉前公告的履行能够防止控方办理民事公益案件一家垄断,充分尊重社会公益组织行使诉权,给其留下足够空间,是保持控方行使公权力的谦抑性原则,落实公众参

---

① 参见陆军、杨学飞《检察机关民事公益诉讼诉前程序实践检视》,《国家检察官学院学报》2017年第6期,第67~82页。

与法治理念、广泛调动社会资源的体现。而刑事诉讼领域的学者大多认为,不应当履行诉前公告①,因为对刑事附带民事公益诉讼要求诉前公告30天,会使刑事案件审理期限延长,时间严重滞后,影响诉讼的整体效率,被告人或许也要延长羁押的期限,不利于对其人身权利的保障;鉴于"我国目前有700余家社会组织,大多以志愿者为主,既没有环保专业人才,也没有固定经费来源"②,检察机关作为国家机关,与这些社会力量较弱的组织相比提起公益诉讼在地位上具有明显的诉讼优越性,在诉讼能力上也更强,是维护社会公共利益最有效的保障主体,没必要再去履行诉前公告来督促其他社会组织提起公益诉讼;根据民事赔偿的金额多少、赔偿的及时与否来减少或减轻刑事处罚符合罪刑法定原则,而诉前公告将诉权让位给其他社会组织,使得刑民责任最终被分别追究,无法对刑事诉讼与民事诉讼案件统筹合并审理,可能造成量刑畸轻畸重,有悖于罪刑法定原则,同时也不利于发挥司法成本效益。2019年12月最高人民法院、最高人民检察院联合发布的《人民检察院提起刑事附带民事公益诉讼应否履行诉前公告程序问题的批复》打破了这种诉前公告争议的局面,进行诉前公告成为法定前置程序。

2. 调解程序展开困难

在1045个样本中,共有157件案件涉及调解,达成调解率只有15%。这些调解是附带民事公益诉讼起诉人与被告人之间达成的,其中120件案件中载明双方签订了调解书或达成了调解协议,只有41件案件调解后进行了公告,还有少量案件调解后控方直接撤回了

---

① 参见田雯娟《刑事附带环境民事公益诉讼的实践与反思》,《兰州学刊》2019年第9期,第110~125页。
② 赵辉:《检察机关提起刑事附带民事公益诉讼难点问题探究》,《中国检察官》2019年第16期,第40~43页。

起诉。在目前尚无具体细则对调解事项进行规定之前，检察机关选择调解较为谨慎，法院也持慎重态度。但在所有样本中，若控方未与被告达成一致进行调解，法院则完全根据起诉人出示的鉴定意见或专家意见来作出判决。在未涉及调解的所有一审案件中，被告所采取的辩护策略都为不对抗，以系自首、初犯、从犯、悔罪态度好、赔偿积极性高等理由请求减轻量刑。

尽管该制度是否能够运用调解一直存在争议，但在双方平等自愿基础上的调解，能够基于被告经济能力最大程度维护公益。本文从这157件案件中选取了三个具有代表性的案件，对与之相关的案件细节进行一一展示，以说明调解程序值得重视，调解不应当完全受限。第一，双方达成调解，有利于被告人获得从轻处罚的判决结果。在三个案例中，被告人均适用了缓刑，同时又能使得执行效果最佳，在最短的时间内使得公益性赔偿款到位，同时，起诉人对公共利益虽无处分权利，但对于公共利益的损害赔偿也并未作出减让的承诺，只是在时间上提前履行调解协议，或者以减轻量刑的方式获得被告事后履行调解协议的承诺（见表3）。

表3 典型案例样本中具体调解情况

案件	案号	调解发生阶段	检察机关派员人数	调解情况	判处刑罚	被告人履行民事赔偿责任情况
编号601	（2018）苏0813刑初161号	案件审理过程中	二人	经法院主持调解，起诉人已与16名被告人就民事公益诉讼部分达成调解协议，16名被告人自愿赔偿89366元生态修复费用及生态修复鉴定费5000元	16名被告犯非法捕捞水产品罪，分别被判处有期徒刑、拘役及缓刑不等	已履行调解协议全部内容

续表

案件	案号	调解发生阶段	检察机关派员人数	调解情况	判处刑罚	被告人履行民事赔偿责任情况
编号216	（2019）川0823刑初180号	案件审理过程中	三人	经法院组织，双方达成了用林木补植方式代替直接赔偿23.16万元经济损失，并保证林木存活率的协议	犯非法采伐国家重点保护植物罪，被判处有期徒刑三年，宣告缓刑五年，并处罚金一万元	已退赔违法所得8000元，预缴罚金1万元
编号328	（2019）川0184刑初470号	案件审理过程中	一人	经法院主持调解，双方当庭达成调解协议，由九个被告人在协议生效之日起十日内给付崇州市人民检察院131754元和公告费1000元	九个被告分别被判处有期徒刑一年到三年不等，均被判处缓刑	已缴纳行政处罚款

  本文调解结案样本共有157个，占据了接近样本总量的六分之一，不仅是检察机关，还包括审判机关，都对诉讼过程中附带民事公益诉讼起诉人与被告人之间达成调解表现出积极的接纳态度，调解协议的实现，虽然以对被告从轻处罚为"换取条件"，但最终可以实现被告对公共利益损害赔偿最大效率、最积极意愿的履行。综观样本之外的其他地区法院，如在徐州市中院2019年12月发布的一篇调研报告中写道："虽然检察机关可以作为起诉主体进行诉讼，却无法代表社会公众对相关费用进行处分。而实践中，对于许多案件而言，通过调解让大部分被告主动履行大部分费用，远比一个判决的实际效果要好得多。"[①] 显然，这也是将诉讼中调解视为取得执行效果的一项良好措施。

[①] 王震：《刑事附带民事公益诉讼工作的调研报告》，http://xzzy.chinacourt.gov.cn/article/detail/2019/12/id/4739439.shtml，2019.12.23/2021-03-19，最后访问日期：2022年5月31日。

因此,调解不应当受限。第一,调解能够缓解我国民事公益诉讼一直以来的执行难困境。首先,被告文化水平大多不高,赔偿能力低。由于附带民事公益诉讼没有切实具体的受害者,而被告文化水平大多为文盲或者小学、初中学历,在本文所选样本中,被告所犯罪名排名前五的分别是:非法捕捞水产品罪172件,盗伐林木罪144件,生产、销售有毒、有害食品罪114件,生产、销售不符安全标准的食品罪98件,污染环境罪64件,大多数案件案情并不复杂,被告在庭审中也都表明主观上知道违法但并未料到侵犯法益的严重程度,通过有关司法鉴定机构进行鉴定后造成的生态损失费用可能多达几万元到十几万元不等,这对于附带民事公益诉讼被告来说往往是一个很大的数额,甚至对于一些被告来说,可能出现因案返贫现象。其次,被告赔偿的主动性不高。刑事附带民事公益诉讼事先对被告进行了刑事处罚,被告大多面临长达几年的有期徒刑,有些被告还被要求缴纳行政罚金,在这种情况下,被告再去主动缴纳公益诉讼赔偿的意愿并不高,久而久之执行率自然处于低位。第二,由于诉前保全措施适用不足,法院也缺乏在附带民事公益诉讼中依职权进行诉前保全的意识,导致被告可能在诉前转移财产,这加剧了执行难困境,长此以往判决的权威性也会受到挑战,可能成为一纸空文。检察机关通过与被告调解的方式,有助于顺利开展执行工作,公共利益损害也能及时修复,法院也乐于充当调解组织者的角色。

(三) 规则困境

1. 裁判依据适用规则欠缺

结合前文所述,《检察公益诉讼解释》作为"直接规范依据"被适用的次数最多,为870次。但作为一件司法解释,权威性仍然不足。

但是，适用《刑事诉讼法》还是《民事诉讼法》作为更高位阶的"法律依据"存在争议。样本统计显示，适用《刑事诉讼法》的有634件案件，适用《民事诉讼法》的有327件案件，两者的比例为1.94∶1。可见在直接法律依据缺位的情况下，裁判者选择将这两个法律规范择一适用，从数据来看《刑事诉讼法》被运用的次数更多。

该制度自2018年建立以来仍在试行探索阶段，遵循"先探索、再建立"的路径，理论供给存在先天不足，基本模式虽然大致形成但规则不够确定，后天发育的法律支撑也不充分。由于这项制度是我国特有的一种制度创新，在英美法系国家大多采用检察机关单独提出公益诉讼或单独提起刑事诉讼这一种模式，大陆法系国家虽存在刑事附带民事模式，但未探索公益诉讼类型的附带模式。我国刑事附带民事公益诉讼不具备向域外经验直接学习的现实条件，该项制度只能艰难摸索，独自前行。我国司法实践中法律依据条文运用不规范的原因主要在于缺乏更高阶的法律规范，并且缺乏与之相衔接的体系性机制。没有硬性条款的法律条文规制，没有统一法律适用规范实施，就会在制度运行中存在越来越大任意选择的可操作空间，这种不属于常态化的操作不利于法治化水平的稳步提升。

2. 赔偿款项流向规则不明

赔偿款的流向在总样本中表现不一，结合表4内容，从第一种情况到第四种情况分别选取了4件典型案件来说明款项流向。按照所占比例从低到高排列。第一种情况，赔偿款载明了专项用于生态修复，但是否设立专项资金账户并未说明。第二种情况，赔偿款载明上缴国库。第三种情况，赔偿款载明向附带民事公益诉讼起诉人，即向检察机关缴纳。第四种情况，只笼统提出赔偿损失费用金额，并未载明赔偿款流向。第四种情况在1045个总样本中发生率最高。

总而言之，被告赔偿款的去向在多数判决书中未能明确说明，一部分判决书载明了赔偿给检察机关，虽然在民事诉讼中赔偿金额的收款方为原告，但在该类案件中，由于控方不具备对款项的支配权，因此这笔赔偿实际上是由控方代管；一部分载明了上缴国库，但上缴国库后如何保障该笔款项分配给利益受损的不特定群体或精准用于生态修复则规定不足，缺乏分配与管理的具体操作流程；在较少情况下提出用于专项修复生态，但专项账户名称未在裁判文书中专门提及，后续的管理与监督也不够明确。总之，判决中赔偿款项虽然关乎公共利益的切实维护，但由于使用方式模糊、赔偿对象不明确，管理上缺乏规范，后续监督不到位，无法充分发挥该制度对公益维护的应有目的。

表4 赔偿款流向的4种情况概要

	案件	案号	罪名	公益诉讼部分判决结果	赔偿款流向	有无设立专项账户
第一种情况	编号21	（2019）川1824刑初16号	滥伐林木罪	赔偿生态损害损失费12611.21元（此款专项用于全县生态环境损害修复）	专项用于全县生态环境损害修复	不明
第二种情况	编号355	（2019）川1304刑初133号	失火罪	生态环境损失费用21462元，由检察机关上缴国库	上缴国库	无
第三种情况	编号598	（2018）苏0682刑初261号	污染环境罪	李某某、杨某某共同缴纳污染处置费用29505元	向如皋市检察院缴纳	无
第四种情况	编号43	（2020）川1703刑初154号	非法狩猎罪	被告四人共同赔偿国家野生动物资源损失费3100元	未载明	无

3. 责任分配规则不清

通过对1045个样本裁判文书进行分析，再结合本文收集的最高人民法院以及最高人民检察院发布的关于该制度典型案例的庭审录像，可以对刑事附带民事公益诉讼案件的大致审理流程进行归纳（见表5）。

表5 刑事附带民事公益诉讼的庭审流程情况总结

审理阶段	审理阶段名称	审理阶段内容	刑民是否分开
第一阶段	宣布开庭	核实身份、宣读法庭规则、查明身份情况、宣读案件来源起诉案由、询问是否回避	
第二阶段	法庭调查	1. 公诉人宣读刑事起诉书、认罪认罚具结书,附带民事公益诉讼起诉人再宣读起诉书 2. 检察机关举证（出示书证、电子证据等）、被告人及辩护人质证 3. 询问被告人	刑民起诉书分开宣读;不区分公诉人与公益诉讼起诉人角色,同时举证
第三阶段	法庭辩论	1. 公诉人发表意见 2. 辩护人发表意见 3. 公诉人答辩意见	不区分公诉人与公益诉讼起诉人角色,同时发表辩论意见
第四阶段	被告人陈述		
第五阶段	评议阶段	法庭休庭,合议庭评议	

在法庭审理的第二和第三阶段,即法庭调查和辩论阶段,虽然刑事与民事起诉书被分开宣读,但在质证环节以及辩论环节,举证责任处于未确定、模糊不清状态。由于刑事证明与民事证明本身就是不同的标准,控方除了将犯罪事实与情节视为证明内容外,还要将公益赔偿与恢复方案作为证明被告损害了公益、应承担责任的内容。从理论角度看,基于"民事的归民事",控方应当遵循民事"谁主张谁举证"的规则,从规范角度看,《检察公益诉讼解释》对侵权者应否承担举证责任并无任何规定。因此,在庭审环节就会因举证责任配置不明确,导致"诉前公告程序""鉴定意见的效力"等由谁举证处于不定与混乱状态。

在1045个样本中,涉及二审程序的共有9件,本文对其中4件上诉人或抗诉人提出的关于刑事与民事证据的争议进行详细归纳,具体见表6。第一,关于刑事部分的量刑证据争议。由于在该制度模式中以刑事证据为主,认定标准与举证责任明确,上诉人请求减轻量刑的意见易被采纳。在921号案件中，杨某某上诉提出原判过重，系自首，应当减轻处罚，二审法院采纳了他的意见。在87号案件中，陈某某上诉称自己不构成犯罪的辩解并不影响对事实的认定，对主要犯罪事实没有推翻，是对行为性质的辩解，仍属于自首，二审法院予以认定。第二，关于民事部分的赔偿相关证据争议。由于举证责任不够明确，被告缺乏按自由意志支配权利的机会，容易导致权益受损。在1021号案件中，侯马市检察院抗诉提出，马某某刑事部分的供述符合民事自认，应当承担惩罚性赔偿，二审法院予以认定。这是证明标准不明导致的，控方借助刑事手段收集的刑事供述证据，作为民事侵权自认的依据，在学理上还存在争议。在899号案件中，祁某、贾某上诉认为鉴定报告内容部分不合理，二审法院则不认可他们的上诉理由。法院对鉴定意见的采信率颇高，法院对上诉人提出的质疑，往往会以控方委托的相关鉴定机构"具备相关资质，形式要件完备，不与其他证据矛盾，上诉人未及时提出异议"等理由而不予认定。鉴定意见同作为控方提交的刑事与民事赔偿责任依据，理应由控方承担民事证明责任，但在该种制度模式中，举证责任的承担主体不定，往往未经举证质证法院就给出论断。

表6 民事与刑事证据争议的相关情况

案号及编号	一审判决结果	上诉/抗诉理由	二审证据认定	二审判决结果
（2020）晋03刑终98号 921号	1. 杨某某犯失火罪，判处有期徒刑一年 2. 赔偿植被林木损失605811元	原审被告人杨某某上诉 1. 刑事部分：原判量刑重 2. 民事部分：希望通过劳务的方式恢复植被	1. 刑事部分：构成自首，予以采纳 2. 民事部分：原审并不禁止通过恢复植被方式弥补损失	1. 撤销原审判决第一项，改判有期徒刑11个月 2. 维持原审判决第二项

续表

案号及编号	一审判决结果	上诉/抗诉理由	二审证据认定	二审判决结果
（2019）晋10刑终302号1021号	1. 马某某犯生产、销售不符合安全标准的食品罪，判处有期徒刑六个月，缓刑一年 2. 公开赔礼道歉，参加公益劳动	侯马市人民检察院抗诉 民事部分：马某某作出销售金额三千元的供述，符合民事自认规则，应承担惩罚性赔偿金三万元	民事部分：构成自认，原审未支持确属不当	1. 责令马某某支付赔偿金三万元 2. 维持原审判决第二项
（2018）晋09刑终135号899号	祁某犯危险物品肇事罪，判处有期徒刑二年；贾某犯危险物品肇事罪，判处有期徒刑一年	原审被告祁某、贾某上诉 1. 刑事部分：构成自首，应减轻处罚 2. 民事部分：鉴定报告不合理，对鉴定的部分费用不予认可	1. 刑事部分：认定构成自首，可以从轻或减轻处罚 2. 民事部分：涉案鉴定报告是经有鉴定资质的鉴定人员，实施合理性审核后判定的合理金额，合法有效，可作为定案依据	1. 撤销原审判决 2. 刑事部分：祁某犯危险物品肇事罪，判处有期徒刑一年六个月；贾某犯危险物品肇事罪，判处有期徒刑六个月
（2018）川18刑终127号87号	陈某某犯非法占用农用地罪，判处拘役五个月，并处罚金五万元	原审被告陈某某上诉 刑事部分：一审虽作无罪辩解，但对主要事实没有推翻，应当认定自首；在共同犯罪中处次要地位，应认定为从犯；认罪态度好，系初犯，原判量刑过重	刑事部分：认定构成自首，认定为从犯，从轻处罚	1. 撤销原判 2. 陈某某犯非法占用农用地罪，判处罚金五万元

三 刑事附带民事公益诉讼的完善路径

（一）主体明确

1. 明确主体诉讼地位

从样本数据来看，有关起诉主体地位的相关争议在《检察公益诉讼解释》颁布后就已经终结，83%的案件将检察机关称为"民事公益诉讼起诉人"，意味着与司法解释对检察机关性质的看法一致，都将检察机关视为维护公共利益的监督者形象。对于检察机关诉讼主体的认识，应当进一步明确。

第一，以《检察公益诉讼解释》中的规定为标准。首先，检察机关本身并不是公益诉讼案件的当事人，在权利与义务方面都与公益诉讼原告不同。在诉讼中，检察机关身份与原告相比是特殊的，无须接收法院传票，无须聘请代理人，民事证据收集借助刑事侦查手段等，因此将检察机关称为原告不妥。其次，公益诉讼起诉人的身份体现了检察机关公益监督职能，作为公共利益代表者，应当是不同于原被告的角色，将公诉人角色作为第一位，公益诉讼起诉人身份作为第二位。最后，《检察公益诉讼解释》如果有未能规定详尽的地方，按照体系解释的方法，应当遵照《民事诉讼法》以及《行政诉讼法》的相关规定，因此检察机关地位应保持与民事公益诉讼的一致性。

第二，在程序运行中明确检察机关"附带公益诉讼起诉人"的地位。既然检察机关地位不同于当事人，则不应当允许被告提起反诉；在启动二审程序与提起再审程序时采取抗诉方式，充分发挥法律监督职能。

2. 加强沟通协作与线索共享

检察机关内部部门分立容易造成沟通不畅，形成一定的专业壁垒，在程序运行中带来一定困难，可以在目前部门设置的基础上，探索一体化的办案模式，这有利于各部门协作配合，达到刑事附带民事公益诉讼案件办理数量和质量的双重提升。不仅要保证检察机关部门内部沟通协作顺畅，还要注意与侦查机关之间建立线索共享机制。

第一，加强检察机关内部沟通协作。既要让公益诉讼部门"有案可办"，也要避免"什么案都办"，还要保证"办案办得好、快"。首先,"有案可办"和避免"什么案都办"需要建立科学合理的案件过滤机制。由于公益诉讼部门与刑事检察部门两部门分立,可以向上一环节追溯原因,即在分案环节,建立科学合理的案件过滤机制。主要审查是否有提起"附带民事公益诉讼"的必要性问题,经审查后,不符合该诉讼提起条件的,直接交由刑事检察部门,符合条件的,则督促公益诉讼部门与刑事检察部门联合协作办理。其次,"办案办得好、快"需要办案人员提升专业水平。建立专业团队对资源类、环境类与消费类的案件专司处理,可从刑事检察部门和公益诉讼部门分别抽调具有专业知识的人员组成一支专业队伍,确保团队组成结构合理。注意加强专业化培训,集中研讨后培训学习,发挥专业化精细分工优势。"办案办得好、快"还需要检察人员按照客观中立的原则进行审查。事实认定是案件的核心环节,刑事与民事案件性质的不同会导致事实认定存在偏差,尤其需要检察人员站在中立的审查立场上,充分履行"认定事实告知义务、不利情况提示义务、赔偿信息诉前告知义务等"[1]。

第二,建立侦查与检察机关线索共享机制。首先,侦查机关要做好刑事与民事线索的转化工作,注意区分刑民证据的构成要件、证明标准,侦查刑事证据时既要将目光集中于刑事犯罪嫌疑人的主观心理状态和客观侵害行为,又要关注民事证据,如生态资源损害程度、修复难度、赔偿数额鉴定、委托鉴定机构、专家证人等方面的证据。其次,做好对民事公益损害的补充侦查工作。当检察机关刑事公益诉讼部门需要侦查机关再次侦查时,积极配合补充侦查,以实现民事证据的双轨制调查[2]。最后,也要采取客观侦查标准,保

---

[1] 周浩:《刑事与附带民事公益诉讼事实认定差异的解决及技术考量》,《中国检察官》2019年第10期,第51~54页。
[2] 刑事附带民事公益诉讼中的双轨制调查,是指检察机关一方面借助退回补充侦查加强调查取证的约束力;另一方面,提升检察机关公益诉讼部门人员自身的办案能力,充分实现公益诉讼调查目的。

持中立的审查立场,避免对民事证据的收集被刑事证据影响而带有主观感情色彩,以理性收集作为标准,关注民事证据中被告的核心违法行为,不得通过延长侦查时间获取与被告损害公共利益无关的证据。在收集民事证据时重点放在被告人的损害行为、损害工具、损害过程以及损害的严重程度,避免侦查民事证据受到被告的动机、诉因等影响,导致侦查不全面、不客观。

(二)程序完善

1. 落实诉前公告程序

首先,健全检察机关提前介入引导侦查工作,及早履行诉前督促程序。在1045件案件中,409件案件大多在检察机关审查起诉期间就履行了诉前程序,因此,检察机关从提起公诉到参加庭审间隔的时间都不长,均在三个月内,并未影响刑事案件的审理期限。检察机关在提起公诉前就应当派员介入,同时将履行诉前公告作为必要条件,否则如果在检察机关提起公诉后再诉前公告30天,很容易造成刑事案件审限超期。

其次,在侦查部门与检察部门之间建立检警信息共享机制,做好与侦查机关的配合协调工作,及时共享信息。在侦查机关发现公益性案件线索的第一时间,就能与控方及时沟通,传达线索,做好信息反馈。这不仅有利于诉前督促程序及时履行,也有利于收集更为全面的民事公益诉讼证据。公益诉讼部门在办案过程中,也可以借助补充侦察的方式对民事证据未尽事项作进一步取证。

最后,扩大刊登公告媒体的影响范围,做到公告信息精准投放。由于我国社会公益组织分布较为分散,社会力量不够强,检察机关需要事先对当地有公益诉讼起诉资格的公益组织的相关信息做好记录，刊登公告的媒体应当为公益组织在网站上设置相关链接，在公告信息公布后能够及时提醒，同时将媒体上刊登的公告按照地域进行整合罗列，便于公益组织能够快速找到负责区域的相关公告。

2. 明确调解程序

虽然调解涉及实体诉讼权益的让步，"社会公共利益不能因调解作出'让步'"[①]，检察机关也仅仅是对这种抽象的公共利益进行维护的代表主体，并不享有实际权益，但被告对调解协议自愿、主动履行确实有定分止争、破解执行困境的作用。第一，被告主动达成调解，愿意恢复、赔偿受损害的公益，比诉后法院采取各类措施执行判决，还可能遭到被告一再拖延这一情况，更具有司法经济性。第二，执行难是公益诉讼的普遍问题。常州许某某、许某某一案[②]，作为最高人民检察院公布的一例公益诉讼指导性案例，在判决生效半年之后执行进度仍止步不前，执行效果不佳使得诉讼目的大打折扣。第三，目前司法解释并没有关于是否支持调解的规定，也未对调解后是否应当公告、是否允许控方撤诉等有所规定。基于调解达成的种种优势，应当进一步明确调解程序，具体来说应当以鼓励调解为主，在个别情况发生时予以限制。

第一，鼓励庭前调解。在一些案件中，在法院庭审前附带民事公益诉讼起诉人就已与被告达成调解协议，待开庭审理时，被告已对附带民事公益诉讼起诉人的全部诉讼请求提前履行，这种庭前调解模式应当被支持。在这种模式下，被告对调解协议的提前履行既

[①] 参见梅宏、邓一峰《人民检察院提起环境公益诉讼三题》，《中共山西省委党校学报》2011年第1期，第93~95页。
[②] 唐益亮：《刑事附带民事公益诉讼的实践困境及破解路径》，《公安学刊》（浙江警察学院学报）2021年第1期，第72~82页。

不涉及对公共利益的处分与减让,也达到了良好的社会公益保护宣传效果。目前实践中法院对诉前调解的处理情况分为两种,一种是经过法庭审理在判决结果中直接对被告人的刑事犯罪作出处罚,而对民事赔偿责任部分不予载明;另一种是准许检察机关撤回附带民事公益诉讼的起诉,只对其提起的公诉案件进行审理,笔者认为第二种处理方式更为适宜。

第二,审理过程中的调解应当区分情形。法院在庭审时才组织达成调解协议,这种情况应当慎重对待。法庭审理过程中双方达成调解,如果不涉及对公共利益的实体处分,而只是与被告人协商通过积极缴纳赔偿费用的方式减少量刑[①],实际上与认罪认罚从宽制度的作用相同,这种情况并没有影响被告缴纳生态损失费用的数额,依旧应当受到支持。本文涉及调解的157件案件也均采用了这种方式。但如果涉及检察机关对公共利益的实体处分,就公益损害赔偿数额与被告协商,从而降低被告的赔偿费用,这种情况则不应当被鼓励。

第三,调解制度还应与执行机制相衔接。在调解协议为具体赔偿金额时,若超出了被告人的经济承受能力,被告人赔偿生态损失后会造成生活拮据,引发因罚致穷现象的,则可以灵活变通执行方式,如可"以劳代偿",通过同等价值的劳动来代替赔偿。

(三) 规则优化

1. 公益诉讼单独立法

从本文的1045个样本看,法律依据的规则欠缺,裁判文书也缺

[①] 参见杨雅妮《刑事附带民事公益诉讼诉前程序研究》,《青海社会科学》2019年第6期,第180~187页。

乏统一的格式要求和样板。《立法法》第 8 条规定，有关犯罪刑罚以及诉讼制度的事项只能制定法律。但目前我国对该类诉讼起直接规范作用的是作为司法解释的《检察公益诉讼解释》。"自 2019 年 1 月至 2020 年 9 月全国共有 22 个有关检察公益诉讼的专项或综合省级法规性文件颁行"①，但我国立法机关制定的法律却迟迟没能出台，这在一定程度上与《立法法》相违背。以诉前公告为例，一些省市为节约司法成本，提高司法效率，以会议纪要方式对刑事附带民事公益诉讼制度诉前公告作了率先探索性的规定，表示在起诉、立案阶段对涉林资源领域案件均不履行诉前公告②。这又与两高关于诉前公告的批复相左。因此，对刑事附带民事公益诉讼单独立法已经到了将近成熟的时机。该制度单独立法以后，判决书的法律依据才得以统一，法律依据的权威性也得以实现。

  首先，目前阶段继续沿用刑事附带民事诉讼的框架。该制度与民事公益诉讼的启动程序、法院管辖级别、法庭调查与辩论流程等不尽相同，在程序规范上有必要继续沿用刑事附带民事诉讼模式。既然为解决民事公益诉讼取证难问题以及提升诉讼效率考量，民事部分审理程序附带在刑事诉讼中进行，就必须与《刑事诉讼法》协同。遵循先刑后民审理模式，灵活采用先民后刑模式。先民后刑模式已经过司法实践验证，具有合理性。庭审时依旧以对被告定罪量刑为核心问题，但不可忽视民事赔偿，在审理民事部分时仍要审慎对待。在执行难度过大，如被告履行态度强硬时，可通过先民后刑模式，通过对被告进行量刑激励的方式，促使被告积极主动履行民

---

① 刘加良：《公益诉讼单独立法的必要性与可能方案》，《检察日报》2020 年 11 月 12 日，第 7 版。
② 参见赵辉《刑事附带民事公益诉讼实践探索与理性检视——以衢州市生态环境领域司法实践为样本》，上海市法学会《〈上海法学研究〉集刊（2020 年第 14 卷 总第 38 卷）——中国法学会环境资源法学研究会文集》，上海市法学会，2020，第 10 页。

事公益关于资源、环境或消费类损害赔偿的判决[1]。

其次，可制定单独的检察公益诉讼法[2]，与民事公益诉讼形成特殊法与一般法的关系。由于目前公益诉讼起诉主体分散，若单独立法则可将多种力量整合起来，将行政机关、社会组织、检察机关等多种主体提起诉讼统合规定在法律条文中，既能体现公益诉讼的预防作用，又能体现救济作用。有利于检察机关与社会环保组织、行政主管部门形成合力，通过经验互通提供诉讼技术交流，从而提高各诉讼主体提起公益诉讼的诉讼能力。

最后，在单独立法中进一步细化该制度的具体操作规范，如案件的范围、诉前公告强制履行、案件线索转化机制、专项基金账户的建立以及其他审理流程的规范等。如果立法中不足以详细说明，也可以通过进一步发布司法解释的方式进行释明与补充。另外，单独立法以后要与其他法律，如《刑事诉讼法》《人民陪审员法》《人民检察院组织法》等在性质定位、程序制定上形成一套规定统一、系统流畅的衔接机制，以真正为"绿水青山"、为"我们的眼睛"的澄澈、为广大群众的生命健康提供保障。

2. 建立基金管理专项账户

在司法实践中，被告人被判处的公益损失赔偿费用，往往缴纳给检察机关，并由其代管，最终上缴国库，另外一些案件中，被告人直接缴纳给当地专设的公益账户。这些不同做法，体现了对公益损害赔偿金的管理不到位，使用不明确。因此，应当开设专门的公益诉讼赔偿账户，最终再交由国家统一进行管理。首先，设立生态

---

[1] 叶榅平、常霄：《刑事附带环境民事公益诉讼的审理模式选择》，《南京工业大学学报》（社会科学版）2020年第6期，第13~22页。

[2] 刘加良：《公益诉讼单独立法的必要性与可能方案》，《检察日报》2020年11月12日，第7版。

环境司法保护基金账户，专户专用，解决赔偿款流向不明的问题，提高资金使用效率。主要方式是通过当地的环保公益组织、人民法院、人民检察院、当地财政部门合力打造专项基金账户，法院负责生态赔偿损失费用的收缴，当地财政部门负责资金的管理和监督，当地环保公益组织负责资金的使用，并聘请专人对生态环境损害进行修复，以达到及时恢复生态损失的效果。其次，设置生态环境专项基金账户，可以解决鉴定费用过高易导致刑事附带民事公益诉讼提起数量较少的情况。在诉讼时，鉴定费用可以通过专项基金账户先行支付，判决后根据判决结果由相应主体承担费用。

3. 明确举证责任

该制度由于涉及刑民交叉，民事方面举证责任的分配与刑事事实和证据的衔接至关重要，因此民事举证责任应当合理分配。在民事诉讼中，谁主张谁举证是一般性原则。最高人民法院发布的两部司法解释[①]均规定了起诉主体应当提交被告损害社会公益的初步证据，同样符合"谁主张谁举证"的基本原则。该制度中举证责任的合理分配，应当在民事诉讼规制下完成，可以通过以下方面完善。

第一，明确公诉机关的举证责任。在该类案件中，由人民检察院提交初步的公益诉讼证据，并且承担举证责任。尽管有些观点认为，该制度应当遵照行政公益诉讼中举证责任倒置的规定，由损害资源、污染环境者就损害结果与自身损害行为不存在因果关系进行举证，但由于控方在诉讼中法律监督者的地位与一般的民事公益诉

---

① 《关于审理环境民事公益诉讼案件适用法律若干问题的解释》第8条第2款规定，提起环境民事公益诉讼应当提交下列材料：被告的行为已经损害社会公共利益或者具有损害社会公共利益重大风险的初步证明材料。《关于审理消费民事公益诉讼案件适用法律若干问题的解释》第4条第2款规定，提起消费民事公益诉讼应当提交下列材料：被告的行为侵害众多不特定消费者合法权益或者具有危及消费者人身、财产安全危险等损害社会公共利益的初步证据。

讼原告不同，控方具备更加充分的诉讼能力，因此不需要举证责任倒置，直接遵照"谁主张谁举证"即可。

第二，民事部分举证责任的证明标准也遵循民事公益诉讼的规定。在公诉案件中，控方承担举证责任还要达到排除合理怀疑的标准，而在附带公益诉讼案件中，就要遵循民事的高度概然性标准。例如，刑事诉讼中"被告人的供述"这一证据，必须遵循刑事排除合理怀疑的较高标准，作为刑事证据还要结合其他证据最终才能采信，而该证据当作民事证据时，只要满足民事证据标准就可认定为"自认"，法官在审判时需要随时切换证据认定的思维，来适应刑事与民事举证责任与证明标准的同时运用。

第三，要保证被告举证质证的权利。先刑后民的审理模式先解决被告的刑事犯罪问题，法官容易带有一种先入为主的固有印象，因此要注意保证法官裁判意见的形成建立在民事部分的双方当事人充分举证质证与进行相互辩论的基础上，对于被告提起的质证意见，控方应当及时回应，确保实现庭审打击犯罪与保障人权的双重目标。

Empirical Research on the System of Civil Public Interest Litigation Incidental to Criminal Cases —Take 1045 Judgment Documents as Analysis Samples

Qu Sichen

Abstract: China's ecological environment and consumer crimes are increasing day by day, and criminal incidental civil public interest litigation has the functions of ecological restoration, warning and education while combating crimes. It has natural advantages in litigation economy, evidence sharing, and social effects. more room for development. In this regard, in order to give full play to the dual functions of criminal incidental civil public interest litigation in both public welfare relief and legal interest protection, we must first clarify the nature of the system and clarify its boundaries with criminal incidental civil litigation and procuratorial civil public interest litigation. On this basis, focus on practical operation, improve mediation and announcement procedures, clarify the status of litigation subjects and the burden of proof, establish a clue sharing mechanism, promote separate legislation for public interest litigation, and establish a special account for fund management. Participation in litigation procedures is standardized and evidence-based, and both criminal judgments and civil public interest litigation compensation can get proper results. Helping the ecological environment to achieve "green water and green mountains" and ensuring the life and health of the people and other visions will be realized as soon as possible.

Key words: Criminal Incidental Civil Public Interest Litigation; Pre-litigation Announcement; Public Welfare Relief

黑恶势力涉案财产处置之现状审视与路径规范

石 魏[*]

摘 要：2021年12月24日通过的《反有组织犯罪法》将涉案财产认定和处置作为重要章节予以规定，在固化扫黑除恶专项斗争经验的同时，对财产处置的程序、证明标准进行了诸多合理性、前沿性的探索，对构建体系化、系统化的涉案财产处置制度具有重要的引导作用和示范效应。但同时亦应看到，司法实践中涉案财产存在证据收集难、权属认定难、退缴执行难等问题仍未得到有效解决，导致涉案财产处置具有依附性、随意性和从属性，易侵害合法所有权人的正当权益。对此，在对涉案财产刑事审判实践实证分析的基础上，主张设立独立的涉案财产处置程序，明确涉案财产范围、诉讼各方举证责任、证明标准；同时加强财物处置监督机制建设，规范裁判文书关于涉案财产处置的表述方式，构建起全面、规范、可操作的，实体与程序兼具的涉案财产处置制度。

---

[*] 石魏，北京市东城区人民法院刑事审判庭法官，首届北京市"百名法学英才"。

关键词： 有组织犯罪　涉案财产　证明标准　权益保障

有组织犯罪案件涉案金额巨大、人数众多、刑民交织、法律关系复杂，尤其是涉案财产主体多元化、形态多样化、查控复杂化、处置疑难化，在某种程度上，准确区分涉案财物来源、性质和权属的难度，甚至远大于查办黑社会性质组织犯罪案件本身[①]。而我国刑事司法一向重人身、轻财产，注重对人和行为的法律定性和处罚，而忽视对涉案财物的法律定性[②]。相对于对被告人人身权的保护，财产权的保护更为复杂，涉及被告人、被害人、第三人及国家、集体等多元主体，涉及宪法、民法、刑法等众多领域和学科[③]；再加上我国对涉案财产的处置依附于定罪量刑，缺乏独立的诉讼程序，导致对涉案财产的处置具有随意性、依附性和从属性，易侵害合法所有权人的正当权益，严重影响司法机关的权威性和公信力。有鉴于此，在对涉案财产处置实证研究基础上追本溯源，借鉴其他领域的先进经验及做法，力求构建起体系化、系统化的涉案财产处置制度。

一　有组织犯罪涉案财产处置实证分析

本文选取中国裁判文书网 2018~2020 年审结的 384 件一审黑恶势力涉案财产案件（涉黑案件 84 件，涉恶案件 300 件）为样本，既包括北上广深等发达地区的黑恶势力案件，也包括新疆、内蒙古、

---

① 朱和庆：《黑社会性质组织犯罪涉案财物处置的问题与对策》，载《刑事审判参考》（总第 107 集），2017，第 154~155 页。
② 温小洁：《我国刑事涉案财物处理之完善》，载《法律适用》2017 年第 13 期，第 31 页。
③ 参见石魏、贾长森《涉众型经济犯罪实证分析及应对策略建议》，载《法律适用》2019 年第 9 期。

青海、宁夏等欠发达地区的黑恶势力案件。通过研判分析样本案件、访谈、观看视听资料、参与庭审等途径对涉及财产处置的黑恶势力裁判文书进行实证分析，发现黑恶势力涉案财产处置呈现以下特点。

（一）涉案财产权属多元、处置困难

有组织犯罪尤其是黑社会性质组织要求具备经济特征，通过有组织的违法犯罪活动或者其他手段获取经济利益、聚敛财产，如设立、入股、投资公司、企业，将其聚敛的财产、孳息、收益等与他人的财产混同经营、投资。由于涉案财产来源多样化、权属多元化、黑白混淆、民刑交织，且涉案金额巨大（见图1），个别案件高达10亿元以上[1]，故如何对涉案财产进行界定、处置关系重大，既涉及不同所有权人的合法权益，还关系到经济发展、社会稳定等。例如，北京市扫黑除恶专项斗争开展以来审结的首例涉黑案——陈某某组织、领导黑社会性质组织案，扣押在案的有房产、银行存款、土地、股权、债权、现金、车辆等，其中，房产6套，债权数千万，车辆5辆，还有众多现金、手机等[2]，问题是哪些属于组织财产、哪些属于个人财产，哪些属于合法财产、哪些属于涉案财产，缺乏明确的判定标准，导致处置过程困难重重。样本案件中，财产权属主体不仅涉及被告人，还涉及被害人、第三人、公司甚至国家机关（见图2）。由于黑恶势力案件财产状况错综复杂，涉案财产主体多元、形式多样，组织财产与个人财产不清，合法财产与违法所得混杂，实际控制财产与出资购买财产不明，直接影响涉案财产的处置质效。

---

[1] 如湖南首起"套路贷"涉黑案——肖某某犯组织、领导黑社会性质组织罪一案，涉案金额10亿元以上，被告人肖某某被判有期徒刑23年，并处没收个人全部财产；深圳市中级人民法院审理的被告人陈某某涉黑案，被告人陈某某被判处有期徒刑25年，剥夺政治权利五年，并处没收个人全部财产，罚金人民币7503万元，查控的涉案财产逾10亿元。
[2] （2019）京02刑初52号刑事判决书。

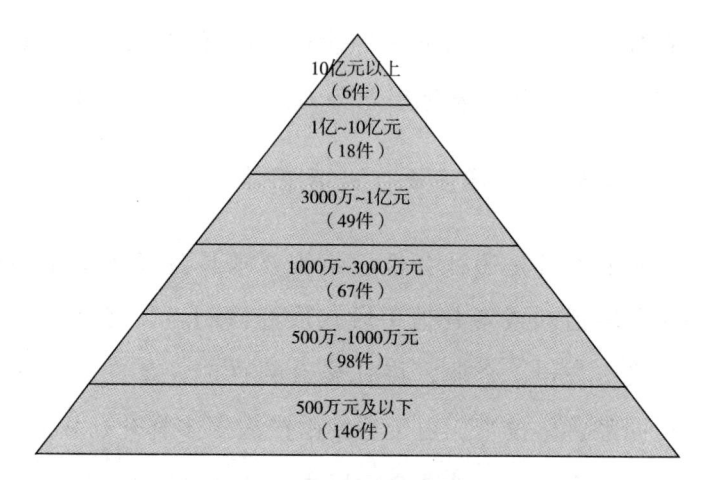

图 1　涉案金额阶段分布

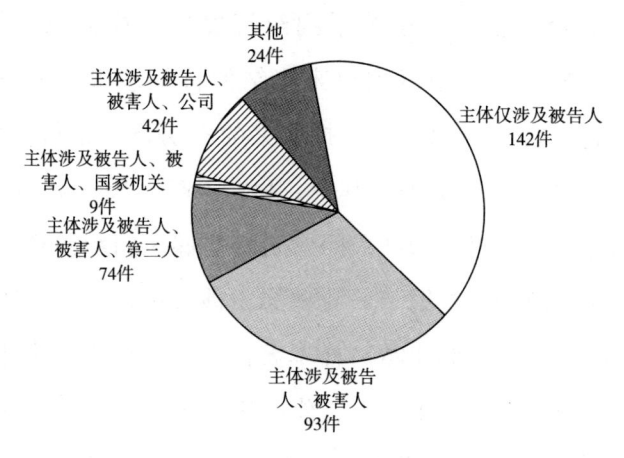

金字塔自上而下：
- 10亿元以上（6件）
- 1亿~10亿元（18件）
- 3000万~1亿元（49件）
- 1000万~3000万元（67件）
- 500万~1000万元（98件）
- 500万元及以下（146件）

图 2　权属主体分布

- 其他 24件
- 主体涉及被告人、被害人、公司 42件
- 主体涉及被告人、被害人、国家机关 9件
- 主体涉及被告人、被害人、第三人 74件
- 主体仅涉及被告人 142件
- 主体涉及被告人、被害人 93件

《刑事诉讼法》第141条明确规定，在侦查活动中发现的可用以证明犯罪嫌疑人有罪或者无罪的各种财物、文件，应当查封、扣押。最高人民法院、最高人民检察院、公安部、司法部于2019年4月9日印发的《关于办理黑恶势力刑事案件中财产处置若干问题的意见》亦明确规定，要全面调查黑恶势力组织及其成员的财产状况，依法

对涉案财产采取查询、查封、扣押、冻结等措施,并根据查明的情况,依法作出处理。但实践中,重自由刑轻财产处置的理念根深蒂固,有关机关侧重定罪证据的收集,而对涉案财产权属、来源、性质、价值的相关证据收集不及时、不充分、不全面,且查封、扣押、冻结在案财产数量严重偏低(见图3),致使审判阶段即使想要补充证据,也丧失了收集证据的最好时机,庭审中缺乏充足证据对涉案财产的性质、权属进行界定、处置。

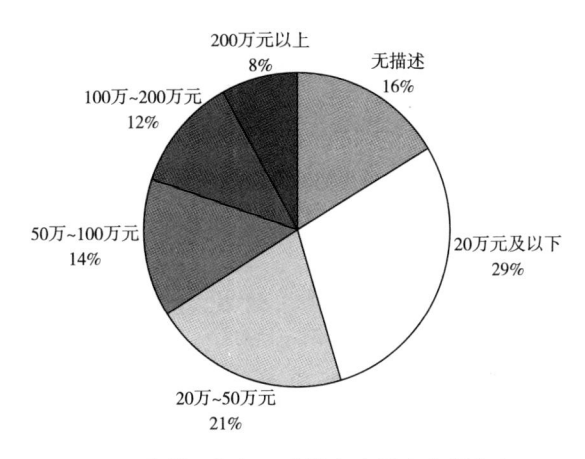

图3 查封、扣押、冻结在案财产金额分布

- 200万元以上 8%
- 无描述 16%
- 100万~200万元 12%
- 50万~100万元 14%
- 20万~50万元 21%
- 20万元及以下 29%

(二)涉案财产处置庭审流于形式

实践中,虽然《刑事诉讼法》要求作为证据使用的实物要随案移送,接受法庭调查、处置,但不是作为证据使用的涉案财产是否需要随案移送没有规定,即使随案移送,关于其权属、性质、价值的相关证据较为薄弱,公诉机关在庭审中要么直接宣读证据目录证实涉案财产归属,至于是否达到证据证明标准,交由法院裁决;要么直接将涉案财产处置依附于定罪量刑,在出示定罪量刑证据过程中，将夹杂的涉案财产相关证据一并予以出示，致使第三人、被告人无法充分对此展开法庭调查、辩论，导致庭审沦为形式；在选取的384件案件样本中，266件依附于对人之诉，缺乏对涉案财产的单独举证质证。即使在具有单独举证质证环节的118件案件中，绝大部分案件系概括出示证据（如北京东城法院审理的李某某恶势力案件，虽然对涉案财产具有单独举证环节，但对所有财产均系概括出示证据[①]），对涉案财产按照类别、性质等专门质证的案件仅有37件（见图4）。

涉案财产处置（384件） { 依附于对人之诉（266件）
单独举证 { 概括出示证据（81件）
独立出示证据（37件）

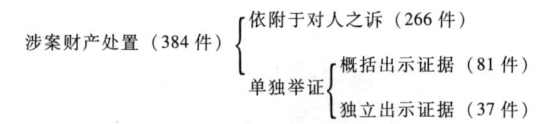

图4　涉案财产处置庭审情况

（三）裁判文书缺乏明确性、可执行性

涉案财产处置结果具体包括追缴、责令退赔、没收、发还被害人/第三人等（见图5）。侦诉机关普遍"重犯罪事实调查指控，轻财产处置"，在移送审查起诉或提起公诉时，侦诉机关一方面对涉案财产证据移转的重视程度不足，移转不及时、不规范且欠缺涉案财产的具体分类；另一方面对查控的涉案财产提交起诉意见书和起诉书时，缺乏对在案涉案财产的处置建议，这与"两高两部"联合下发的《关于办理黑恶势力刑事案件中财产处置若干问题的意见》所提的要求不符："侦诉机关在移送审查起诉、提起公诉时，一般应当对采取措施的涉案财产提出处理意见建议"。虽然《刑事诉讼法》第245条规定，人民法院作出的判决，应当对查封、扣押、冻结的

[①] （2019）京0101刑初700号刑事判决书。

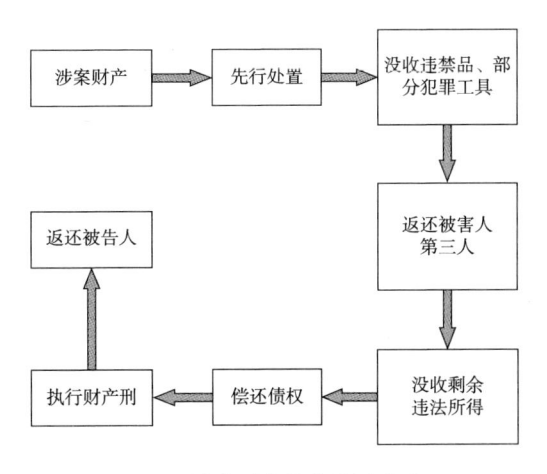

图 5 涉案财产具体处置方式

财物及其孳息作出处理，但同时最高人民法院《关于适用〈中华人民共和国刑事诉讼法〉的解释》第 365 条又规定，对查封、扣押、冻结的财物及其孳息，应当在判决书中写明名称、金额、数量、存放地点及其处理方式等。涉案财物较多，不宜在判决主文中详细列明的，可以附清单。涉案财产未随案移送的，应当在判决书中写明，并写明由查封、扣押、冻结机关负责处理。对此，由于司法解释对涉案财产处置留有余地，各地审判机关对涉案财产处置多采用概括、简要、原则的表述用语，如 384 份样本裁判文书中，有明确裁判内容的文书仅 62 份，其余裁判文书均存在模糊性、原则性，87 份裁判文书仅对在案涉案财产进行处置，对未查控的财产未予处理；还有 54 份裁判文书将黑恶势力财产、犯罪工具、违禁品等混为一体予以追缴、没收，既未合理界分哪些属于合法收入、哪些属于违法所得，也未对其最终归属作出明确处置；还有 9 份裁判文书以罚代缴，通过提升财产刑来代替追缴、责令退赔。

（四）财产刑适用畸重畸轻，涉案财产证据收集困难、退缴比例低

经济性是黑社会性质组织犯罪成立的重要特征之一，只有具备一定的经济基础，黑社会性质组织才能称霸一方、扩充势力、实施更严重的犯罪行为、谋取更多的经济利益，故能否彻底铲除黑恶势力的经济基础，事关专项斗争的成败得失。实践中，黑恶势力通过各种手段参与实体经济及非法经营等，涉及诸多领域（见图6），如贩卖毒品、开设赌场、非法采矿，或者强行入股、投资、提供"帮助"等，并采取"以黑养黑""以黑护商""以商养黑"等手段，将合法收入与非法收入混同。故涉案财产权属多元、种类繁杂，既涉及合法财产，也涉及非法财产；既涉及公司财产，也涉及个人财产；既涉及黑恶势力犯罪组织财产，还涉及组织成员家属财产，刑民交织、案情复杂、权属模糊，导致涉案财产证据收集困难。再加上侦诉机关在侦查、审查起诉阶段，调查、取证、查控不到位时有发生，应当采取措施的涉案财产未被查封、扣押或冻结，采取查控措施的证据收集不确实、不充分，致使涉案财产难以妥善处理。另外，黑恶势力案件案情复杂、涉案数额巨大、人员结构复杂、被害人居住地分散，案发后，证据收集困难、联系困难、退缴困难，故黑恶势力涉案财产退缴比例极低，在审结的384件黑恶势力案件中，最终被执行的案款比例不到涉案总额的15%（见图7）。重要原因在于犯罪组织将巨额财产通过返利、提成、奖励等分配给组织成员，组织成员多为无业人员、年龄小（见表1）、学历低、无稳定工作，主要通过违法犯罪行为来牟取暴利，到手后随意挥霍、花销无度。而组织者、领导者通过移转、藏匿、转账、挥霍等导致查控难。同时由

于黑恶势力案件涉案人员众多、案情特别复杂，再加上民刑交叉，犯罪分子的正当债务问题与犯罪交织，致使侦查机关缺乏对违法所得查控的积极性、主动性。此外，在对涉案财产进行侦查时，犯罪嫌疑人、被告人逃匿、死亡的案件，没有有效控制其财产，亦导致涉案财产流失严重。

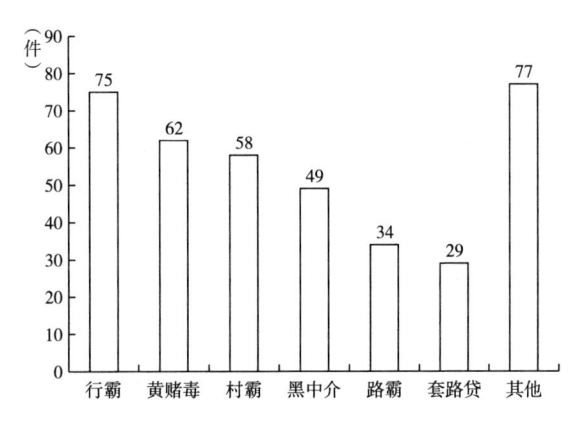

图 6　涉黑涉恶案件具体类型

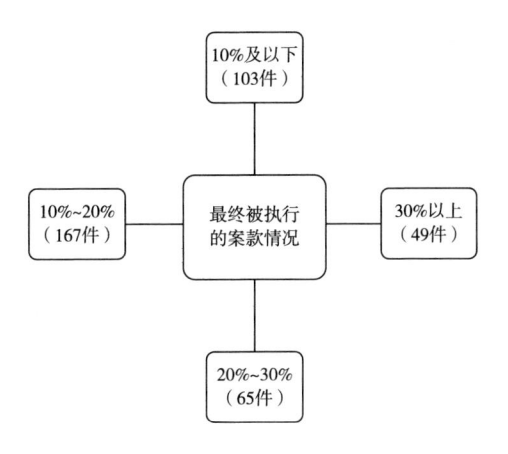

（行霸 75；黄赌毒 62；村霸 58；黑中介 49；路霸 34；套路贷 29；其他 77）

图 7　最终被执行的案款情况

最终被执行的案款情况：
- 10%及以下（103件）
- 10%~20%（167件）
- 20%~30%（65件）
- 30%以上（49件）

表1 性别、年龄分组交叉分析

单位：人，%

			年龄分组					总计
			≤17岁	18~24岁	25~34岁	35~44岁	45~54岁	≥55岁	
性别	女	计数	11	32	97	28	14	3	185
		占性别的百分比	5.9	17.3	52.4	15.1	7.6	1.6	100.0
	男	计数	26	167	1524	423	171	57	2368
		占性别的百分比	1.1	7.1	64.4	17.9	7.2	2.4	100.0
总计		计数	37	199	1621	451	185	60	2553
		占性别的百分比	1.4	7.8	63.5	17.7	7.2	2.4	100.0

二 有组织犯罪涉案财产处置困境具体剖析

涉案财产处置是当前我国刑事审判面临的最为严峻、最为复杂的问题之一，导致涉案财产处置困境的原因既有立法不足、司法裁判标准不一，也有缺乏对物之诉与对人之诉同等对待的理念及机制原因。具体而言，主要源于以下方面。

（一）立法原因：涉案财产范围及证明体系缺乏明确

刑法是以人的行为为中心构建的理论体系，对人的处置是司法机关关注的重点，重视对人的惩治、轻视对涉案财产的处置，本质上，涉案财产并非严格意义上的法律术语[①]，对其范围、处置、强制措施的适用缺乏明确，相关规定内容缺乏系统性、全面性的构建，内容原则抽象，规范性、可操作性不足。无论是"两高两部"出台的纪要，还是最高人民法院的司法解释，对涉案财产的范围规定多

---

① 李长坤：《刑事涉案财物处理制度研究》，上海交通大学出版社，2012，第7页。

是从外延方面进行界定，缺乏内涵式、规范性、概括性的具体规定，导致各机关在处置涉案财产过程中可能为了本部门的利益而查控处置财产，易侵犯所有权人的正当权益。涉案财产范围直接关系到涉案财产处置的具体方式、权属主体的认定及执行机关的查控措施是否得当。为保障涉案财产处置的规范化、明确化，必须合理界定黑恶势力涉案财产范围，涉案财产要求与犯罪行为存在关联性且有财产属性，要么具有经济价值，要么具有证据价值，要么两者兼具，证据价值要求涉案财产与犯罪行为存在关联性、因果性，但我国目前缺乏关于涉案财产处置的系统、完备的刑事立法，导致哪些财产属于违法所得，哪些属于犯罪工具，哪些可以追缴、责令退赔，哪些需要返还被害人或第三人，实践中存在争议。而且黑恶势力犯罪组织的形成是一个持续过程，在其成立前或成立之初的资产尚未支持其犯罪活动，甚至该组织成立后也有相当一部分收入是合法经营所得，如何从巨额涉案财物中甄别出部分合法财产在实践中存在很大争议[1]。

证明标准作为依照法律规定判定案件事实是否达到构成犯罪的尺度和衡量标准，对于认定犯罪和处置涉案财物至关重要。对人之诉涉及罪与非罪及刑罚轻重，无论是基于我国的刑事诉讼结构，还是正当程序客观要求，对其认定均需采用"事实清楚，证据确实、充分"的证明标准。但涉案财产处置系对物之诉，对其适用对人之诉的证明标准还是有所区别，实践中争议较大。有观点认为，不仅公诉机关要举证证明涉案财物权属及与犯罪行为的关联性，第三人

---

[1] 薛文超：《黑社会性质组织犯罪涉案财产处置的疑难问题》，载《法治论坛》2019年第1期，第47页。

主张对涉案财物享有所有权时，亦需提供证据对其诉求进行举证[①]，对涉案财物处置的证明标准，应适用《民事诉讼法》的优势证据证明标准；还有观点认为，对涉案财产的处置亦属于刑事诉讼的一部分，对其处置同样应当适用对人之诉的证明标准，对涉案财物作出于被告人不利的举证责任都应当由人民检察院承担[②]。

（二）司法原因：财产权属黑白难辨，裁判文书关于涉案财产处置及财产刑适用缺乏规范、统一

依照中共中央、国务院《关于完善产权保护制度依法保护产权的意见》的规定，处理涉案财产，要合理区分个人财产与企业财产，股东、企业经营管理者个人违法，不能牵连企业法人财产；企业违法，不能牵连股东、企业经营管理者个人合法财产，严格区分违法所得和合法财产，区分涉案人员个人财产和家庭成员财产，处置违法所得不牵连合法财产。实践中，黑恶势力以实体经济为载体，通过投资、入股等形式将违法所得与公司、企业的合法收入混同，借以掩饰犯罪组织的本质，并将涉案财产予以洗白，导致实践中如何界分黑恶势力财产与组织成员合法财产、公司企业合法财产存在诸多困难。我国刑事立法中，无论是《刑法》第64条、《刑事诉讼法》第245条，还是2018年《关于办理黑恶势力犯罪案件若干问题的指导意见》、2019年《关于办理黑恶势力刑事案件中财产处置若干问题的意见》，对涉案财产的处置均系概括规定，法条较为粗疏、原则，导致涉案财产权属界定存在诸多困难。尤其是关联涉案财产的认定，如黑恶势力对公司投资、入股、

[①] 石魏、贾长森：《涉众型经济犯罪实证分析及应对策略建议》，载《法律适用》2019年第9期，第108页。
[②] 王勇：《论刑事涉案财物处理程序》，载《山东审判》2017年第5期，第104页。

参与、提供帮助等,对此可否认定为涉案财产,予以追缴、没收?有学者认为,对"由黑变白"的财产,虽然原始积累是非法,但通过经营、投资等合法形式获得的后续利益,已经合法化了,应当予以保护[①]。另外,黑恶势力发展到一定阶段,暴力手段比重开始下降,通过软暴力手段,以合法产业作为载体,通过将违法所得与合法财产相混淆进行洗白,涉案财产中,既有合法收入,还有非法利益,如何界定缺乏明确标准。由于缺乏适用细则的指引,裁判文书关于涉案财产处置及财产刑适用的结果相差悬殊,如384个样本裁判文书中,具有追缴、责令退赔及财产刑的案件为126件,占总数的32.8%;虽有财产刑、追缴或责令退赔,但没有具体金额或其他内容的,占比54%,完全未提及追缴、责令退赔具体内容的占比13.2%。裁判文书对追缴及责令退赔表述原则、模糊,不仅严重影响裁判的效果,导致空判现象不断发生,还会导致本应被追缴、退赔的财产被黑恶势力犯罪组织持续用于犯罪行为,既减弱了对黑恶势力的打击,也难以实现打财断血目的;此外,裁判文书对罚金刑的适用存在量刑悬殊的情形,类似行为,主刑相同,罚金刑既有并处几千元的,也有并处几十万元的;而在没收财产方面,64%的裁判文书适用的是没收部分财产,没收全部个人财产的不足40%。

(三) 理念原因:对物处置重视不足,第三人缺乏参与路径

《刑事诉讼法》第245条规定,对被害人的合法财产,应当及时返还。司法实践中重人身权保护、轻财产权保护,强调定罪量刑的公正性、忽视财物处置的合法性的现象十分突出[②]。我国立法缺乏对

[①] 付其运:《涉黑企业财产的处置探讨》,载《法学杂志》2012年第8期,第159页。
[②] 熊秋红:《刑事诉讼涉案财物处置程序检视》,载《人民检察》2015年第13期,第32页。

涉案财产管理、查控及处理的职权内容和责任规定,欠缺有力的内部制约及外部监督机制,如内部没有建立涉案财产处置的裁判指导细则,也缺乏公诉机关对涉案财产处置的具体规定,公诉机关可以根据职权自由裁量对涉案财产的查控、处置,且存在权力滥用及行为失范的可能。对于由犯罪行为所引发的损害,受到损害的一方通常可以在刑事诉讼过程中提起民事诉讼,或者在人民法院对公诉案件作出判决之后,向同一审判组织提起民事诉讼,从而就其因犯罪行为所受到的损害结果请求民事赔偿[①]。然而,对涉案财产的处置关乎被害人、第三人的权益,庭审缺乏针对财产权属、性质的专门调查,也极少组织当事人针对财产处置发表意见、出示证据、证明权属,且与涉案财产权属存在异议的第三人缺乏参与路径。程序正当原则要求居中裁判的司法机关给予所有利益可能受损的利害关系人参与诉讼并表达意见的机会、权利,但在惩处黑恶势力犯罪过程中,关注重点在于对行为人的定性,对涉案财产处置过程中可能涉及的第三人权益保障力度严重不足,不仅缺乏参与诉讼的路径,而且参与后享有什么权利不明确,导致第三人在涉案财产诉前处置过程中缺乏程序话语权,如对侦诉机关针对涉案财产采取的强制措施及处置方式无法提出异议,缺乏对其监督制约的有效途径。

(四)机制原因:侦诉部门查控、处置涉案财产缺乏有效监督

鉴于查封、扣押、冻结等对物强制措施关系到公民财产权益的使用、处分,现代法治国家多采取令状主义或法官保留原则,加强对物查控的监督制约。例如,美国对于干预公民财产权益的处分措

[①] 参见陈瑞华《刑事附带民事诉讼的三种模式》,载《法学研究》2009年第1期,第92~109页。

施采取令状主义，无论是针对拟没收财物的刑事扣押（criminal seizure），还是限制拟没收财物处分权限的限制令（restraining order），都需要经过法官的事前或事后批准。而德国对物的扣押具体分为保全没收之扣押与保全证据之扣押，都采取相对法官保留原则①。虽然《刑事诉讼法》第245条规定，公安机关、人民检察院和人民法院对查封、扣押、冻结的犯罪嫌疑人、被告人的财物及其孳息，应当妥善保管，以供核查，并制作清单，随案移送。对作为证据使用的实物应当随案移送，对不宜移送的，应当将其清单、照片或者其他证明文件随案移送。问题是实践中哪些实物应当作为证据使用？侦查机关对物采取的强制措施带有更多的行政色彩，审批、执行、监督三权集于一身，且违法行为缺乏制裁后果，当事人缺乏有效的救济措施，容易导致权力的滥用②。尤其是不宜移送规定过于原则、模糊，公安机关可以根据意愿自行选择，法院无法对侦诉机关的诉前处置进行司法审查、监督制约，因而缺乏司法权的有效规制。同时，对涉案财产权属提出异议的第三人无法参与诉前财产的处置过程，而侦诉机关是否需要对财产处置承担相应的证明责任及达到什么程度的证明标准也不明确，涉案财产处置程序的缺失导致诉前处置缺乏裁判权的有效制约。沈德咏大法官指出，推进以审判为中心的诉讼制度改革，是一场事关司法方式改进、职权配置优化乃至诉讼程序重构的革命性变革。这样一项重大改革显然不可能一蹴而就，而必须在充分考虑现实条件和发展趋势的基础上，积极稳妥地有序推进③。具体到司法实践中，在证据收集方面，仍存在以侦

---

① 参见林钰雄《没收之程序问题——德国法之鸟瞰与借鉴（上）》，载《月旦法学教室》2015年第5期，第58~71页。
② 李长坤：《刑事涉案财物处理制度研究》，上海交通大学出版社，2012，第152页。
③ 参见沈德咏《论以审判为中心的诉讼制度改革》，载《中国法学》2015年第3期，第5~19页。

查为中心的倾向，侦查机关裁量权过大且缺乏有效监督，如可自主决定涉案财产查控范围、返还对象、是否移转，极易导致侦查权力对公民合法财产权的侵犯[①]，且黑恶势力涉案财产调查、取证、查控不到位时有发生，本应采取强制措施的涉案财产未被查封、扣押或冻结，采取强制措施的涉案财产缺乏充足证据证明权属。此外，针对法院提出的涉案财产补侦建议，侦诉机关重视不足、存在抵触情绪，一定程度上增加了涉案财产权属查明难度，致使审判机关难以结合涉案财产相关证据对其权属作出合理判定。另外，我国对物强制措施及涉案财产处置的相关规定缺乏明确的操作细则，致使司法实践中公诉机关查控存在随意性、选择性，且缺乏有效的监督制约，在涉案财产概念、标准、范围等均缺乏详细、明确规定的情况下，公诉机关可以根据工作需求、业务量等自由选择查控的对象、范围，审判机关却无法依照明确的标准对其予以处置，难以有效遏制涉案财产处置随意化、利益化的倾向。

三 完善有组织犯罪涉案财产处置制度之探索

有组织犯罪具有犯罪事实众多、法律关系复杂、涉案财产巨大、社会敏感度高等特点，且往往刑民交叉，罪与非罪、此罪与彼罪界限模糊、法律适用困难，对黑恶势力犯罪涉案财产的处置既是对法官办案能力的重大考验，也是我国目前刑事审判实践及理论研究所面临的一个重要课题。针对实践中涉案财产处置实践问题，建议通过以下举措加以完善。

[①] 向燕：《刑事经济性处分研究——以被追诉人财产权保障为视角》，经济管理出版社，2012，第153页。

(一) 明确有组织犯罪涉案财产范围及判定标准

1. 明确有组织犯罪涉案财产范围

(1) 违法所得

行为人通过违法犯罪行为获取的收益,包括直接收益和间接收益。直接收益与犯罪行为直接相关,系犯罪所得之物,与犯罪行为具有关联性、直接性,将其认定为涉案财产、予以追缴、没收无异议,间接收益来源于直接收益,与犯罪行为存在的关联性相对较低,但间接收益作为犯罪的衍生产品,附属于直接收益,与犯罪行为存在关联性,如果不对其予以惩治,则行为人可以利用此漏洞,利用间接受益获取巨额利益,甚至远大于直接收益本身,造成的社会危害更为严重。

(2) 犯罪所用之物

包括违禁品、犯罪工具等。行为人利用此类物品作为犯罪工具或犯罪手段来实施犯罪、获取收益,直接影响案件事实的形成、发展和结局。实践中,对犯罪工具认定模糊、处置迥异,不但没有彻底斩断行为人再犯的工具基础(甚至属于经济基础,如利用游轮开设赌场,如未认定为犯罪工具,则行为人可以利用游轮继续实施犯罪行为),还严重影响办案质效。

(3) 具有财产价值的证据

《刑事诉讼法》第 245 条明确规定,公检法等司法机关对查控的犯罪嫌疑人、被告人财物及其孳息,应妥善保管以便之后的调查、核实。此类证据一方面具有证明力,可以作为证实行为发生、存续、结果的证明材料;另一方面要求具有财产价值,可以作为财产刑或追缴、责令退赔、没收的对象。

(4) 组织、个人、企业支持黑恶势力的财产

当组织、个人、企业将其合法或非法所得用于支持黑恶势力犯罪组织存续、发展、壮大，则其财产已经转化为犯罪工具或供犯罪所用之物，具有促进违法犯罪行为发生、发展和蔓延、扩大的加速作用，对黑恶势力犯罪组织起到促进作用、刺激作用，将对应部分认定为涉案财产。《关于办理黑恶势力刑事案件中财产处置若干问题的意见》第 15 条亦规定，黑恶势力组织及其成员通过合法的生产、经营活动获取的财产或者组织成员个人、家庭合法财产中，实际用于支持该组织活动的部分，应认定为涉案财产，依法予以追缴、没收。

2. 确立涉案财产判定标准

财物的种类多样，既有作为证据出现的财物，也有作为涉案财产的财物，还有既作为证据又作为涉案财产的财物，对此，应结合以下方面综合判断财物是否属于黑恶势力涉案财产。第一，财产与犯罪行为是否存在关联性。辩证唯物主义观认为，各种客观现象是彼此相互制约和普遍联系的"锁链"[1]。认定涉案财产过程中，首要条件是涉案财产与犯罪行为之间存在具体、客观、有条件的因果关系。从因果关系的时间序列而言，黑恶势力犯罪行为作为原因在先，涉案财产作为结果在后。如作为黑恶势力犯罪所得的产物或犯罪工具而使用的财物，鉴于其与黑恶势力犯罪行为密切相关，两者之间的关系具有没有前者就没有后者的因果性，具有客观现象间引起与被引起的关系，故两者之间具有关联性、因果性。第二，具有价值性。黑恶势力涉案财产的价值包括证据价值属性和财产价值属性。证据价值要求财物可以作为证明案件事实、行为性质、危害后果等

---

[1] 高铭暄、马克昌：《刑法学》，北京大学出版社、高等教育出版社，2019，第 74 页。

的具有证明力的属性。财产价值要求财物具有可交换性、经济价值，可以作为铲除黑恶势力经济基础的前提属性。作为有经济价值的财物，我们关注的是其价值的大小以及价值的变化；作为诉讼证据，我们关注的是其关联性、客观性和合法性，以及由此衍生的证据的唯一性、不变性（也就是提交法庭质证的证据就是最初提取的证据，没有替换）[1]。第三，符合比例原则，即考量手段和目的之间是否成比例[2]。比如，犯罪工具的价值不能远远大于其造成的危害后果价值，尤其是不是专门用于犯罪的工具。但是比例原则应当综合黑恶势力全部的犯罪事实进行确定，不能根据单一犯罪事实得出结论。黑恶势力犯罪工具种类多样、形态各异，鉴于工具具有中立性，要结合具体情形综合加以认定、处置。犯罪工具与犯罪行为是否存在经常性的密切联系，是判断应否没收的重要考量因素。如被告人驾驶公交车将被害人卖水果的摊位撞翻，鉴于公交车作为犯罪工具不具有常态性、惯常性，且犯罪工具与违法所得价值的不对等性，予以没收缺乏合理性。毕竟没收虽然不属于刑罚种类，但其本质上是对被告人合法权益的一种剥夺，具有刑罚的性质，故犯罪工具应体现罪刑相称的原则，作限缩解释[3]。

（二）强化对物处置的监督机制及重视程度，构建第三人权益保障机制

1. 强化对物处置的监督机制及重视程度

黑恶势力涉案人数众多、涉案金额巨大、危害严重、影响恶劣，

---

[1] 李玉华：《从涉众型经济犯罪案件看涉案财物的先期处置》，载《当代法学》2019年第2期，第112页。
[2] 罗豪才、湛中乐：《行政法学》（第三版），北京大学出版社，2012，第33页。
[3] 〔德〕卡尔·拉伦茨：《法学方法论》，商务印书馆，2019，第225页。

不仅侵犯公民的财产所有权、妨害社会管理秩序，还严重危及国家稳定、市场繁荣，不利于营商环境构建及市域社会综合治理。实践中，侦查机关更为重视定性证据的收集，如口供、物证等，忽视对涉案财产线索、证据的收集，导致涉案财产被转移、变卖、藏匿的情况时有发生，如犯罪嫌疑人被羁押后，黑恶势力其他成员立即将组织财产通过各种渠道转移、混同、洗白，由于收集证据不及时、不充分、不全面，难以对涉案财产权属、性质形成完整的证据链，导致审判阶段难以有效铲除其经济基础。故相关机关要提升对物之诉的重视程度，加强涉案财产相关证据的收集，主要包括以下方面。其一，要加强涉案财产与犯罪行为及黑恶势力犯罪组织的关联性研判，以合理界分个人财产与组织财产、合法财产与非法财产。其二，要收集涉及第三人、被害人权属的相关证据，避免侵犯合法所有权人的正当权益。其三，加强涉案财产的深挖彻查。实践中，存在对犯罪嫌疑人个人财产查控不及时、不全面的现象，如犯罪嫌疑人户籍地、常住地及主要犯罪地不一致，相关机关对主要犯罪地的相关涉案财产查控比较及时，但对跨区域的户籍地查控则较为松懈，对登记在家人名下或他人名下的财产极少进行深入调查、核实、查控。甚至因为权属模糊或属于债券、证券、股票而出现未能及时查控的现象。其四，加强涉案财产证据收集的全面性、针对性，如打印出的银行流水虽然可以证明资金往来情况，但对方账户是谁？是否与犯罪行为存在关联性，系合法财产还是违法所得、组织所有还是个人所有？都需要有关机关进行必要的分析和查证。

另外，要加强对物处置的监督，防止生效裁判作出前肆意处置涉案财产。一方面不利于被告人财产权益的保障；另一方面也容易侵犯第三人的合法财产权益，极易导致涉案财产的错误处置且难以弥补。英美法系国家需向治安法官提出对物强制措施的书面申请，并对其主张提供证据予以证实；而大陆法系的德日对物查控采取令状主义。针对我国涉案财产的处置现状，建议借鉴国外的合理做法，对诉前财产处置加以约束、监督。笔者建议，第三人在侦查、审查起诉及审判阶段均可对财产查控、处置提出异议。在侦查阶段，第三人对财产处置提出异议的，一方面，侦查机关如坚持认为符合诉前处置条件，亦应向检察院提出申请，由检察院对侦查机关处置的依据以及第三人提交的证据进行审查，并作出是否准许的书面理由。侦查机关对检察院的决定不服，可以申请复议，或者向上级检察院申请复核。另一方面，侦查机关向检察院移送案卷材料审查起诉时，要一并移送第三人提交的书面异议及证据材料。在审查起诉阶段，检察院对涉案财产诉前进行处置，应向上级检察院提交书面材料审查（如由法院进行审查，会导致法院提前介入，有未审先判的嫌疑，且部分案件通过法定不起诉、酌定不起诉等不进入审判程序，故由法院进行审查难以实现审查的全面性）。

2. 构建第三人权益保障机制

实体公正固然重要，但如果缺乏程序公正的保驾护航，亦无法取得公众的信任和理解，公正只有通过看得见的方式才能得以最大化保障。正当程序原则要求所有对涉案财产处置有异议的当事人均应通过庭审程序表达诉求、证明主张、抗辩公诉、保障权益，故作为对涉案财产权属存在关联的第三人，应赋予其知情权、参与权、辩护权等，以充分保障其合法权益。我国立法目前缺乏对第三人参与诉讼的相关规定，如参与时间、途径、权利、期限、诉讼地位、证明标准、举证责任等，对涉案财产的处置是参照《民事诉讼法》

的相关规定，还是依照《刑事诉讼法》对人之诉的标准和要求，实践中存在较大争议。因为涉案财产处置事关多方当事人的实体权利分配，只有通过赋予事关各方平等、对应的诉讼权利，才能有效保障各方通过有效对抗、充分质证，最终合理确定涉案财产权属。笔者建议，在侦查阶段，侦查机关在查控涉案财产发现事关第三人时，要及时告知其涉案财产的查控情况，并允许其提出异议，经审查，权属确属第三人所有的，如果不需要作为实物证据使用，应及时返还第三人，如经审查，无法确定权属的，应随卷移送，通过庭审加以确认。庭审中应赋予第三人与被害人同等的诉讼权利，在审查起诉及审判阶段，要及时告知第三人案件所处阶段，并征询其意见，尤其是审判阶段，要告知其开庭时间、地点，允许其参与庭审、参加辩论、证明权属。

（三）完善财产处置的诉讼程序

实践中，如由公诉机关来对涉案财产进行处置，因缺乏有效内部监督、外部制约，且缺乏被害人、第三人的异议表达及参与机制，系单方面的处置行为，有悖正当程序要求，极易侵害合法所有权人的利益。审判机关拥有最终裁决权，对案件及财产权属、处置进行实质审判，如能设立独立的涉案财产处置程序，在诉讼各方充分参与情况下通过聆听、审讯、辩论，最终对涉案财产加以处置，不仅可有效保障惩治结果的公正性和严谨性，还可充分保障多元诉讼主体的财产权益。

1. 明确举证责任、证明标准

笔者认为，在对被告人定罪量刑的同时对涉案财产加以处置，本质上系对人之诉与对物之诉的统一处置。鉴于两者处置对象、诉讼参与人等方面存在差异，举证责任及证明标准应有所区别。其中，对于犯罪事实及涉案财产权属的证据由公诉机关承担：对涉案财产追缴、责令退赔或执行财产刑均是公诉机关代表国家追究被告人刑事责任及处置涉刑相关民事责任的具体方式，是以国家强制力为后盾的公诉机关追诉权与建议刑罚权的统一，系公诉机关追诉职能的组成部分，决定了要求被告人承担不利法律后果的举证责任必须由公诉机关承担。但第三人对涉案财产的权属提出异议时，其与公诉机关之间是平等的主体，若公诉机关已经举证证明涉案财产与犯罪行为存在关联性，且系赃款赃物时，第三人提出异议，应由其提供所提异议的举证责任，证明标准采取优势证据证明标准。原因如下。首先，第三人主张自己享有所有权，则其对涉案财产权属、使用情况、来源、性质等情况了解甚深，由其承担举证责任既可以有效维护其本人的合法财产权，还可以通过与公诉机关充分举证、质证，从而理清涉案财产的归属等。其次，从审判质效角度来看，对涉案财产采用优势证据证明标准可以更加快捷、有效地进行审判，在减轻公诉机关压力的基础上加强对被害人、第三人权益的保障，并可更加有效地铲除黑恶势力的经济根基，减少上访、信访及群体性事件的发生，使被告人感受到剥夺财产的痛苦，从而体现对黑恶势力从严惩治的精神，并可消除犯罪影响，震慑潜在犯罪。

2. 明确庭审质证的重点

黑恶势力涉案财产来源多样化、权属多元化、黑白混淆、民刑交织，如何界定、处置涉案财产关系重大，既涉及不同所有权人的合法权益，还关系经济发展、社会稳定等。

在审判过程中，首先，要重点调查涉案财产的性质、权属及查封、扣押、冻结等强制措施适用的合法性，重点审查资金来源、去向、归属，是否属于混同财产、共有财产，有无涉及抵押权、担保物权等，对物强制措施必须附有证明其权属的证据材料及查控的具体情况，如查控机关、期限、地点、价值、性质等，对于缺乏证明权属的相关扣押财产，审判机关可以建议侦查机关补充侦查，侦查机关拒绝的，审判机关经庭审质证，无法证明涉案财产权属的，退回侦查机关。其次，要重点调查第三人提出异议的涉案财产的性质、权属，由诉讼各方出示证据，根据优势证据证明标准对自己的主张加以证实。最后，对合法财产与非法财产、个人财产与组织财产准确加以界分，既要体现对黑恶势力的从严惩治精神，又要注重构建良好的营商环境，保护民营企业的发展。

3. 规范裁判文书关于涉案财产及财产刑的具体表述

最高人民法院出台的《刑事裁判涉财产部分执行的若干规定》第6条规定，作为刑罚执行依据的裁判文书，裁判内容应当明确、具体，满足可执行性的要求。裁判文书是涉案财产执行的法律依据，为保障涉案财产处置的明确性、合法性、有效性，必须规范裁判文书关于涉案财产处置的具体内容，确保可执行性。

其一，涉案财产处置要具有明确性。说理是裁判公正的基础，在裁判文书中除了要对具体情形加以明确规定之外，对于辩护人、第三人、被告人针对涉案财产提出的异议，审判机关在裁判文书中要予以回应，结合犯罪行为、质证证据、法律适用等对涉案财产与犯罪行为的关联性、性质、权属加以解释说明。裁判文书中要写明涉案财产的名称、性质、金额、处置结果。对于涉案财产权属复杂难以一时查清的情况，笔者建议，对其先不予处理，定罪之后，合议庭可以建议侦查机关对涉案财产补充侦查，另行开庭单独对其进行处置。一方面，不影响对被告人的定罪处罚，防止超期羁押、久押不判的情形出现；另一方面，可以在宣判后有针对性地对涉案财产进行侦查，提升侦查的针对性、充分性、有效性。

其二，裁判文书表述要全面、具体，具有可操作性。实践中，部分判决对扣押在案的涉案财产进行处置，对未随案移送的涉案财产没有规定或概括规定，导致对未随案移送的涉案财产处置缺乏明确的法律依据和可操作性的执行依据；还有部分裁判文书要求继续追缴违法所得，予以没收，问题是由哪个机关追缴以及数额、种类、期限等均未涉及，执行机关缺乏执行的可行性。有部分裁判文书要求由侦查机关继续追缴，但问题是侦查机关集侦查权与决定权、执行权于一身，缺乏监督、约束，如何保障当事人权益不被侵犯。还有的裁判文书规定，对于黑恶势力聚敛的财产及其收益、犯罪工具予以追缴、没收，将所有涉案财产混为一体，未合理界分哪些属于违法所得，哪些属于被害人、被告人合法所有，哪些属于犯罪工具。裁判文书的笼统、模糊、简略，导致的结果是执行难、界定难，且易侵犯合法所有权人的权益。

四　结语

《反有组织犯罪法》虽为涉案财产处置提供了一定的法律依据，但程序设置方面仍有不足，需要通过构建体系化、诉讼化的独立涉案财产处置程序，严格区分合法财产与非法财产、组织权益与个人权益、组织财产与私人财产，在惩治犯罪的同时，担负起保护群众合法权益、维护营商环境及铲除有组织犯罪经济基础的重任。

Review of the Current Situation and Path Specification of the Disposal of Property Involved by Underworld Forces

Shi Wei

Abstract: The identification and disposal of the property involved in the case is stipulated as an important chapter. While solidifying the experience summed up during the special fight against gangsters and evil, many rational and cutting-edge explorations have been carried out on the procedures and proof standards of property disposal. It has an important guiding role and demonstration effect on the construction of a systematic and systematic property disposal system involved in the case. But at the same time, it should also be noted that in judicial practice, problems such as difficulty in defining the scope of the property involved in the case, difficulty in determining ownership, difficulty in collecting evidence, and difficulty in executing the refund have not been effectively resolved, resulting in the dependence, arbitrariness and difficulty in the disposal of the property involved in the case. Subordination, easy to infringe the legitimate rights and interests of the legal owner. In this regard, on the basis of empirical analysis of the criminal trial practice of the property involved in the case, it advocates the establishment of an independent property disposal procedure, clarifying the scope of the property involved, the burden of proof and the standard of proof for all parties involved in the case; at the same time, the supervision mechanism for the disposal of the property is strengthened and the judgment is standardized. The document expresses the disposal of the property involved in the case, and builds a comprehensive, standardized and operable property disposal system with both entities and procedures.

Key words: Underworld Forces; Property Involved in the Case; Standard of Proof; Protection of Rights and Interests

【民商法治】

股权转让合同解除权禁用合同法规范之质疑

——兼评指导案例 67 号示范性偏差

贾 帅[*]

摘 要：指导案例 67 号关于分期付款股权转让合同之解除不予参照适用合同法规范的裁判规则，难以得到理论上的支持。由于其裁判要点与裁判理由整体与个别的矛盾，其示范性效果已在司法实践中发生偏差。而其中对原《合同法》第 167 条适用对象限缩解释的关键理由，也无法被其发布后的实践数据所支持。对于分期付款股权转让合同的解除，应当优先以"要件式"的裁判思路对合同是否分期、股权是否变动、逾期价款是否达标以及转让人是否催告进行审查，即优先对合同性质及权利行使的要件进行判断，而非喧宾夺主地先考虑影响解除权行使的商事交易特殊性因素。在此过程中，股权变动模式则将成为对分期付款股权转让合同生效乃至解除权行使判断的关键。因此，目前对股权变动模

---

[*] 贾帅，西南政法大学经济法学院硕士研究生，研究方向为公司法学。

式所采纳的规则以及将来的立场，均将影响分期付款股权转让合同解除权的行使。

关键词： 指导案例67号　分期付款　股权转让合同解除　股权变动

一　问题的提出

最高人民法院于2016年9月19日发布了指导案例67号，即"汤某某诉周某某股权转让纠纷案"[①]。该案是最高人民法院已发布的指导案例中屈指可数的涉商事案件。因而，其发布之后便引来了理论界的诸多讨论，其中批评之声可谓不少。然而笔者发现，此前评析多发难于指导案例67号的裁判要点与理由，少有文章正视指导案例67号的司法示范性与分期付款股权转让合同的解除路径。正如李建伟教授在文章中所言，针对指导案例67号的评析主张林立，理由各异，然而解读非但没有达成共识，反而由于论者之论域过广而陷入了自说自话的怪圈[②]。在法律适用上，囿于目前公司法规范自身的不完善，诸多涉商事案件转向合同法领域寻求解决路径，尤以公司担保纠纷和股权转让纠纷为代表，"二者均反映了公司法与合同法在法律适用中如何有效对接的问题"[③]。除公司法规则不足外，商事交易所产生的纠纷本身就与合同法息息相关，运用合同法规则处理商事交易纠纷为法律适用的正当途径。反观指导案例67号，却难以

[①] 参见《最高人民法院关于发布第14批指导性案例的通知》（法〔2016〕311号），"指导案例67号：汤某某诉周某某股权转让纠纷案"。

[②] 参见李建伟《分期付款的股权转让合同解除权的特殊性——兼评最高人民法院第67号指导性案例的约束性规范》，《清华法学》2019年第1期，第134页。

[③] 吴飞飞：《侵犯优先购买权的股权转让合同"有效说"之反思》，《法律科学》（西北政法大学学报）2021年第1期，第162页。

从中寻得此种裁判精神，而该指导案例认为，分期付款股权转让合同之解除应禁用合同法规范并割裂法定权利行使之正当性，让笔者颇为疑惑。

指导案例 67 号发布已有六年，其司法示范性效果如何，其裁判要点是否仍能胜任"指导"之责，值得进一步探讨。在此期间，2019 年发布的《全国法院民商事审判工作会议纪要》明确了股权以股东名册记载为标准的形式主义变动模式[①]，而在《公司法》修订之前，这一立场将影响股权转让制度，影响股权转让合同纠纷的处理规则，同时，这种影响也将反映在分期付款股权转让合同纠纷的裁判规则上。因此，以对待股权变动模式的立场为基础，分期付款股权转让合同的解除路径究竟何去何从，无不引发笔者思考。同时，考虑到公司法规则与合同法规范的衔接，判断合同性质的要件能否成为解除商事合同的考量因素，并以此构建一条简单明了的裁判思路，是十分值得研究的。于是笔者尝试撰文以回应自身疑问的同时，或可为分期付款股权转让合同之解除提供新思路。

二 指导案例 67 号裁判要点与裁判理由再评析

指导案例是在原裁判基础上，以形成裁判规范为目的和实现指导性案例的规范性为本旨的再创作[②]，因而除指导案例文本本身之外，对各级法院裁判文书的研读也十分重要。加之指导案例的形成是以各级法院裁判形成的顺序为逻辑的正向推导，因此，评析指导

[①] 参见《最高人民法院关于印发〈全国法院民商事审判工作会议纪要〉的通知》（法〔2019〕254 号）中"有限责任公司的股权变动"部分。
[②] 参见邹海林《指导性案例的规范性研究——以涉商事指导性案例为例》，《清华法学》2017 年第 6 期，第 123 页。

案例 67 号不如在阐明基本案情的前提下，对指导案例 67 号文本先进行逆向研读，以复盘各级法院对整起案件的观点，或许对指导案例 67 号有更为正确的评价。

（一）基本案情与各级法院裁判梳理

值得一提的是，指导案例 67 号对基本案情的总结归纳确有瑕疵，笔者结合二审判决书对该案案情整理如下①。

汤某某与周某某于 2013 年 4 月 3 日就青岛变压器集团成都双星电器有限公司股权转让事宜订立转让协议及分期付款协议，约定由汤某某以 710 万元的价格受让周某某持有的股权，且约定股权转让款在一年内付清，签约当日先付 150 万元，2013 年 8 月 2 日付第二笔转让款 150 万元，2013 年 12 月 2 日再付第三笔转让款 200 万元，最后一笔转让款 210 万元应于 2014 年 4 月 2 日付清。协议签署当日，汤某某向周某某支付首笔转让款，但未按约在 2013 年 8 月 2 日付第二笔转让款。随后周某某于 2013 年 10 月 11 日向汤某某送达了"关于解除协议的通知"，以汤某某违约为由解除双方的转让协议。次日，汤某某向周某某转账支付 150 万元的同时诉至法院，请求确认周之解除行为无效并要求周继续履行合同②。汤某某于 2013 年 11 月 7 日（此为一审法院审理期间）完成争讼股权的工商变更登记。此外，

---

① 因笔者未能收集到一审法院判决书，所以只能对照指导案例 67 号文本和二审法院判决书还原基本案情。
② 指导案例 67 号在归纳"基本案情"时，颠倒了第三笔和第四笔股款支付时间和起诉时间的顺序，错误地表述为"周某某以其已经解除合同为由，如数退回汤某某支付的 4 笔股权转让款。汤某某遂向人民法院提起诉讼……"。参见《最高人民法院关于发布第 14 批指导性案例的通知》（法〔2016〕311 号），"指导案例 67 号：汤某某诉周某某股权转让纠纷案"。

周某某于 2013 年 10 月 24 日悉数返还汤某某支付的两笔共计 300 万元的股款；汤某某又于 2013 年 12 月 2 日向周某某转账支付第一笔、第二笔和第三笔股款共计 500 万元，同日，周某某将该款项如数退还给汤某某；而汤某某于 2014 年 3 月 28 日支付的第四笔转让款 210 万元也被周某某退还[①]。

对于指导案例 67 号所提炼的裁判要点后文会有提及，此处不再赘述，其在裁判理由部分将案件焦点问题归纳为"周某某是否享有原《合同法》第 167 条规定的合同解除权"，并总结了四点理由以回应该问题：一是认为原《合同法》第 167 条调整的是以消费为目的的买卖合同，而案涉股权转让合同不在此范围内；二是认为案涉股权转让合同的合同目的能够实现；三是认为双方约定"签字生效，永不反悔"，因而转让人周某某的解约行为有违诚实信用原则；四是认为，为维护交易安全，在商事交易成本已倾注情况下也不宜"撤销"[②] 合同[③]。

再审阶段，对于周某某再审请求中提及的原《合同法》第 167 条的适用问题，最高人民法院以六点理由予以回应，但观点实则主要集中在三个方面：其一，第 167 条主要调整经营者和消费者之间的合同关系，因股权转让不存在价款回收风险且合同生效时股权未完成变更登记，所以案涉合同不在前述范围；其二，诚实信用原则；其三，案涉合同的合同目的能够实现。而对于周某某质疑二审法院

[①] 参见《最高人民法院关于发布第 14 批指导性案例的通知》（法〔2016〕311 号），"指导案例 67 号：汤某某诉周某某股权转让纠纷案"，参见四川省高级人民法院（2014）川民终字第 432 号民事判决书。

[②] 此处所言"撤销"应当为"解除"，然而指导案例 67 号文本使用的是"撤销"，所以未作改动。

[③] 参见《最高人民法院关于发布第 14 批指导性案例的通知》（法〔2016〕311 号），"指导案例 67 号：汤某某诉周某某股权转让纠纷案"。

对原《合同法》第 94 条的适用错误问题，则以无有效证据证明催告事实予以驳回①。

在二审中，汤某某上诉理由有二。第一点理由关于抗辩权的行使并非本文主要讨论问题，此处不详述。第二点理由认为，分期付款买卖合同的本质特征在于"先款后货"②，但周某某解除协议之时股权并未进行变动，因而原审法院适用法律错误；且案涉股权已登记至汤某某名下，在其愿意支付转让款的情况下，基于维护秩序和促进交易案涉协议也不宜解除。二审法院审理后将争议焦点归纳为：转让人周某某要求解除协议是否有事实及法律依据。对此，二审法院也从两个方面予以说理论证。其采纳了汤某某第二点上诉理由，即因案涉的股权交易不具备分期付款买卖合同标的物先行交付的本质特征而不能适用原《合同法》第 167 条；同时二审法院认为，周某某未能举证证明其已尽催告义务，因而也不符合原《合同法》第 94 条的适用情形③。据此，对原审判决进行了改判。

一审阶段，成都市中院认为案件的争议焦点在于周某某是否享有合同解除权。对此法院认为，汤某某逾期付款的行为是酿成该案纠纷的主要原因，构成根本违约，而周某某为证明其向汤某某履行了催告义务所提供的证据，已形成证据链；同时基于双方关于分期支付的约定，周某某有权依据原《合同法》第 174 条的规定再参照第 167 条而解除合同④。

为求清晰，对上述各级法院的文书信息作出以下归纳（见表1）。

---

① 参见最高人民法院（2015）民申字第 2532 号民事裁定书。
② 笔者认为，上诉人或要表示的为"先货后款"而非"先款后货"，这样才能突出分期付款买卖合同标的物先行交付的特征，但二审判决书记载如此，因而未作改动。
③ 参见四川省高级人民法院（2014）川民终字第 432 号民事判决书。
④ 由于笔者未找到一审判决书文本，只能依据二审判决书文本对一审判决进行归纳。参见四川省高级人民法院（2014）川民终字第 432 号民事判决书。

表 1 指导案例 67 号争议焦点与裁判理由

文书名称	指导案例 67 号	再审裁定书	二审判决书	一审判决书
争议焦点	周某某是否享有原《合同法》第 167 条规定的合同解除权	未归纳争议焦点，但裁定理由主要回应周某某是否享有合同解除权	周某某要求解除协议是否有事实及法律依据	周某某是否享有合同解除权
裁判理由	一、原《合同法》第 167 条调整的是以消费为目的的买卖合同，而案涉股权转让合同不在此范围内 二、案涉股权转让合同之合同目的能够实现 三、转让人周某某的解约行为有违诚实信用原则 四、为维护交易安全，考虑商事交易成本，也不宜解除合同	一、不适用原《合同法》第 167 条 1. 第 167 条主要调整经营者和消费者之间的合同关系，因股权转让不存在价款回收风险且合同生效时股权未完成变更登记，所以案涉合同不在前述范围 2. 诚实信用原则 3. 合同目的能够实现 二、不适用原《合同法》第 94 条	一、因案涉的股权交易不具备标的物先行交付的本质特征而不能适用原《合同法》第 167 条 二、周某某未能举证证明其已尽催告义务，因而也不符合原《合同法》第 94 条的适用情形	一、汤某某逾期付款构成根本违约，周某某在履行了催告义务的情况下有权依据原《合同法》第 94 条解除合同 二、本案股款系分期支付，根据原《合同法》第 174 条的规定，参照第 167 条，亦可解除合同

（二）指导案例 67 号的理论矛盾

可见，作为指导案例 67 号编纂底本的三级法院文书实质上均采取两个维度论证，争议焦点表现为当事人是否享有合同解除权，裁判理由则表现为两部分的说理内容，即是否享有原《合同法》第 167 条的解除权和是否享有原《合同法》第 94 条的解除权。因此，一审法院在认定周某某享有原《合同法》第 94 条所规定的解除权后，又转而参照原《合同法》第 167 条之规定认定合同解除，并非画蛇添足[①]。原因在于，原《合同法》第 167 条与第 94 条在体系上属于特殊法条与一般法条的关系，如若法院认为案件能够参照第 167

[①] 有观点认为，一审判决援用原《合同法》第 167 条进行论证，除了忽略该条的适用前提、理解有误外，还有点画蛇添足的味道。参见吴建斌《指导性案例裁判要点不能背离原案事实——对最高人民法院指导案例 67 号的评论与展望》，《政治与法律》2017 年第 10 期，第 117 页。

条之规定，自然应当优先参照作为特殊法条的第167条，以作出相应判决。对于三级法院所采取的两个维度的论证方式，却未被指导案例67号采纳，其将争议焦点仅仅限定在了原《合同法》第167条解除权的行使上，因此指导案例67号裁判理由也只能从三级法院文书中的一个维度加工提炼，从这个角度看，指导案例67号的编纂并无问题。但指导案例67号之裁判理由几乎与最高人民法院的再审裁定书一脉相承，其前三点理由均能从再审裁定书中寻得踪迹，仅第四点理由来源于二审判决书，并且是以上诉人上诉理由为基础的拓展。指导案例67号加工提炼过程如此承袭再审裁定之观点，以及宁愿忽视作为二审判决关键理由的分期付款买卖合同先货后款之根本特征，也要从上诉理由中再创新观点的原因，一方面在于经最高人民法院编纂形成的指导案例在一定程度上可视为最高人民法院的学理解释，代表最高人民法院的学术水准[①]，而指导案例67号与再审裁定同宗同源，两者联系紧密或为当然之意；另一方面在于此四点理由看似更具说服力、论证更为有意义，正所谓言之凿凿。但笔者认为，裁判要点搭配此四点裁判理由，实质上多有矛盾。

1. 裁判理由各点的自身矛盾

指导案例67号吸收再审裁定内容而形成的三点理由，其本身均难以排除疑问，并多被学者诟病。裁判理由第一点以缩小解释的方式限缩了原《合同法》第167条的适用对象，既未被法院裁判的实证数据所支持，也未在现行法中寻得解释的空间[②]；而用以排除股权转让合同参照适用第167条的立法目的，却与该条事实上的价值立

[①] 参见邹海林《指导案例的规范性研究——以涉商事指导性案例为例》，《清华法学》2017年第6期，第124页。

[②] 参见钱玉林《分期付款股权转让合同的司法裁判——指导案例67号裁判规则质疑》，《环球法律评论》2017年第4期，第38~42页。

场相悖。逻辑上，原《合同法》第 167 条对消费者的保护程度并不及对普通买卖合同中买受人的保护程度，其不仅无力对消费者利益提供保护，反而给予了出卖人更宽泛的解除权①。裁判理由第二点是以事后裁判者的眼光反推合同目的能够实现，但从逻辑上讲，对合同目的能否实现的预测应当以当事人作出解除合同决定的时点进行判断，而"不能以嗣后合同目的是否真正实现予以反证"②。并且，以合同目的能否实现为说辞论证当事人是否享有原《合同法》第 167 条的解除权，实质上超出了该条文的本义，似乎是在回应当事人是否享有第 94 条所规定的解除权，不符合指导案例 67 号所归纳的争议焦点内容。裁判理由第三点从诚实信用的角度否定当事人的合同解除权，更是割裂了原《合同法》第 167 条法律效果的适用，无法在解释层面找到合理缘由③。并且，让笔者感到疑惑的是，为何"签字生效，永不反悔"的约定足以影响当事人寻求救济的路径；同时，更为疑惑的是，为何再审裁定和指导案例 67 号在从诚实信用角度审视案件时，都仅以转让人为对象进行讨论，而忽视受让人是酿成本案纠纷的主要原因。

发源于二审当事人上诉理由的第四点裁判理由，从组织法层面对合同解除作出了限制，虽有观点认为是极其重要的法律原则以及值得深入研究的重大命题④，但其本身同样不无矛盾。该点理由造成了股权转让合同解除与生效规则之间体系不一致的缺陷，使得组织

---

① 孙新宽：《分期付款买卖合同解除权的立法目的与行使限制——从最高人民法院指导案例 67 号切入》，《法学》2017 年第 4 期，第 164 页。
② 万方：《股权转让合同解除权的司法判断与法理研究》，《中国法学》2017 年第 2 期，第 266 页。
③ 参见钱玉林《分期付款股权转让合同的司法裁判——指导案例 67 号裁判规则质疑》，《环球法律评论》2017 年第 4 期，第 36 页。
④ 参见钱玉林《分期付款股权转让合同的司法裁判——指导案例 67 号裁判规则质疑》，《环球法律评论》2017 年第 4 期，第 44 页。

法嵌入股权转让合同规则显得"有尾而无头"①。同时对本案而言，依据修订前的《最高人民法院关于审理买卖合同纠纷案件适用法律问题的解释》（以下简称《买卖合同司法解释》）第45条②，以及原《合同法》第124条和174条的规定，可以比附援引原《合同法》第167条进行裁判，以填补公司法规则在股权转让合同领域的缺失。因此，在法律体系可解释的框架内，分期付款股权转让合同实质上并未构成法律漏洞，换言之，裁判理由在此处适用维护交易安全原则并非为了填补法律漏洞。同时，该理由也不同于第二点理由中以诚实信用原则作为法律解释的根据。因而，该理由适用维护交易安全原则只能作为纠正法条失误的依据，以实现个案公正的目的③。为此，指导案例67号应当给出"更强理由"，即为适用维护交易安全原则否定参照原《合同法》第167条赋予转让人以解除权，提出更强有力的理由④。然而，指导案例67号提出的理由难以让人信服。其认为受让人受让股权后已经实际参与公司经营管理，但从笔者收集到的两份裁判文书中难以找到直接证据证明受让人实际参与了公司经营管理，指导案例67号也未对此进行更为具体的说明。除了受让人参与公司经营管理之理由外，指导案例67号还认为股权交易中诸如其他股东对汤某某的接受和信任，以及股东名册和工商部门的登记已产生了社会成本和影响，进而否定了周某某的解除权⑤。笔者认为，指导案例67号将该观点撰入文本的缘由在于，该观点是建立

---

① 参见吴飞飞《论股权转让合同解除规则的体系不一致缺陷与治愈——指导案例67号组织法裁判规则反思》，《政治与法律》2021年第7期，第122页。
② 《最高人民法院关于审理买卖合同纠纷案件适用法律问题的解释》（法释〔2012〕8号）。
③ 参见庞凌《法律原则的识别和适用》，《法学》2004年第10期，第39~40页。
④ 参见舒国滢《法律原则适用的难题何在》，《苏州大学学报》（哲学社会科学版）2004年第6期，第18~19页。
⑤ 参见《最高人民法院关于发布第14批指导性案例的通知》（法〔2016〕311号），"指导案例67号：汤某某诉周某某股权转让纠纷案"。

在三个必然前提之上的推论。第一在于股权转让过程当然会进行股东名册和工商登记的变更，第二在于股东名册与工商登记的变更必然构成交易成本，第三在于这样的交易成本自然构成交易安全的基础。然而，指导案例67号却依此认为维持这样的交易成本足以排除解除权的适用，实际上仍忽视了两方面。一方面，忽视了交易成本的大小。虽然交易成本自然构成了交易安全的基础，然而并非所有的交易成本都可成为维护交易安全的关键并排斥权利人行使其所享有的实体权利，如若认为诸如股权变更登记等交易成本都可以否定合同解除权的适用，那么在股权转让过程中还有什么成本不能有此效果？另一方面，忽视了对产生交易成本的行为以及主体的考察。无法回避的事实是，本案中的受让人确有违约行为（逾期支付价款两月之久），更值得一提的是，受让人完成股权工商变更登记是在该股权争讼期间（一审期间），这些因素难道不值得纳入对所谓交易成本的考量？

诚然，意识到了商事交易与一般交易的成本差异，希望提供一条关注商事交易成本与效果的裁判思路，然而指导案例67号的基本案情却难担此任。对比而言，在"龚某珠、龚某斌股权转让纠纷"案中，二审法院认为，股权转让之后，公司增资已对原股权进行了稀释，原告"主张按原占比进行归还，已经失去事实基础"，并且股权完成转让已近9年，被告作为登记股东的公示力存在正当的信赖利益，因而不宜解除合同[①]；在"付某某与王某某股权转让纠纷"案中，法院认为受让方已实际控制公司，并增加注册资本，"经营状况和经营规模以及公司的债权债务已经发生重大变化"，而"单纯的

---

① 参见福建省莆田市中级人民法院（2018）闽03民终1243号民事判决书。

解除合同并不能解决股权转让的问题"①。如此，指导案例67号的基本事实在以维护交易安全上表现力不够。在将组织法引入指导案例67号裁判理由的同时却未能关注组织法因素间的权重差异，给出了组织法限制合同解除的裁判思路却未能明确裁判规则，导致司法标准模糊不清，更使得分期付款股权转让合同乃至股权转让合同解除的司法口径整体收紧②。

2. 裁判理由各点之间的内在矛盾

指导案例67号在第一点裁判理由中认为，分期付款股权转让合同与一般的分期付款买卖合同存在差异，因而得出分期付款股权转让合同不宜简单适用原《合同法》第167条规定的解除权之结论③。然而，实际上前述观点已足以否定对原《合同法》167条整体的（参照）适用，而非仅仅排除该条规定的解除权④。简言之，依第一点裁判理由内容，分期付款股权转让合同既不应（参照）适用第167条规定的解除权，也不应（参照）适用该条规定的"支付全部价款"。然而第三点裁判理由却从诚实信用的角度，认为周某某即使行使原《合同法》第167条规定的权利，也应首选支付全部价款而非解除合同⑤。指导案例67号一方面排斥原《合同法》第167条之规定，另一方面又肯定该条规定的部分规则，显得前后矛盾。在排斥（参照）适用原《合同法》第167条时，或许发现若是如此推

---

① 参见内蒙古自治区土默特左旗人民法院（2019）内0121民初1978号民事判决书。
② 参见吴飞飞《论股权转让合同解除规则的体系不一致缺陷与治愈——指导案例67号组织法裁判规则反思》，《政治与法律》2021年第7期，第124~125页。
③ 参见《最高人民法院关于发布第14批指导性案例的通知》（法〔2016〕311号），"指导案例67号：汤某某诉周某某股权转让纠纷案"。
④ 其实际逻辑应当为：因为分期付款股权转让合同与一般的分期付款买卖合同有较大差异，因而分期付款股权转让合同不宜（参照）适用原《合同法》第167条，因此当然不宜（参照）适用该条规定的解除权。
⑤ 参见《最高人民法院关于发布第14批指导性案例的通知》（法〔2016〕311号），"指导案例67号：汤某某诉周某某股权转让纠纷案"。

理，那么分期付款股权转让合同的转让人将难以在合同法领域寻求救济以对抗受让人所享有的期限利益。因此，才采用了"退而求其次"的方式，以诚实信用原则说理来肯定转让人应首选支付全部价款而非解除合同。但这样却造就了此二理由之间的冲突，并显得后者更加多余。

3. 裁判要点与裁判理由之间的整体矛盾

依照最高人民法院的要求，指导案例中的裁判要点实则为"整个指导性案例要点的概要表述"，是对案例中所体现的"具有指导意义的重要裁判规则、理念或方法"的简要归纳和提炼[①]。因而，指导案例的裁判要点应当是复盘整起案件后的产物，是以作为编辑底本的各级法院裁判文书为基础的。指导案例中的裁判理由同样要来自各级法院的裁判文书，并需"结合案情和裁判要点，详细论述法院裁判的正确性和公正性"[②]。据此，指导案例的裁判要点并非来自指导案例的裁判理由，但指导案例的裁判理由却需要结合其裁判要点展开。文本编辑逻辑上也应当如此，编辑人员应是结合各级法院裁判文书梳理整起案件后，从中提炼出具有指导意义的裁判要点，然后再从底本中找寻相关理由以构成指导案例的裁判理由，该裁判理由一方面要论述原裁判的正确性，另一方面还要论述裁判要点的正确性。简言之，指导案例的裁判要点对其裁判理由具有统领作用，而裁判理由又身兼证成原裁判以及裁判要点正确性的双重职能。上文已经提及，裁判理由第一点实际上有否定（参照）适用原《合同法》第167条的论证效果，而裁判要点却仅仅表述为不适用原《合

[①] 参见《最高人民法院研究室印发〈关于编写报送指导性案例体例的意见〉、〈指导性案例样式〉的通知》（法研〔2012〕2号），"三、关于'裁判要点'"部分。

[②] 参见《最高人民法院研究室印发〈关于编写报送指导性案例体例的意见〉、〈指导性案例样式〉的通知》（法研〔2012〕2号），"七、关于'裁判理由'"部分。

同法》第 167 条关于出卖人解除权的规定。除此之外，裁判理由第二点、第四点均有此越界效果。合同目的能够实现以及维护交易安全原则除了可以排除（参照）适用原《合同法》第 167 条的解除权，还可以否定《合同法》规定的其他解除权。因此，指导案例 67 号之裁判理由或许难以受裁判要点的统领，其实质论证效果已经超出裁判要点的要旨，反而具有更强的示范性，属越俎代庖。例如，在"周某某、朱某某股权转让纠纷"案中，终审法院认为，"周某某提供的最高人民法院 67 号指导案例虽认为有限责任公司的股权分期付款违约等情形，不适用《合同法》第 167 条之规定"①，便是将指导案例 67 号裁判理由第一点的论证实效和裁判要点相混淆。相同的情况在"李某新、李某兵等与张掖市沅博农牧产业开发有限公司股权转让纠纷"案②和"赵某、张某与敦煌市永丰商贸有限公司、牛某股权转让纠纷"案③中也有所体现。而在"高某与贺某某、谭某某股权转让纠纷"案中，一审法院几乎照搬指导案例 67 号的第一、第三和第四点裁判理由，进而排斥原告依据原《合同法》第 167 条行使解除权；而二审法院则以合同目的能够实现排除原《合同法》第 94 条的适用④。一审法院依葫芦画瓢式地引用指导案例 67

---

① 参见最高人民法院（2018）最高法民终 874 号民事判决书。
② 审理该案的二审法院认为，股权转让虽然也是以股权为标的物的买卖，但是与以消费为目的的一般买卖具有显著差异，股权转让以获取股东身份、参与公司经营为目的，约定分期支付股权转让款通常会考虑公司资产移交、债权债务清理等因素，根据最高人民法院发布的第 14 批指导性案例 67 号，股权转让合同不适用原《合同法》第 167 条关于分期付款买卖合同的规定。参见甘肃省高级人民法院（2019）甘民终 81 号民事判决书。
③ 审理该案的二审法院认为，原《合同法》第 167 条第一款的规定主要针对的是在经营者和消费者之间，买受人作为消费者为满足生活消费而发生的交易，目的在于活跃市场交易的同时，对于提前让渡标的物所有权，承担一定价款回收风险的交易方给予适当保护，而本案所交易的标的是公司股权，是典型的商事行为，其交易目的、交易主体的交易能力均与一般的买卖合同不同，因此，本案不应简单适用原《合同法》第 167 条关于分期付款买卖合同的规定。参见甘肃省高级人民法院（2020）甘民终 350 号民事判决书。
④ 参见湖南省衡阳市中级人民法院（2018）湘 04 民终 2210 号民事判决书。

号的裁判理由并未顾及个案情况；二审法院以合同目的能够实现进行判决也忽视了上诉人所提及的催告情节。同时，此两审法院如此引述指导案例 67 号的裁判理由，却均未在文书中提及指导案例 67 号及其裁判要点。

三 指导案例 67 号示范性效果反思检验

关于指导案例 67 号的示范性效果，其实从前述所举案例中已经可窥得一二。但笔者颇为在意的是，指导案例 67 号对原《合同法》第 167 条规范对象的限缩解释能否成为对该条解释的分水岭，并左右实践。因而笔者以中国裁判文书网为检索平台，对指导案例 67 号发布之后的相关案件进行了检索，共收集到 269 份民事判决书①。通过浏览梳理，排除其中不能纳入研究比较的 19 件案件②，剩余案件类型分布见表 2。其中大部分案件实则是为生产经营而进行的买卖，多数涉及运输车辆以及工程设备的交易，共计 236 件案件（占全部案件的 94.4%）；而以生活消费为目的的引发的案件仅有 14 件（占全部案件的 5.6%），涉及汽车、手机等交易。该数据结果进一步印证了钱玉林教授的实证分析③。由此可见，指导案例 67 号中关于分期付款买卖合同一般以生活消费为目的的观点与立场，既缺乏发布前的实际基础，也难以被发布后的司法实践证成。

---

① 检索条件包括：以"分期付款买卖合同纠纷"为案由，以"《中华人民共和国合同法》第一百六十七条"为关键词和法律依据，以"2016 年 9 月 20 日~2020 年 12 月 31 日"为裁判日期。

② 其中有的案件本身不符合分期付款买卖合同的标准，如（2020）豫 0727 民初 2745 号等；有的在检索结果中属于重复文书，如（2019）赣 0983 民初 649 号等；还有一份判决书无浏览内容，如（2020）黔 01 民终 6790 号。

③ 参见钱玉林《分期付款股权转让合同的司法裁判——指导案例 67 号裁判规则质疑》，《环球法律评论》2017 年第 4 期，第 39 页。

表 2　250 件样本案例引发类型分布

引发案件类型	以生产经营为目的引发的案件	以生活消费为目的引发的案件
案件数量及比例	236 件（94.4%）	14 件（5.6%）

除了对指导案例 67 号个别裁判理由进行司法裁判研究外，笔者也关注了指导案例 67 号发布后的分期付款股权转让纠纷的司法裁判情况。以中国裁判文书网为检索平台，以"股权转让纠纷"为案由，以"《中华人民共和国合同法》第一百六十七条"为关键词，对 2016 年 9 月 20 日至 2020 年 12 月 31 日的案件进行了筛选，共收集到 32 份二审判决书。在这 32 件案件中，有 21 件案件当事人请求支付全部价款，其中有 18 件得到了法院的支持，另有 3 件却未得到支持；有 5 件案件当事人请求依据原《合同法》第 167 条解除合同，其中有 3 件未得到法院支持，另有 2 件得到了支持；此外，有 4 件案件本身不符合司法解释规定的"分期"标准；还有 2 件案件，法院未对当事人请求适用原《合同法》第 167 条进行评价（见表 3）。被法院支持解除合同的 2 件案件，实际上均未依据原《合同法》第 167 条判决，却均在文书中提及指导案例 67 号及原《合同法》第 167 条，但又都错误地引用了指导案例 67 号的裁判理由[①]。而判决不予解除合同的 3 件案件，其判决理由则完全一致。在这 3 件案件中，法院的判决理由均未提及指导案例 67 号及其裁判要点，但又都引用了指导案例 67 号的裁判理由否定适用原《合同法》第 167 条，然后又都引用其中"合同目的能够实现"的理由否定适用原《合同

[①] 参见最高人民法院（2018）最高法民终 874 号民事判决书，该案前文已有评述，此处不再赘述；参见西藏自治区拉萨市中级人民法院（2019）藏 01 民终 433 号民事判决书，二审法院在排除该案参照指导案例 67 号后，却又引用其裁判理由第一点，认为不宜将股权转让纠纷等同于一般买卖合同而适用第 167 条对合同的履行予以判定。

法》第 94 条①。这完全违背了《〈最高人民法院关于案例指导工作的规定〉实施细则》的规范精神。此外，判决不予支持支付全部价款的 3 件案件，其中一件前文已有提及，此处不再赘述②；另一件判决不予支持的理由在于审理时逾期价款未达五分之一，此处不予置评③。还有一件案件，一审法院引述了指导案例 67 号及其裁判要点，但认为案件不宜适用原《合同法》第 167 条的规定，并又认为逾期价款未足五分之一，因而不予支持支付全部价款；二审法院则以分期付款股权转让合同与一般买卖合同存在合同目的、卖方回收价款风险差异而不适用原《合同法》第 167 条第一款，并认为尽管受让方违约，但若剥夺其期限利益，既有违分期约定之初衷，亦将导致合同目的无法实现，更不利于商事交易稳定与安全维护，因此法院认为当事人要求支付全部价款的请求在现阶段不能被支持④。

表 3 指导案例 67 号发布后 32 件分期付款股权转让纠纷司法裁判情况

案件处理类型	请求支付全部价款		请求解除合同		其他	
	支持	不支持	支持	不支持	本身不属于分期付款合同	法院未对第 167 条进行评价
案件数量（件）	18	3	2	3	4	2

指导案例 67 号的示范性效果已然超出了其裁判要点的辐射范围，其裁判理由已僭越裁判要点的指导地位，成为指导案例 67 号事实上的裁判规范。但是其裁判理由忽略了指导案例 67 号的基本事

---

① 参见湖南省衡阳市中级人民法院（2018）湘 04 民终 2210 号民事判决书，吉林省高级人民法院（2018）吉民终 563 号民事判决书，福建省莆田市中级人民法院（2018）闽 03 民终 1243 号民事判决书。
② 参见甘肃省高级人民法院（2020）甘民终 350 号民事判决书。
③ 参见湖北省高级人民法院（2017）鄂民终 34 号民事判决书。
④ 参见四川省高级人民法院（2018）川 11 民终 1066 号民事判决书。

实，均存在瑕疵，难以承担起指导类似案件的重任。在编纂指导案例时，应当注意从原裁判文书提炼的理由已然脱离原裁判的制约，其约束力将从对个别案件上升到对一般案件。因此，在归纳裁判理由时，应当紧扣基本事实，关注案件细节，并在裁判理由中强调这些细节。比如，对于"合同目的能够实现"的理由，指导案例67号存在关键的基本事实，即引发纠纷后，受让人主动支付了逾期价款，并且也按约支付了其后的两期价款。这样的行为在一定程度上可以弥补由其违约行为而带来的信用缺失，并可以恢复双方赖以订立分期付款合同的信用基础①。但指导案例67号裁判理由却未提及此事实，上述所举判决不予支持解除合同的案件中，纠纷产生后均未出现受让人主动支付价款的情形，而法院也均未对此有所评述。此外，作为二审法院判决的关键因素，即分期付款合同"先货后款"的根本特征，不仅未被再审裁定点明，更是被指导案例67号文本忽视。由此带来的影响便是少有法院在审理时关注争讼股权是否变动，也就使得实践中将简单的案件复杂化，而又将复杂的案件简单化了。因而笔者认为，指导案例67号在归纳裁判理由上迈错了方向。

四 分期付款股权转让合同解除规则之重述

（一）分期付款股权转让合同解除之依据

前文提到原《合同法》第167条在逻辑上实则无法给予消费者更多的保护，然而《民法典》出台后，事情或有转机。《民法典》

---

① 钱玉林教授在文章中关于"分期付款买卖是信用经济的产物"之观点，笔者深表认同，但笔者认为这种信用是双向的，不仅在于买方给予卖方的信用，还在于卖方给予买方的信用。参见钱玉林《分期付款股权转让合同的司法裁判——指导案例67号裁判规则质疑》，《环球法律评论》2017年第4期，第41页。

第634条承袭原《合同法》第167条的规则，保留了对分期付款买卖合同的规定，但条文有所改动，增加了"经催告后在合理期限内仍未支付到期价款的"的规定。这一要件的增补是值得肯定的，催告的前置程序将规制出卖人的"机会解除"行为[①]。同时，也使得分期付款买卖合同规则似乎向着保护消费者的应然层面迈进了一步[②]。然而，笔者认为，纠结于《民法典》第634条的立法目的是否站在保护消费者的立场上，实则对股权转让合同中分期付款类型纠纷之裁判没有实际意义。在法律适用上，分期付款股权转让合同并非直接适用《民法典》第634条，而是依据《民法典》第646条的规定，参照第634条进行裁判。同时，修改后的《买卖合同司法解释》第32条也承袭了原司法解释第45条的规范精神。因此，无论如何界定第634条的立法目的，都不能否定分期付款股权转让合同纠纷可以依据《民法典》第646条以及《买卖合同司法解释》第32条的规定，参照《民法典》第634条进行裁判。而如果认为第634条之立法目的就是保护消费者，那么笔者在此提出两个疑问，以待有论者回应。其一，假设第634条旨在保护消费者，对于解除权的行使而言，便意味着第634条解除权行使的要件标准应当高于一般法定解除权，那么是否意味着对于金钱债务来说，《民法典》第563条第3、4项规定的"主要债务"和"致使合同不能实现"的债务可以量化为具体数额，并与第634条的"五分之一"相比较，孰高孰低？其二，如果认为第634条旨在保护消

[①] 原《合同法》第167条在无前置程序的情况下便赋予出卖人以解除权，是对出卖人"机会解除"提供了依据。详细论述可参见李建伟《分期付款的股权转让合同解除权的特殊性——兼评最高人民法院第67号指导性案例的约束性规范》，《清华法学》2019年第1期，第148页。
[②] 参见孙新宽《分期付款买卖合同解除权的立法目的与行使限制——从最高人民法院指导案例67号切入》，《法学》2017年第4期，第165~171页。

费者，为何在该条中增设出卖人有权要求买受人支付全部价款，"支付全部价款"与"解除合同"的法律效果孰强孰弱，消费者丧失期限利益是否比被解除合同更具"惩罚性"？

(二) 分期付款股权转让合同解除之要领

分期付款股权转让合同的解除，除了要符合《民法典》第634条规定的要件外，还有两点需要注意。一是《买卖合同司法解释》第27条第一款的规定，即要符合总价款在一定期限内至少分三期的要求；二是要符合分期付款买卖合同"先货后款"的本质特征，即标的物的先行交付。"先货后款"的特征成就了分期付款买卖合同，而交易双方能够认同"先货后款"的基础在于双方彼此的信用。虽然表面上看似乎是买方给予卖方的单向信用①，其实不然。对于卖方而言，其给予买方的信用首先在于对标的物质量与价值的保证（对股权而言即权利无瑕疵的保证），此为第一层次的信用。其次，这种信用还表现为，卖方在整个分期付款履行期间应当忍受买方一定程度的违约，而非一旦发生违约情形，卖方便径直解除合同收回标的物或是剥夺买方的期限利益，简言之，卖方应当承担一定程度的容忍义务，此为第二层次的信用。笔者认为，正是卖方第二层次的信用，才能与买方按期付款的信用相匹配，并促使双方达成分期付款买卖的合意；同时，也正是卖方第二层次的信用所承担的容忍义务，才使得学者认为原《合同法》第167条存在法律漏洞，并需要以该法第94条的"催告"程序进行补

---

① 卖方作为转让人，"先货后款"即意味着其对标的物会丧失占有甚至所有，在交付之后仅期待买方能按约付款。

充①。回归到解除权的裁判思路上，法官在顺序上应当优先审查合同价款是否分三期以上支付，再审查股权是否"交付"，依此判断该合同是否符合分期付款买卖的基本特征；然后再审查逾期价款是否达总价款的五分之一，以及出卖人是否进行催告，依此判断出卖人是否可以行使《民法典》第634条规定的特殊法定解除权。概括而言，此判断方法是分两个阶段、四个步骤进行（见图1）。其中"价款是否分三期""逾期价款是否达五分之一""出卖人是否催告"均易审查与判断，唯有疑问的便是股权的"交付"。

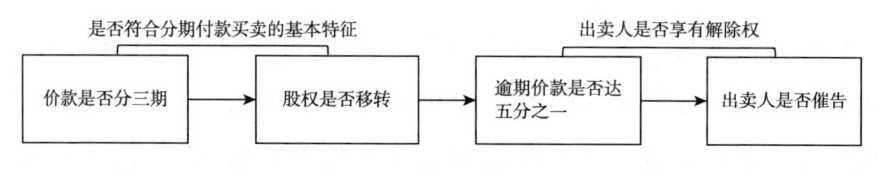

图1 分期付款股权转让的两个阶段、四个步骤

股权"交付"在《公司法》上应当表达为股权移转或股权变动，意在表示受让人取得股权的时点，但令人遗憾的是，《公司法》并未对股权变动的模式有明文规定，属于立法空白，是日后《公司法》修订应当增补的规则。然而长期以来理论界对该问题的解答也莫衷一是，理论上可大致分为两派，一派是形式主义变动模式，另一派则是意思主义变动模式。在此基础上，学者们又以更为具体的标准立论，形成了诸多观点。比如，其中有以股权让与合意生效作为股权变动节点的意思主义规则②，有以公司收到通知并认可转让事

---

① 参见孙新宽《分期付款买卖合同解除权的立法目的与行使限制——从最高人民法院指导案例67号切入》，《法学》2017年第4期，第167~169页。
② 参见张双根《论股权让与的意思主义构成》，《中外法学》2019年第6期，第1568~1576页。

实为变动节点的"修正意思主义模式"①，还有以优先购买权人放弃权利为变动节点的模式②，以及采取"公司内部登记生效主义与公司外部登记对抗主义相结合"模式③，等等④。对此，2019年全国民商事审判会议的观点则认为，应当以股东名册变更作为股权移转的标志⑤。但是，需要注意的是，记录该观点的《全国法院民商事审判工作会议纪要》（以下简称《九民纪要》）并非裁判法源，不能作为裁判依据进行援引，仅具参考意义，法院审理案件时也只能在说理部分引用该观点⑥。因此，既然当下无实定法的明确规定，那么应当优先考虑当事人之间的约定，而后再考虑别的观点。具言之，对于股权的移转，"只要当事人约定选择任一不与现行法相悖的变动模式即应予以支持"⑦，而如若当事人之间无约定或约定与现行法相悖，则以股东名册变更作为股权移转的标志。明确股权移转这一先行交付要件，将会解决司法实践中大部分案件的法律适用问题。不符合该要件的合同即不符合分期付款买卖合同特征，应当落入一般合同的范畴并受《民法典》第563条的调整。由此，对分期付款股权转让合同纠纷的审理，既无须作出饱受争议的限缩解释，也无须动用维护交易安全等原则对正当性进行补强，法院只要关注股权移转之

---

① 李建伟：《有限责任公司股权变动模式研究——以公司受通知与认可的程序构建为中心》，《暨南学报》（哲学社会科学版）2012年第12期，第23~25页。
② 该观点仅适用于股权对外转让情形。参见胡晓静《论股东优先购买权的效力》，《环球法律评论》2015年第4期，第45~47页。
③ 刘俊海：《论有限公司股权转让合同的效力》，《法学家》2007年第6期，第75~76页。
④ 对于股权变动模式的观点归纳，还可参见张双根《股权善意取得之质疑——基于解释论的分析》，《法学家》2016年第1期，第134~135页。
⑤ 参见最高人民法院民二庭编著《〈全国法院民商事审判工作会议纪要〉理解与适用》，最高人民法院出版社，2019，第133~134页。
⑥ 参见《最高人民法院关于印发〈全国法院民商事审判工作会议纪要〉的通知》（法〔2019〕254号）。
⑦ 李建伟：《分期付款的股权转让合同解除权的特殊性——兼评最高人民法院第67号指导性案例的约束性规范》，《清华法学》2019年第1期，第148页。

节点便可下判。这也是笔者在前文中强调指导案例67号应当关注案件细节的原因。虽然"要件式"的裁判思路被学者有所质疑[1],但笔者认为此思路既是切实可行的,也是简单明了的。分期付款股权转让合同确有其特殊性,但大部分表现为对一般分期付款买卖合同的特殊性,是基于合同法上规则的准用而产生的特殊性。此类特殊性已在法律适用上被参考,如若再将其纳入对合同解除权行使考量,一方面显得重复并冲突,另一方面也增加了法官断案的难度,或适得其反。并且,若不面对情况各异的案件,怕也难以将某一情形标准化为参考因素约束法官。而值得关注的特殊性,应当是分期付款股权转让合同基于组织法产生的特殊性,是个案本身的特殊性,但此类特殊性也不能否定"要件式"裁判思路以及股权移转这一裁判要领的正当性。举例而言,假设某一分期支付的股权转让合同确有特殊性可以排除解除权的适用,法官的首要任务也仍是以"要件式"裁判思路对该合同下定义,而后才以该案之特殊性回应是排除特殊法定解除权还是排除一般法定解除权。

此外,对于股权的移转,还有一种情形值得单独讨论。此种情形是指,受让人在双方约定的股权移转节点之前,或是无约定以及约定无效下完成股东名册变更之前,已经实际参与公司经营,现实行使了股东权力,如参与了股东会、对公司决议进行了投票等,那么是否可以认为此时股权已经发生实际移转?笔者认为答案是肯定的,对于股权变动的节点不应当持以静止的眼光,而应当抱以动态

---

[1] 李建伟教授认为,以一般"要件式"的裁判思路审查,缺乏体系方法的甄别、分析,不仅难以实现特殊性审查的目的,而且可能陷入一叶障目、以偏概全的误区,因此采用了阶层化的裁判思路。参见李建伟《分期付款的股权转让合同解除权的特殊性——兼评最高人民法院第67号指导性案例的约束性规范》,《清华法学》2019年第1期,第146~147页。

的思维。分期付款买卖中的标的物先行交付结果，便是买受人可以在未完全支付价款之前，提前占有使用标的物。对应到分期付款股权转让合同，买受人若已实际参与了公司经营管理，不就意味着其实际享有了股东权利，已然具备股权移转后的效果，应当认定股权已经变动。因此，不妨将此类情形作为例外，对前述股权移转规则进行补全。

（三）分期付款股权转让合同解除之展望

行文至此，分期付款股权转让合同的解除规则已然明了，但前述关于股权"交付"的判断是在《九民纪要》观点上展开的。诚然，《九民纪要》并非裁判法源，亦非有权解释，但由于其代表的立场，因此其与指导案例一样会产生事实上的约束力[1]。但是，《九民纪要》的出台既不意味着对股权变动的理论探索盖棺定论，也不意味着《公司法》之后的修订会完全依此进行，因而理论界仍有必要对股权变动模式进行研究，并在此基础上完善整个股权转让制度。笔者认为，股权变动模式处在股权转让制度的关键位置，其以股权性质归属为基础，并衔接股权转让合同的履行，甚至制约该类合同的性质，此三者均颇具争议，是近年来理论界百家争鸣之处。因此，股权变动模式的确立可谓"牵一发而动全身"，要充分考虑与之相关的各种问题，并为后续的可能制度预留可行的空间。然而，股权变动的具体模式并非本文要旨，也非笔者能力所及，但是，如若承认理论上对股权变动模式的二分法，即意思主义变动模式与形式主义变动模式的区分，那么基于对分期付款股权转让合同的考量，笔者

---

[1] 参见邹海林《指导性案例的规范性研究——以涉商事指导性案例为例》，《清华法学》2017年第6期，第130~131页。

则更倾向于意思主义变动模式。理由如下。

其一，意思主义变动模式更符合双方当事人的交易目的。依照意思主义变动模式，转让人与受让人在达成合意时即发生股权移转。一方面，受让人可以依此第一时间取得股权并可进入公司，满足了其交易目的的同时，又使得股权的权利移转过程不会发生滞留；另一方面，转让人则理所当然地丧失权利并退出公司，其不再置身于公司事项的同时，又可获得受让人的按期付款[①]。

其二，意思主义变动模式可使双方订立的合同及时获得《民法典》第634条以及相关司法解释的保护。在意思主义变动模式下，转让人无须对受让人及时取得股权有所顾虑，受让人虽第一时间取得股权，但该合同也第一时间落入分期付款买卖规则的调整范围。申言之，意思主义变动模式下股权变动所产生的效果，不仅在于受让人实际取得股权，也在于相关合同满足上文关于分期付款买卖本质特征的要件式判断规则，转让人也就同时获得了法律赋予的权利保护——并且在可主张权利类型上要多于《民法典》第563条。而基于对违约成本的考量以及享有权利而背负的责任感，或又能促使受让人按约履行合同。

其三，采取意思主义变动模式不会出现前述的例外情形。股权在交易双方达成合意之时发生移转，在符合司法解释中价款分三期以上的前提下，构成分期付款股权转让合同的条件已成就，无须考虑受让人是否实际参与公司经营。

股权变动若采取意思主义变动模式，与《九民纪要》的立场相比，股权移转的节点在整个股权转让过程中将会提前，这便意味着

[①] 股权转让合同中的转让人或许倦于公司的冗杂事务并急于退出公司，若以股东名册记载作为股权变动的标志，那么在转让合同签订之后、股东名册记载之前的时段内，转让人可能对公司事项置之不理，受让人却又无合法理由行使股权，便会造成权利的空置。

法官对合同性质的判断节点也将提前,即从股东名册记载向前移至双方达成让与合意之时。而其中可能成为维护交易安全的因素则不会作为对合同性质判断的考量,其将完全成为组织法上的特殊性被纳入是否可以行使解除权的参考因素;同时,权利的交接、保护与平衡也将回溯到合同订立之初,此对交易双方均有裨益。

五 结语

指导案例67号发布以来,引发了理论界的诸多质疑。但无论理论逻辑,还是实证数据都无法对其予以支持;而其中流露的"民商分立立法体例中商事组织法上交易有别于合同法上交易的商事裁判理念"[①] 已然被《民法典》的体系否定。在指导案例示范性发生偏差并又具有简单易行的裁判思路下,或许应当认真考虑指导案例67号的存废问题以及新指导案例的编纂问题。

在股权变动这一纷繁复杂的问题上,无论采取形式主义变动模式,还是采纳意思主义变动模式,本文所主张的关于解除权行使的"要件式"裁判思路均有其价值。同时,合同法上,分期付款买卖合同与所有权保留合同常常形影相随,而对于分期付款股权转让合同而言,公司法上的代持股制度或许可以与其相衔接,以构成该种合同类型的"所有权保留"情形。由此,指导案例67号带来的疑问及思考并不会就此停止,分期付款股权转让合同乃至股权转让合同,仍有诸多问题值得讨论。

[①] 吴建斌:《指导性案例裁判要点不能背离原案事实——对最高人民法院指导案例67号的评论与展望》,《政治与法律》2017年第10期,第114页。

Challenging the Prohibition of Contract Law Norms on the Termination of Equity Transfer Contracts —Comment on the Exemplary Deviation of Guiding Case No. 67

Jia Shuai

Abstract: Guiding Case No. 67 does not refer to the judgment rules of the applicable contract law for the termination of the installment equity transfer contract, and it is difficult to get theoretical support. Moreover, due to the overall and individual contradiction between the main points of the judgment and the reasons for the judgment, its exemplary effect has been deviated in judicial practice. The key reasons for the limited interpretation adopted for the application of Article 167 of the original "Contract Law" cannot be supported by the practical data after its release. For the termination of the installment equity transfer contract, priority should be given to the review of whether the contract is instalment, whether the equity has changed, whether the overdue price meets the standard, and whether the transferor has called for the nature of the contract and the requirements for the exercise of rights. Make judgments, rather than overwhelmingly consider the specific factors of commercial transactions that affect the exercise of the right to terminate. In this process, the equity change model will become the key to the judgment of the effective and even the right to terminate the installment equity transfer contract. Therefore, the current rules adopted for the equity change model and the position that will be adopted in the future will affect the exercise of the right to terminate the installment equity transfer contract.

Key words: Guiding Case No. 67; Installment; Termination of Equity Transfer Contract; Equity Change

论服务类财产权信托中信托监察人制度的构造

——以企业集团"出售式重整"为视角

王泽钧[*]

摘　要：在企业集团重整案件中引入服务类财产权信托，是我国企业拯救实践的一项金融创新。在服务类财产权信托实践中，由债权人组成的受益人大会存在虚位现象，自力监督不足，严重缺乏针对受托人的他力监督。如何检验受托人是否忠实守信，谁来监督受托人勤勉尽责，是否有必要引入外部信托监察人，这些问题均有研究价值。基于理论分析及现实分析，本文认为重整服务类财产权信托具有"公益特征"，有必要在重整服务类信托中逐步设计信托监察人条款，现阶段可以先在信托协议中约定由信托委托人或受益人委托人专业的中介机构作为"类信托监察人"，以自己的名义督促受托人在资产处置过程中勤勉尽责；未来通过立法确立私益信托的监察人制度，允许法院

---

[*] 王泽钧，北京德恒律师事务所企业拯救与破产专业委员，专职律师，毕业于北京大学，硕士研究生学历，研究方向为经济法学、破产法学。

依债权人申请而选任信托监察人,最终构建起受益人与受托人之间"自力监督与他力监督"的双层监督体系,为债权人保护与危困企业拯救提供制度支撑,实现信托制度与重整制度的良性互动。

关键词: 企业集团　破产重整　信托计划　信托监察人　信义义务

一　问题提出

近年来,我国企业集团破产重整案件高发①,越来越多的企业集团重整案件开始使用"出售式重整"模式②,并将全部或者部分难以短期变现的破产财产,设立信托计划,发行信托受益权份额用于"债务清偿"③。这类案件中的信托被各界称为"服务类信托"或者"财产权信托"。实践证明,这类信托架构在纾困企业集团,尤其是

---

① 根据作者统计研究,从 2007 年《企业破产法》颁布至今全国发生了至少 160 件实质合并重整案件,均为"企业集团"重整。2017 年与 2018 年案件数量激增,2018 年与 2019 年案件的数量持平,2020 年受到新冠肺炎疫情的影响,案件再次激增。从企业数量看,绝大多数企业是 5 家以下实质合并重整,这类案件有 92 件,排名第二的是 6 家到 10 家实质合并重整,排名第三的是 21~40 家企业实质合并重整,值得特别注意的是,有 7 家企业存在 41 家以上企业实质合并重整。笔者的统计及检索方法为:2021 年 7 月 30 日通过全国企业破产重整案件信息网高级检索,选取关键词"合并重整"、发布人身份"法院"、内容类别"裁判文书"、发布开始日期"2007 年 6 月 1 日"、发布结束日期"2021 年 7 月 30 日",共有 2195 条记录,逐个梳理统计。之后,为全面收集信息,又进行补充检索,并以关键词"实质合并"、发布人身份"法院"、内容类别"裁判文书"为检索条件,对全国企业破产重整案件进行检索,共有 1330 条记录,对 1330 条记录逐项筛选之后新增 32 件实质合并重整案例。最后,再通过检索最高人民法院、各省份高级人民法院典型案例,交叉比对查验是否有缺漏。
② "出售式重整"是指在重整中原债务人优质资产打包注入新公司,投资人支付对价收购新公司股权,收购对价用于向债权人清偿债务。同时,可根据需要安排债权人持有部分新公司债权抵债,以分享新公司未来的发展收益。
③ 如渤钢集团、天津物产集团、方正集团、海航集团等在全国具有广泛影响力的集团重整案件,均使用了"信托受益权份额"抵偿债务的偿债工具。

在"出售式重整"模式中有巨大价值，具有"破产隔离"、"机制灵活"、"提高重整效率"以及"加速重整进程"的作用[①]。

重整服务类财产权信托作为一种新型的金融工具，在实践中出现问题，如实务中开始出现"将资产大规模托付于信托计划，甚至出现信托计划几乎覆盖整体清偿的现象"。通过信托计划的方式将资产处置工作转移给第三方机构从而实现快速重整，引起了一定的争议[②]。同时，在出售式重整中，破产企业作为委托人，在向信托计划交付信托财产之后，无实质性权力，无法起到委托人监督的作用，这导致委托人监督"实质性缺位"。而债权人作为信托受益人，虽然可以通过信托受益人大会享有权利，但是在实务中其本质与破产程序中的债权人大会没有区别。一旦离开法院或重整管理人的协调，受益人大会还能否履行监督义务，能否识别受托人是否"勤勉尽责"就存在疑问，这导致受益人监督有"名存实亡"之嫌。在这个背景下，受托人作为"名义财产所有权人"进行资产清理、确权和处置，同时负担信托计划运营的核心工作，具有巨大权力。那么，如何保证其能够勤勉尽责，履行信义义务，一系列问题都值得深入讨论。再看我国信托法律体系，一方面，现行法律没有对私益信托规定第三方监督制度，导致债权人在这类信托计划中缺乏"外部力量"对受托人的制约；另一方面，《信托法》与《企业破产法》均较为滞后，相关规则无法联动，导致许多信托行为缺乏规制。

在此背景下，如何构建周延的委托人监督体系，是否有必要引入信托监察人制度，如何引入，这些问题都值得学界和实务界共同

[①] 高莉丽、梁娜：《破产重整难？"白衣骑士"带秘密武器来了——结合北大方正破产重整案谈服务类他益信托》，第十二届中国破产法论坛论文集第三册，第284~285页。
[②] 郑志斌：《破产重整工具的四大滥用》，微信公共平台"破产法快讯"，2021年10月29日发布，https://mp.weixin.qq.com/s/aPdXWVpNPmRB6FJFutbHgA，最后访问日期：2021年11月14日。

关注。为了厘清此类问题，本文以大型企业集团出售式重整中常见的服务类财产权信托模式为例[①]，讨论是否针对该类信托设立信托监察人制度的必要性以及实现路径。

二　服务类财产权信托的基本模式与制度现状

在企业集团重整程序中引入信托的基本模式是："重整企业以其全部或部分财产设立财产权信托计划，并将由此取得的信托受益权向债权人分配，以抵偿债务。"[②] 在渤钢集团重整案、方正集团重整案以及海航集团重整案中，管理人均引进了信托工具，通过搭建信托计划丰富债务清偿通道。但是，这些案件中，各方在最终确定"信托财产"时，却划定了不同的范围。相关信托发行的信托受益权凭证在偿债资源中的地位，也存在较大差异。

（一）典型案例

（1）渤钢集团重整中的信托架构

在渤钢集团重整案中，渤钢本部及天钢集团、天铁集团、冶金集团、渤钢商贸等5家企业，被通过公司分立、资产划转、非货币出资设立子公司等方式重组为钢铁资产平台与非钢资产平台。其中，钢铁资产平台具备战略投资价值，因此最终出售给战略投资者，非钢资产平台的资产短期内难以处置变现，也无法通过简单的以股抵债、以物抵债的方式分配给债权人，因此管理人通过发起设立信托计划，由受

[①] 参见丁燕《重论"出售式重整"的经济法品格》，载《法学杂志》2016年第37期，第103~109页。
[②] 参见赵坤成《重整案件债权清偿方式之演进》，中国破产法论坛，2020年11月3日，https://mp.weixin.qq.com/s/Vm336bs9rqrurHySM97kiA，最后访问日期：2021年11月14日。

托的信托公司会同资产管理公司发行信托受益权份额，将受益权份额分配给债权人进行清偿①。关于受益人大会的表决，重整计划规定，受益人大会的一般事项须经出席受益人大会的债权人所持表决份额过半数通过，受益人大会的特殊重大事项须经受益人大会的债权人所持表决份额的三分之二以上表决权表决通过（见图1）②。

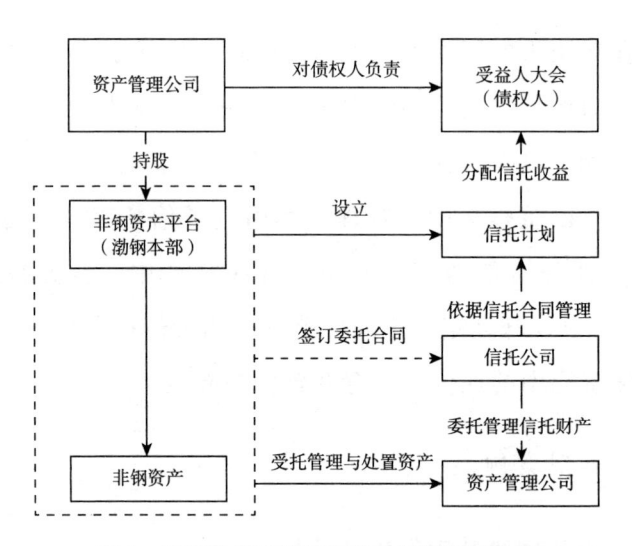

图 1　渤钢集团重整服务类财产权信托架构

---

① 参见天津市第二中级人民法院，（2018）津 02 破 11~45 号之一民事裁定书之附件"渤钢系企业重整计划"。
② 一般事项主要包括：审议批准管理委员会的工作报告；审议批准信托计划年度财务预算方案、决算方案；聘用、解聘承办信托计划审计业务的会计师事务所；信托计划文件约定需要经受益人大会所持表决份额二分之一以上通过，重大事项须经受益人大会的债权人所持表决份额三分之二以上表决权表决通过。特殊重大事项主要包括：制定和修改受益人大会章程；决定信托计划期限的延长或终止；选举和更换管理委员会委员，决定有关管理委员会委员（含秘书处）的报酬事项；决定更换信托公司；决定聘任、解聘运营顾问机构成员；决定调整信托公司和运营顾问机构的报酬标准与激励计划；决定信托财产的管理与处置方案；决定信托计划收益分配方案；信托计划文件约定需要经受益人大会所持表决份额三分之二以上通过的其他事项。参见天津市第二中级人民法院（2018）津 02 破 11~45 号之一民事裁定书之附件"渤钢系企业重整计划"。

从信托财产类型看，为引进产业投资人，破产企业的财产被迫进行了区分和剥离，非主业资产全部被放在了非钢资产平台。这些资产既包括运营类资产，也包括设备、应收账款等实物资产。当这些"非钢资产"被打包为"信托财产"交付受托人之后，受托人负责依据信托合同处置资产，具有较大的处置权力。

从受益人规模和特定性看，在渤钢案件中仍然存在小部分未申报的债权人以及管理人未掌握的债权人，因未履行申报手续没有成为"信托受益人"，而无法获得清偿，相应也无法享有受益人权利，这部分债权人利益的保护在"监督"上存在缺位。

从信托的公众性看，在渤钢案件中，普通债权人规模较大，分布在全国各地，重整计划制定直接影响到"公众"利益的保护。管理人在信托受益权安排中，考虑了小债权人的利益，并对这部分债权人利益进行了预先安排，防止不稳定事件的发生，这就使这类"信托计划"具备了一定的"公共利益"特征。

综上，渤钢集团重整计划设计的信托架构，作为国内较早出现的破产重整财产权信托，具有较强的创新性。信托中的相关内容，从信托财产范围确定、信托受益权份额的分配以及债权人利益保护看，均有别于传统的"融资类信托"和"投资类信托"架构。

（2）方正集团重整中的信托架构

在方正集团重整案中，管理人将破产财产划分为保留资产与待处置资产，其中保留资产为资产处置的重点，分为战略投资人意向投资的主业财产和联合投资人意向投资的财产；而待处置资产因短期内无法处置变现且可能存在大量难以解决的历史遗留问题[①]，而被

[①] 李曙光：《北大方正集团重整打造企业集团重整的新模式》，破产法快讯，2021年5月13日发布，https://mp.weixin.qq.com/s/plGOTvGdJfu_Yex173D77w，最后访问日期：2021年11月14日。

作为信托财产与破产主体方正集团100%股权一起，委托给信托公司设立他益财产权信托。普通债权人成立受益人大会分别作为受益人以其未获清偿的债权按比例获得信托受益权份额清偿，但是该部分未被计入清偿率中（见图2）。

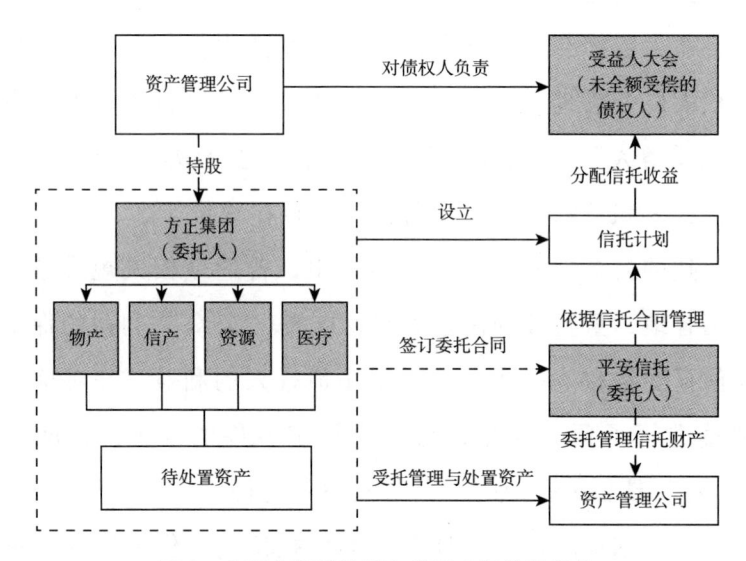

图2 方正集团重整服务类财产权信托架构

根据公开信息，方正集团重整中采用的信托架构与渤钢集团重整案件类似，但区别如下。第一，信托受益权份额的分配不计入清偿率；第二，相关信托财产均为难以处置、变现、追回，甚至是已经计提损失的应收账款等低质财产；第三，信托财产中基本没有经营性资产和具有显著单独处置价值的股权类资产。

总体来看，由于信托财产低质、信托份额非主要偿债内容等特点，受托人在资产处置过程中处置压力更小，受益人对受托人的监督压力也更小。在这种情况下，由于信托财产处置收回的收益对于债权人而言更像是"意外受伤"，这就使重整管理人更容易实现

"勤勉尽责"的注意标准，受托信托公司也更容易保障"信义义务"的履行。

(3) 海航集团重整中的信托架构

在海航集团重整案中，由于企业体量过大，实质合并范围企业较多，难以对有财产担保债权人和普通债权人提供较高比例的现金清偿。因此，在重整计划中，管理人将信托计划发起人持有的持股平台公司100%的股权以及发起人对业务板块享有的应收账款作为信托财产，发起成立信托计划，并针对信托受益权份额进行了分层处理。信托计划成立，321家实质合并破产重整公司的全部资产均被包含在内[①]。有财产担保债权人取得信托受益权优先份额，普通债权人取得信托受益权普通份额。债权人成为信托受益人后，即享有321家公司整体财产利益，可以分享重整后相关企业的运营及处置收益，其中特定资产处置获得的特定收益优先，排他性向对应的优先类信托受益人分配，非特定资产处置获得的非特定收益由优先信托份额受益人与普通信托份额受益人按比例进行分配。在表决机制上，受益人大会的一般决议事项须经出席会议的受益人所持表决份额过半数通过，特殊重大事项须经出席会议的受益人所持表决份额三分之二以上通过。受益人大会决议事项的范围以重整计划草案规定为准[②](见图3)。

相较于渤钢集团和方正集团重整案，海航集团重整信托所囊括的"信托财产"范围是史无前例的，甚至未来都难以出现如此大规

[①] 需要注意，海航集团重整案件的特殊性在于，该集团资产规模较大，短期内难以处置，所以相对于方正集团的小规模资产被纳入信托，海航集团的大规模资产都被纳入信托，并且还将有财产担保债权人作为信托受益权人置入信托受益人大会中。这种架构使得债权人更需要一个专业的第三方信托监察人，监督资产管理公司的资产处置和债务清偿。

[②] 参见海南省高级人民法院（2021）琼破1~40号民事裁定书，附《海航集团有限公司等三百二十一家公司实质合并重整案重整计划（草案）摘要版》。

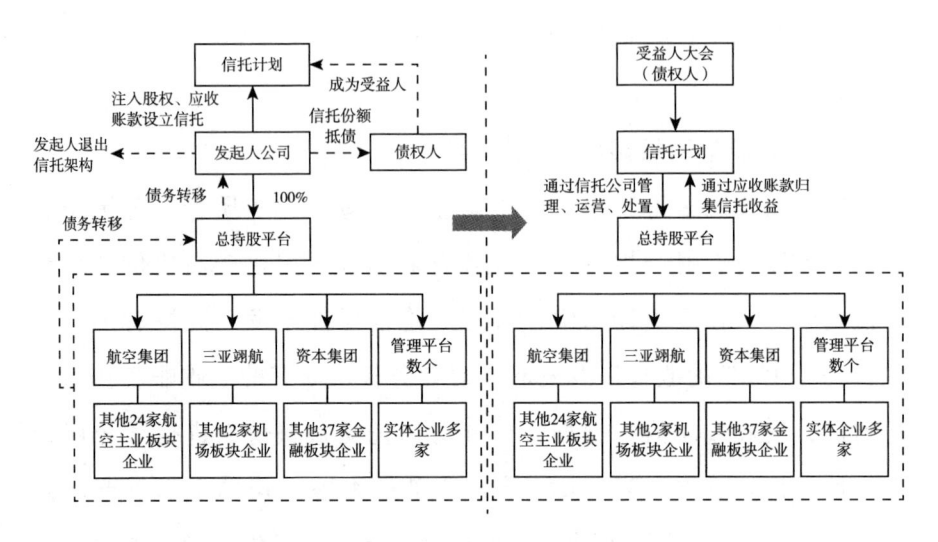

图3 海航集团重整服务类财产权信托架构

模信托财产。几乎所有的破产财产都被纳入信托用于债务清偿。在传统案件中，有财产担保债权人的债权大多会通过资产处置回流现金进行清偿，少部分情况下通过以股抵债、以资产抵债也能实现全额清偿，但是海航案件中，有财产担保债权人都无法直接获得现金清偿，而只能通过优先级的"信托受益人"地位实现清偿目的。海航集团的特殊资产在于，一般的信托财产都是容易管理和变现的权益类资产，催收、诉讼、转让等手段基本能实现处置目的，基本不会囊括需要专业经营管理的经营类资产；海航案件中，大量经营类资产被纳入信托财产，且不说资产处置的问题，这些财产"是否适合由信托管理"都存在争议，即使通过委托管理、保留专业团队等方式能够达到边经营边处置的效果，信托受托人作为"名义财产所有权人"如何才算勤勉尽责履行资产处置义务存在不确定性。

（二）法律架构

从法律架构来看，服务类财产权信托最为核心的组成部分为信托公司（受托人）、破产企业（委托人）以及信托份额持有人（债权人）。通过观察大型企业集团重整案件的信托模式，可以将这类信托定性为"服务类财产权信托"，属于私益信托的一种。

第一，该类信托提出，需要受托人提供"开户、建账、会计、财产保管登记、交易、执行监督、信息披露等托管运营服务"，因而一般认为属于服务类信托[1]。第二，此类信托有别于表决权信托、知识产权信托等形式，是以破产企业的破产财产作为信托财产设立的信托关系，存在财产的交付与所有权转移，所以可以被认定为财产权信托。第三，这类信托符合"他益信托"中委托人与受益人分离的标准。一方面，其设立目的是为第三方设立，信托利益均归属于受益人[2]；另一方面，其受益人是独立于委托人的第三人，因此这类信托也被称为"他益信托"。第四，此类信托的设立目的和受益人有别于"公益信托"，但是由于受益人范围过于广泛却具备"公益特征"，尽管在定性上其更像是"私益信托"，但是从受托人确定性和是否涉及公共利益的角度，这里信托也具备公益信托的部分标准。

关于服务类财产权信托架构，设立流程如下：当重整计划表决通过且经过法院裁定批准后，破产重整企业的原始权益清零。该企业将作为信托委托人，将其持有的所有未处置资产作为"信托财产"，转移交付给信托公司设立信托计划，信托公司作为受托人又将财产管理、处置等工作委托给具有处置、清收职能的资产管理公司进行清理。为便于资产管理公司处置资产，破产重整企业的100%股权也一并由资产管理公司持有，这一并解决了"谁来当破产企业股东"的问题。信托公司通过发行信托受益权凭证，由债权人以其持

---

[1] 参见周萍《服务信托的内涵和发展空间》，载《当代金融家》2019年第12期。
[2] 参见赵廉慧《作为民法特别法的信托法》，载《环球法律评论》2021年第43期。

有的对破产企业的债权"形式认购",与信托公司签订"财产权信托计划信托受益权转让协议",获取信托受益人地位[①]。

(三) 制度现状

目前,我国规制服务类财产权信托的主要法律规范是《信托法》《信托公司管理办法》以及《民法典》关于合同的法律规定。我国现行《信托法》相对落后,全文共七章,其中第三章"信托财产"和第四章"信托当事人"对信托中的委托人、受托人和受益人的基本权利义务进行了规定,第六章就公益信托进行专门规定,并明确提出信托监察人的概念。根据《信托法》规定,"为了救济贫困、救助灾民、扶助残疾人,发展教育、科技、文化、艺术、体育事业,发展医疗卫生事业,发展环境保护事业,维护生态环境以及发展其他社会公益事业等公共利益目的而设立的信托属于公益信托","公共利益目的"是决定信托性质的一项关键判断标准。法律还规定"公益信托应当设置信托监察人。信托监察人由信托文件规定。信托文件未规定的,由公益事业管理机构指定"。公益信托受到信托监察人的独立监督。

整体来看,现行信托法缺乏针对私益信托中受托人的专门性规定,相关规定较为滞后[②]。作为行政规范的《信托公司管理办法》则更多是从行政规制的角度规范信托公司的日常经营,虽然相关规定对《信托法》有补充作用,但仍然难以满足规制企业重整服务类信托这种新型信托架构的实践需求。

由于服务类财产权信托的私益性质较为突出,《信托法》的规制

[①] 参见天津市第二中级人民法院(2018)津02破11~45号之一民事裁定书之附件"渤钢系企业重整计划"。
[②] 参见余能斌、文杰《我国〈信托法〉内容缺陷管窥与补正思考》,载《法学》2002年第9期。

核心是"信托受托人"的义务。理论上讲，受托人义务，主要包括信义义务、公平义务、注意义务以及亲自管理义务[①]。如何保障受托人履行相关义务，是保障受益人合法权益的关键。

首先，信托公司的信义义务源于债权人对信托公司处置破产财产的业务能力和职业操守的信任，它在信托法律实践中以合同义务为核心，一般要求受托人应当以满足受益人最大利益处理信托事务，对受益人勤勉尽责、忠实守信，违反相关义务既可能承担合同上的违约责任，也可能承担法定的侵权责任[②]。在信托架构中，破产企业将待处置的破产财产全部交给信托公司，失去破产财产控制权；信托公司作为受托人提供专业的服务，享有对财产的全部控制权，甚至可以另外委托专业的资产管理公司受让信托财产以及对信托财产进行处置；这种情况下受托人可能滥用受托人权力，或者为自己谋利，这种信托架构下，监督人缺位，债权人作为受益人很难通过事先约定规避这种风险[③]。因此，就需要私法规则约束受托人的行为[④]。在重整案件实践中，即使相关信托计划以及重整计划没有明文规定信托公司违反信义义务的违约责任，信托公司仍然受到《信托法》的严格约束，包括不得侵害受益人权利、不得竞业、不得将信托财产与自身财产混同等[⑤]。

[①] 参见张敏《信托受托人的谨慎投资义务研究》，中国法制出版社，2011。
[②] 参见楼建波、姜雪莲《信义义务的法理研究——兼论大陆法系国家信托法与其他法律中信义义务规则的互动》，载《社会科学》2017年第1期。
[③] 赵廉慧：《信托法解释论》，中国法制出版社，2015，第78~135页。
[④] 在这类信托文件中，一般会提前说明信托公司会定期披露信托计划的运作情况以及信托计划日常运作产生重大影响的决策情况，以此作为保障受益人大会知情权的措施。
[⑤] 《信托法》规定，"受托人应当遵守信托文件的规定，为受益人的最大利益处理信托事务"。"受托人除依照本法规定取得报酬外，不得利用信托财产为自己谋取利益。受托人违反前款规定，利用信托财产为自己谋取利益的，所得利益归入信托财产。""受托人不得将信托财产转为其固有财产。受托人将信托财产转为其固有财产的，必须恢复该信托财产的原状；造成信托财产损失的，应当承担赔偿责任。""受托人不得将其固有财产与信托财产进行交易或者将不同委托人的信托财产进行相互交易，但信托文件另有规定或者经委托人或者受益人同意，并以公平的市场价格进行交易的除外。"

但是谁来发现信托公司存在违反信义义务的行为，法律并没有作出安排。

受托人公平义务要求受托人在执行任务时，应公平对待每一个受益人的义务。受托人在处理信托事务时，特别是涉及如何处置作为信托财产的破产财产时，对于处置行为会导致哪些受益人获利、哪些受益人亏损，应公平对待，不得因受托人个人好恶或便宜行事而将损害或利益集中于部分受益人。在海航集团重整计划中，有财产担保债权人和普通债权人持有的信托受益份额优先级存在差异，这意味着当信托公司及其委托的资产管理公司处置相关破产财产时，不能为了有财产担保债权人的利益，而损害普通债权人的权益，如果违反则要承担法定的侵权责任。

注意义务要求受托人应当本着实现信托目的及受益人利益最大化的目标，以委托人的特别信赖关系为基础，在履行信托责任、处理信托事务、管理信托财产时尽到相当高程度的注意义务。在司法实践中，信托公司的注意义务标准包括切身标准、中等标准、中等纯粹标准、宣誓标准和专业标准，目前暂时没有出现重整案件相关的委托人或者受益人大会起诉信托受托人违反注意义务的案例，但如何监督受托人履行注意义务是值得讨论的问题。

亲自管理义务又称自己管理义务，是指受托人应以自己的行为亲自管理信托事务，不得随意转交他人代为处理。《信托法》规定，受托人应当自己处理信托事务，但信托文件另有规定或者有不得已事由的，可以委托他人代为处理。受托人依法将信托事务委托他人代理的，应当对他人处理信托事务的行为承担责任。随着重整案件的频繁出现，有越来越多的重整服务类财产权信托开始采用受托人委托资产管理公司处置资产的案例，这是否违反受托人的亲自管理义务，信托公司是否有"通道"的嫌疑，如何监督此类行为保护债权人利益，都是值得讨论的问题[1]。

三 设立信托监察人制度的理论基础和现实分析

（一）理论分析：信托监察人制度的适用界限可以拓展

1. 制度起源

信托监察人制度最早起源于英美法系，适用于慈善信托领域，其作用是通过第三方信托监察人监督离岸信托中，受托人使用信托财产的行为，防止受托人违背信义义务侵害受益人权益。在英国，信托监察人制度经历了从"公益委员会"监督到"信托监察人"监督的演变过程。美国也是在2000年才将信托人监察制度纳入《统一信托法典》。在大陆法系，日韩等国通过引进英美法系慈善信托的立法创制[2]，纷纷在本国信托法的公益信托章节引入信托监察人制度，用以弥补大陆法系中双重所有权制衡体系的缺失[3]。

在英美法系，名义所有权人与利益所有权人可以分离，信托财产同时受到普通法和衡平法的双重调整，双重调整意味着信托财产会出现两类财产权。受托人只是名义上的所有权人，而受益人才是实际意义上的所有权人。在信托实践中，当普通法无法实现

---

[1] 在信托计划中，一般会约定信托公司承担事务管理职责，即受托人在信托计划项下仅负责执行受益人大会和受益人常务委员会的有效决议，进行日常账户管理，制订信托计划年度财务预算和决算方案，制订信托计划的分配方案，出具各类提交受益人大会或受益人常务委员会审议的议案，提供或出具必要文件以配合管理信托财产等事务。

[2] 参见乔博娟、刘佳《我国公益信托监察人制度的移植审思与制度安排》，载《重庆社会科学》2019年第1期，第73~81页。

[3] 参见文晓芳《我国〈信托法〉信托监察人制度之补正思考》，载《时代金融》2008年第6期，第103~104页。

正义时，衡平法法院可以对此进行干涉制衡。但是大陆法系不同，大陆法系"一物一权"的思想以及"名义与利益"不得分离的原则，使得信托受托人作为"物权人"具有远高于受益人的地位，因此，就需要引入专门的外部机构，制约受托人，保护受益人权利。此外，信托的目的就是为实现受益人权益最大化，当信托受益人不确定时，受益人无法对受托人进行监督，因此就需要外部监督人进行制约[①]。

关于信托监督人制度，无论是英美法系还是大陆法系均允许私益信托设立信托监察人。例如，日本、韩国、美国等明确规定公益信托和私益信托均可由信托当事人自主申请选任，只是美国强制公益信托设置信托监察人。只有中国仅规定公益信托必须设立信托监察人，而没有对私益信托能否设立信托监察人作出规定。

2. 信托监察人与信托受益人

我国的信托监察人制度作为舶来品，具有能够平衡受托人与受益人利益的制度特性[②]。目前，关于信托监察人与信托受益人的关系，理论界仍存在争议。在大陆法系，台湾地区信托法规定信托受益人负担信托监察人的费用，因此有学者认为，在法律解释上，信托监察人与信托受益人之间类似于民法上的委任，因此可以类推适用民法上的"委任"[③]。在中国，现行《信托法》立法仅在公益信托领域规定了信托监察人，规定信托监察人可以"由信托文件规定"，

[①] 参见张淳《〈中华人民共和国信托法〉中的创造性规定及其评析》，载《法律科学》2002年第2期，第110~120页。
[②] 参见雷宏《信托监察人制度研究》，知识产权出版社，2011，第85~91页。
[③] 参见赖源河、王志诚《现代信托法论》，中国政法大学出版社，2002，第173页。台湾民法存在"委任"，但《民法典》没有规定委任。"委任"的观点在一定程度上可以解决信托监察人的权力来源问题，但难以解释谁是"委托人"的问题，因此存在一定争议。

"如果信托文件未规定的，则由公益事业管理机构指定"①，"信托监察人有权以自己的名义，为维护受益人的利益，提起诉讼或者实施其他法律行为"，但并没有规定私益信托中是否可以设立信托监察人。此外，现行信托法也没有明确"信托受托人、信托委托人与信托监察人之间的关系"，关于立法者仅在公益信托中强制规定信托监察人的问题，原因是"为了保护社会公众利益、保障公益信托的信托目的能够顺利实现"，并且"公益信托中的受益人存在不确定性，强制要求设立信托监察人有利于保护受益人"。但是，近年来，越来越多私益信托出现了"信托受益人不确定"的情况，私益信托能否设立信托受益人，是否有必要明确规定信托受益人制度等问题，也引发诸多讨论。例如，有观点认为，"虽然我国信托法没有明确规定可以设立监察人，但依信托的性质，一项私益信托在受益人尚不存在、不确定的情况下，是否设立信托监察人，可由委托人自主决定"②。还有观点明确提出，我国应当"建立统一的信托监察人制度，以全面保护受益人的利益"③。

本文认为，在商事领域，"法无规定即自由"。现阶段，私益信托的委托人有权通过意思自治约定"类信托监察人"规则，参照公益信托中信托监察人制度约定的相关规则，只要不违反法律及行政法规的强制新规定，就具有效力，对受托人、受益人均具有约束效力。以破产重整服务类信托为例，破产程序中的委托人往往是破产企业，破产企业关于资产处置的重大决策权已经转移给破产重整管

---

① 《信托法》第64条规定，公益信托应当设置信托监察人。信托监察人由信托文件规定。信托文件未规定的，由公益事业管理机构指定。
② 全国人大信托法起草工作组：《中华人民共和国信托法释义》，中国金融出版社，2001，第155页。
③ 参见张淳《〈中华人民共和国信托法〉中的创造性规定及其评析》，载《法律科学》2002年第2期。

理人和债权人委员会,基于该类信托私益信托的特性以及"意思自治"原则,可以认为重整管理人具有信托监察人的设立权,但是否行使该权力属于"重整管理人"的权力,即使重整管理人未要求信托计划中设立信托监察人,也不构成违反"勤勉尽责"义务。未来,宜通过信托法体系修改,将信托监察人制度普遍适用于各类信托,并针对私益信托中信托监察人的选任、权利、义务、费用等内容进行指引性规定,从而进一步保护受益人权益,防范道德风险、减轻受益人和委托人的监督责任。

3. 信托监察人制度的本土化

信托监察人制度在引入我国之后,仅适用于公益信托,未见私益信托设立信托监察人的案例。但随着大量重整服务类财产权信托的出现,"私益信托"与"公益信托"的边界开始模糊,大量的债权人因信托份额清偿而从"债权人"转化为"投资人",公众特征明显;此外,部分未申报债权的权利人因无法成为"信托受益人"而无法履行监督权,自力监督缺位。

从权利特性看,重整案件中的信托受益人有别于既往专业的信托投资人能够较好地行使监督职能,仅被动成为受益人而意志被授权给"受益人大会委员会",其权利根本无法得到保障。受托人在针对破产财产进行处置时,如何处置、处置给谁、以何种价格处置、是否存在关联交易、是否最大化债权人利益,基本无从得知,信托计划中约定的条款往往也是由债务人会同管理人、信托受托人一同起草,有多少信托义务被以具体化的措施约定在信托合同中,同时规定违约责任基本不得而知。

随着这类破产重整信托计划的执行,未来假如出现受托人履职不到位的情况,谁来发现这个问题、如何发现这个问题都需要提前应对。因此，本土化后的信托监察人制度已经不能仅局限于公益信托，私益信托也应当同样适用，并且特别鼓励重整服务类财产权信托计划中设立信托监察人。

（二）现实分析：引入信托监察人制度具有必要性

1. 受益人监督虚位现象的存在

尽管信托公司受到多重信托义务的约束，但是在重整服务类财产权信托实践中，受益人监督虚位现象普遍存在。原因在于，在现有结构中，受托人主要是依靠受益人大会进行监督，信托公司是否适格履行了信托义务，是否侵犯了债权人利益，只能依靠受益人自身的监督机制。而信托受益人大会作为代表债权人的唯一的监督机构，与重整程序中的"债权人大会"有共性特征，"搭便车"现象严重。毕竟在重整程序中，债权人大会由法院和破产管理人组织，相关程序有管理人推进和协调；当重整程序终结后，信托计划执行期间，仅剩下债权人作为受益人，具体谁来监督、如何监督、有何标准，根本无从确认[①]。

此外，企业集团重整的典型特征就是债权人数量巨大，资产处置专业性强，这就容易导致受益权份额持有人大会难以有效召开，受益人委员会可能无法充分知悉受托人和资产管理公司处置资产的内部信息，这就容易导致其权益受到损害。更何况，绝大多数债权人都存在"搭便车"心理，除了少数专业的债权人外，大多数"搭便车"的债权人在成为受益人之后，能否主动履行信托受益人的监

[①] 需要注意，在此背景下，信托监察人的重要地位凸显，由于信托监察人是受益权及信托利益的管理权人，通过信托文件授权后，一般而言，除了信托利益以外，凡是受益人基于受益权所享有的权利，理论上信托监察人都可以享有。信托监察人可以以自己的名义为受益人行使其权利，具备更主动的监督空间。

督义务，值得深思。

2. 保护债权人的客观需要

《信托法》立法之初，立法者无法预设到信托制度竟然能如此深入地影响企业纾困，甚至影响债权人权益的保护，因此当时仅对公益信托设计了信托监察人制度，并且规定信托监察人由信托文件规定。信托文件未规定的，由公益事业管理机构指定。信托监察人有权以自己的名义，为维护受益人的利益，提起诉讼或者实施其他法律行为。受托人应当至少每年一次作出信托事务处理情况及财产状况报告，经信托监察人认可后，报公益事业管理机构核准，并由受托人予以公告。

至于为何没有规定私益信托的信托监察人制度，是因为当时立法者[①]认为信托成立时受益人明确，受益人有动力通过自力监督，督促受托人履行信托义务，因此适宜留下意思自治的空间，不需要设定第三方信托监察人制度，而"公益信托的受益人难以监督信托运营，所以需要在公益信托中设置信托监察人"。

近年来，随着大量企业集团重整案件的出现，重整服务类财产权信托应运而生，这类信托开始出现了公益信托的一些特征——这使得其本身的性质存在模糊，因为超大型企业集团的重整案件同样可能存在受益人不明确的情形——部分债权人未申报债权，但信托计划仍会为其余留信托份额，这部分人如何监督信托受托人存在问题。并且，区别于以往为了"商事目的"而设立的信托架构，这类信托架构中受益人都是债权人，他们是相对被动地成为受益人，对于以"搭便车"为主的"债权人"成立的受益人大会，其对外部监

[①] 参见全国人大常委会法工委编、卞耀武主编《中华人民共和国信托法释义》，法律出版社，2002，160页。

督的需求①显然比私益信托受益人的需求更高，因此更需要法律对外部监督进行安排。在此类信托中引入信托监察人制度，对保护债权人而言就变得尤为重要②。

3. 私益信托与公益信托边界的模糊

随着大量信托实践的发展，私益信托与公益信托的边界开始模糊。以企业集团重整服务类信托为例，这类私益信托往往离不开"公共权益保护的问题"，新型信托的出现使得《信托法》迫切需要回答"是否存在私益、公益混合类信托""如何认定重整服务类信托的法律性质""谁来保护未申报债权人的信托受益权"等一系列问题。在这个背景下，借鉴台湾地区的立法经验，回避私益信托与公益信托界限的争论，通过明确规定允许权利人在私益信托中约定信托监察人，参考企业集团重整服务类信托的客观需求，具有可行性和必要性。

4. 完善危困企业纾困制度的需要

完善危困企业纾困制度是平衡债权人与债务人权益，发挥好管理人和服务机构在企业拯救过程中专业化作用的重要保障③。随着越来越多的大型企业集团走向重整，信托将成为重要的纾困工具。在

---

① 需要注意，信托监督人本质上属于外部监督，信托监察人通过监督受托人，可以确保委托人意图的实现，同时它还可以代替委托人对信托财产进行控制。受益人本身专业知识欠缺、不容易发现受托人违约行为，如果按照事后救济的思路，成本较高，通过设置专业的信托监察人可以有效降低维权成本。此外，信托监察人在重整服务类信托中还有更加独特的作用，如可以作为受托人与受益人之间的联络员，充当中间人或仲裁人的角色，对信托事务中存在的纠纷或争议进行调解，维护和谐关系。

② 参见韩疆、王洋《论私益信托引入信托监察人制度的必要性及其实现途径——以证券投资基金为例》，《上海商学院学报》2017年第18期，第27~33页。"问题在于，即使是《信托法》规定的公益信托监察人，也存在一系列问题，如信托监察人制度规定的单薄化、缺乏监察人的构成及其议事规则、缺乏监察人义务与责任方面的规范。"

③ 李曙光：《困境企业重整拯救的政策考量》，破产法快讯，2020年9月27日发布，https://mp.weixin.qq.com/s/y3ilHRLlLpdLDnw5BMnROg，最后访问日期：2021年11月14日。

此背景下，推动《企业破产法》与《信托法》良性衔接，有利于危困企业纾困制度的完善。随着信托实践的不断探索和丰富，《信托法》已经与《企业破产法》有越来越密切的联系，《企业破产法》在修改过程中需要考虑与《信托法》《民法典》等其他法律规范的衔接，《信托法》等法律的修订，也需要考虑多部门法联动的问题。通过在《信托法》制度下设立针对私益信托的信托监察人制度，能够有效推动企业纾困制度的完善。正如李曙光教授提出的，应当广泛运用多种企业拯救方式，完善相关法律规定，推进困境企业的拯救，从而防范系统性金融风险[①]。

（三）小结：信托监察人制度有利于重整服务信托的发展

综上所述，信托监察人制度起源于英美法系，之后被大陆法系中的日韩等国家吸收，目前已经被我国本土化。世界各国的信托监察人制度均可适用于私益信托，区别在于各国是否强制在公益信托中设立信托监察人。随着私益信托的不断发展，重整服务类财产权信托的出现使得信托监察人变得更加重要，无论是从理论分析还是从现实风险看，在重整服务类财产权信托计划中，设置信托监察人对于平衡受托人与受益人关系、保护债权人合法权益、完善企业纾困制度，均具有积极意义。

四 引入信托监察人制度的实现途径

承前所述，健全信托监察人制度，将信托监察人制度引入私益

[①] 李曙光：《不良资产处置的战略机遇与制度建设》，破产法快讯，2019年12月24日发布，https://mp.weixin.qq.com/s/PLRy2tF1XiLrH1sXVcPX0Q，最后访问日期：2021年11月14日。

信托，并针对重整服务类财产权信托进行专门规定，有利于债权人的保护和避免信托在企业重整中的滥用。目前，我国可以首先鼓励重整服务信托中设立"类信托监察人"，然后通过企业重整实践不断丰富信托监察人制度的内涵，再逐渐将"信托监察人"制度纳入私益信托制度中，通过立法指导私益信托监察人设立实践，之后针对不同类型的企业集团重整案件探索不同口径的"信托监察人"设立标准，构建起"受益人自力监督"与"他力监督"的双重监督体系，最终实现《信托法》与《企业破产法》有效联动。

(一) 自力构建

正如赵廉慧教授[①]认为的，信托法律关系属于私法领域，按照"法无禁止即自由"的法律原则，债权人、信托公司以及破产企业完全可以通过约定的方式，在相关条款中增设"监察人"角色。

由于现行《信托法》没有明文规定允许重整服务类财产权信托，相关规定没有禁止私益信托的信托计划设立信托监察人角色，所以可以考虑通过意思自治，在文件中自行约定信托监察人，但不直接采用"信托监察人"的概念，至于"信托监察人的选任、职权、义务、辞任、解任、任职资格等"[②]，可以通过破产重整程序由重整管理人提出专项报告，并报请"债权人大会"进行讨论及表决，从而解决权利来源的问题。如果债权人大会认为没有必要委托信托监察人，则重整管理人已经可以视为勤勉尽责，尽到了说明和提示义务；如果债权人同意设立信托监察人，则可以就相关选任程序和标准进行讨论，最终商议出候选监察人，在信托计划中进行安排。

---

① 赵廉慧：《信托法解释论》，中国法制出版社，2015，第488~491页。
② 参见徐卫《信托监督多元化构造的法律分析》，载《厦门大学法律评论》2008年第1期，第58~91页。

关于信托监察人条款的约定，可以由破产企业作为信托委托人与信托受托人、信托监察人、受益人四方签订信托监察人委托协议，参照《保险资金间接投资基础设施项目试点管理办法》[①]，约定信托监察人的委托人为"受益人"，但信托监察人是以自己的名义从事监察工作。信托监察人根据信托文件中的委托权限，以及受益人常务会议的决定，履行报告义务等。关于法院的地位，由于在重整程序终结之前，法院仍然有较高的参与度，未来法院可以出台相关指引，规定当"重整管理人未提请债权人大会设立信托监察人时，其他利害关系人可以向法院提起申请，法院根据债权人意见依职权选任，但不可由法院未经申请直接选任"[②]。

关于信托监察人的选任标准，债权人需要特别注意专业性问题。有别于传统的融资类信托和投资类信托，重整程序中的信托财产更加复杂，财产的处置具有较强的专业性。比如，被纳入信托计划的破产财产一般包括难以收回的"应收账款"、难以处置的"不动产"、极易贬值的"机器设备"，在受托人委托的资产管理公司处置这类资产时，什么标准属于"勤勉尽责"，什么标准属于"忠实诚信"，都缺乏文件的明确规定；同时，重整服务类信托计划的执行十分考验资产管理公司的资源整合能力，什么情况下的资产整合与混同行为属于对债权人利益最大化，什么程度的资产处置属于资产管理公司"尽其所能"，也没有先例可循。这就意味着，各方在选择"信托监察人"时，需要考虑监察人候选人的资格问题，从实践来

[①] 在保险金信托中，信托监察人的委托人为受益人，重整服务类财产权信托也可以参照。根据《保险资金间接投资基础设施项目试点管理办法》第59条的规定："是……由受益人聘请，为维护受益人利益，对受托人管理投资计划和项目方具体运营情况进行监督的专业管理机构。"

[②] 参见李清宇《我国信托管理人制度完善的法律思考》，载《暨南学报》（哲学社会科学版）2015年第7期。

看，专门从事企业拯救与投资的中介机构明显要比普通的财务顾问能够更好地履行监督职责①。

(二) 立法设计

通过鼓励重整服务类信托自行设置"信托监察人"角色，能够在短期内解决市场上第三方监督缺位问题，但是从长期来看，将信托监察人制度明确在《信托法》的私益信托章节，同时通过出台司法解释以及政策文件，对不同企业集团重整中采用信托受益权清偿的案件，设置不同程度要求的信托监察人选任标准，才能够公平保护所有的债权人，才能构建起完善的企业纾困机制。在未来立法中，可以从三个方面针对信托监察人制度进行安排。

第一，在《信托法》体例安排上，参考台湾地区的相关制度，将信托监察人制度设立专章，并将其适用范围拓展至私益信托②。同时，借鉴美国的"统一强制模式"，仅强制公益信托设立信托监察人，对于私益信托是否设置信托监察人设定为任意性规范。同时，在信托监察人章节明确信托监察人的基本条件、选任情形和选任范围③，并将选任范围留下一定空间，为重整程序进一步确定信托监察人的入选标准提供法律支持。还需要明确信托监察人的具体权利和义务，规定信托监察人具有知情权、异议权、报酬请求权、撤销请

---

① 以海航集团重整案件为例，该案件中实质合并重整范围内的全部企业都被纳入信托财产，设立信托。在这一情况下，任何一位债权人都没有任何能力监督受托人处置破产财产，当其取得信托受益权份额，成为受益人之后，其监督权则会"名存实亡"，根本无法客观实现。这就使得同时精通法律、财务、运营、管理等多领域知识的专业团队成为客观需求，作为信托监察人帮助监督受托人处置资产。
② 参见梁汪洋、年珂《我国信托监察人制度的解构与检讨》，载《民商法争鸣》2020年第2期，第118~129页。
③ 参见徐卫《信托监督多元化构造的法律分析》，载《厦门大学法律评论》2008年第1期，第58~91页。

求权、代为诉讼权等权利，并且说明相关权利与信托受益人基本权利间的关系，对信托监察人的基本义务进行设定，要求信托监察人忠实于受益人，以维护受益人合法权益为中心[①]。如果允许多个监察人，需要明确监察人的议事规则，可以参照监事会就相关组织规则进行规定。

第二，在《信托法》与《企业破产法》的衔接上，一方面，需要考虑未来"信托监察人"在破产重整信托领域的选任标准、选任规范、选任流程以及选任条件。未来可以借鉴破产管理人名册的模式，对于专业的中介机构，允许其纳入法院或者政府公布的"信托监察人"资格名册，从而降低债权人的甄别标准。另一方面，需要考虑《信托法》的"私益信托"架构与《企业破产法》中偿债方式的衔接，尤其是"信托受益权"在《信托法》《民法典》《企业破产法》中的联动规定[②]。例如，可以考虑在《信托法》及其规范体系中规定信托受益权流转的内容，在《企业破产法》中赋予信托受益权清偿以适格清偿方式的法律地位，除此之外，还应当考虑企业拯救机构与信托监察人的关系，探索企业拯救专门机构职能的多元化。例如，未来由政府成立的企业拯救机构作为法定的破产重整信托监察人，参与信托计划执行监督，从而达到行政监管与市场监督的双重效力。

第三，在《企业破产法》的完善上，一方面，需要考虑未来在设置企业纾困方式时如何尽可能与信托架构对接，如重整、预重整[③]、

[①] 参见文晓芳《我国〈信托法〉信托监察人制度之补正思考》，载《时代金融》2008年第6期，第103~104页。

[②] 参见王欣新《〈民法典〉与破产法的衔接与协调》，载《山西大学学报》（哲学社会科学版）2021年第44期，第105~114页。

[③] 需要注意的是，预重整程序相较于实质合并重整程序使用信托受益权清偿的可能性不大，但是未来不排除预重整程序制度化以后，为信托架构的适用留下空间。

实质合并重整、程序合并重整、破产和解等形式的企业纾困中，信托架构将以何种形式参与，《企业破产法》是否需要作出留白；另一方面，需要考虑《企业破产法》中关于债权清偿的规定，如何与信托受益权清偿对接，如何评价信托受益权清偿这种新的偿债形式，信托监察人能够起到何种辅助作用，是否可以通过信托监察人出具履职报告，来辅助检测受托人的履职效果。当然，在债权人保护章节中，也需要考虑是否设置相关条款，为信托监察人制度留下衔接空间。

五　余论

信托对于纾困企业集团具有重要意义，但是我国的信托法律制度相对滞后，难以解决企业集团破产重整实践中新型信托业态存在的问题。在重整服务类财产权信托中，受托人作为名义与实际的破产财产所有人，在资产处置上有巨大的权力，需要建立权力制约机制，促使受托人合理地行使权力，从而推进受托人为实现受益人利益最大化而处置资产。信托监察人制度作为重要的"他力监督"措施，对于债权人利益的保护具有重要意义，尽管我国短期内难以通过立法确立私益信托的信托监察人制度，但在实务中可以先鼓励重整服务信托设置"类信托监察人"角色，逐步进行探索和尝试，未来立法再确立私益信托监察人制度，最终构建起受益人与受托人之间"自力与他力"的双层监督体系，实现《信托法》与《企业破产法》的良性互动，为债权人保护与危困企业拯救提供制度支撑。

On the Structure of Trust Supervisor System in Service Property Trust
—From the Perspective of "Sale-Style Reorganization" of Enterprise Groups

Wang Zejun

Abstract: The introduction of service property trusts in corporate group reorganization cases is a financial innovation in the practice of corporate rescue in my country. In the practice of service-type property rights trust, the beneficiary meeting composed of creditors has a vacant position, lacks self-supervision, and seriously lacks other supervision for the trustee. How to test whether the trustee is faithful and trustworthy, who will supervise the trustee's diligence and responsibility, and whether it is necessary to introduce an external trust supervisor, these issues have research value. Based on theoretical analysis and practical analysis, this paper believes that the reorganization service property rights trust has "public welfare characteristics", and it is necessary to gradually design the terms of the trust supervisor in the reorganization service trust. Or a professional intermediary agency of the trustee of the beneficiary acts as a "quasi-trust supervisor", urging the trustee to be diligent and responsible in the process of asset disposal in its own name; in the future, legislation will be adopted to establish a supervisory system for private trusts, allowing the court to select and appoint according to the application of creditors. The trust supervisor finally builds a two-level supervision system between beneficiaries and trustees of "self-supervision and other-power supervision", provides institutional support for creditor protection and rescue of distressed enterprises, and realizes the benign interaction between the trust system and the reorganization system.

Key words: Enterprise Group; Bankruptcy Reorganization; Trust Plan; Trust Supervisor; Fiduciary Duty

【司法建设】

司法审判中的认知偏差

——由精神损害赔偿中的锚定效应切入

王蕙心[*]

摘 要：行为法律经济学主张在司法选择和决策的过程中存在诸多不理性行为，锚定效应作为行为法律经济学的经典理论，指的是人们在思考时会无意识地将先前选取的一些参考点作为"铁锚"的心理活动方式，该心理效应反映在司法环节则表现为法官司法裁判过程中会受到案外因素的无形干扰。在对Q市辖区内2019~2020年194份裁判文书检索、汇总、分析后发现，受权利价值模糊、法律依据不足等诸多因素影响，涉及精神损害赔偿的案件存在个案裁判金额差异明显的现象，伤残等级、地方文件建议赔偿标准、原告诉请赔偿金额作为三种锚点对最终裁判金额发挥锚定效应。而地方司法解释性质文件作为带有中国司法语境特色的隐性锚点，虽然几乎不在判决书中出现，却在无形中主导了法官判决的预期方向。为尽量减少锚定

---

[*] 王蕙心，中建八局新型建造工程有限公司，法务业务经理。

效应对法官审判精神损害赔偿案件的影响，可以通过提高法官释法说理水平、减少地方司法解释性质文件滥用、尝试开放地方高院的文件制发权、由国家立法机关进行统一立法或出台司法解释等方式填补司法漏洞。

关键词： 司法认知偏差　锚定效应　精神损害赔偿　地方司法解释性质文件。

一　导引

行为法律经济学崛起后，重点关注司法选择和决策中存在的司法认知偏见问题，其对经典法律经济学的许多主流观点提出了挑战。前者对经典法律经济学传统的理性经济人模型这一制度前提提出质疑，认为人们并非一贯按照理性效用最大化的传统决策模式思考和行动，在司法选择和决策的过程中，法官也可能存在诸多不理性行为。国内外关于司法认知偏差的诸多研究成果都曾指出，精神损害赔偿案件最终判赔金额受锚定效应的影响十分显著，法官的个人情感、心理预期、内心基准等主观因素都可能会无形中影响审判过程，最终表现为实际判决金额与原告主张诉求金额之间存在偏差。

精神损害赔偿作为研究司法定量行为的代表性行为之一，存在权利价值定价模糊、相关规范性文件效力不明、法律依据不足、地区间定价差异明显等诸多问题，因此成为从法学视角观察、研究锚定效应最合适的样本之一。同时，尽管与司法判决相关的心理学研究要素丰富，值得聚焦的议题也并不匮乏，但限于论文篇幅，本文仅就锚定效应一项非理性心理学因素对法官审判决策产生的相关影响进行基础研究。

为更好地分析我国司法审判环节锚定效应对精神损害赔偿产生的潜在影响，本文立足我国精神损害赔偿的立法状况与司法实践情况，运用统计分析、回归分析等实证方法，关注锚定效应对司法审判人员产生的心理效用。其一，梳理我国主要省市有关精神损害赔偿标准后发现，目前针对精神损害赔偿尚未出台全国统一的建议赔偿细则和参照赔偿标准，而各地高院出台的指导意见及会议纪要等规范性文件规定又存在法律效力不明、不被允许在判决书中援引的客观限制，各地赔偿指导标准不一，严重阻碍同案同判的实现；其二，在对Q市辖区内法院近两年人身损害赔偿案件有关精神抚慰金判决情况进行分析后发现，不同法院对相似案件的裁判金额存在裁判结果不稳定、个案差异明显的现象，原告主张金额、受害者伤残等级与法院判决金额之间存在显著正相关关系。

观察和总结Q市法院人身损害赔偿案件裁判金额与其他变量的相关关系可以发现，确实存在影响法官判决的隐性锚点与显性锚点，其中地方司法解释性质文件作为带有中国司法语境特色的隐性锚点，虽然几乎不在判决书中出现，却在无形中主导了法官判决的预期方向。

最后，针对司法解释性质文件滥用现象，本文尝试提出三项针对性解决措施：其一，提高法官释法说理水平，减少地方司法解释性质文件滥用行为；其二，反向思考，尝试试点开放地方高院的文件制发权，同时加强监管和备案；其三，由国家立法机关进行统一立法或督促"两高"尽快出台司法解释，补足目前存在的法律漏洞。通过以上三项措施，力图实现精神损害赔偿案件赔偿标准的全国统一，进而实现司法公平与同案同判的法治目标。

二 精神损害赔偿的立法沿革与司法现状

不同的制度塑造不同的行为，尽管学界有关精神损害赔偿与锚定效应的交叉研究各具特色，但考虑到不同的国家及地区关于精神抚慰金的具体法律和政策存在显著差异，研究结果也难免带有国别性等特性，我国的具体制度建构情况也无法与他国一概而论。因此，为更好地解决我国精神损害赔偿的现实问题，首先要了解精神损害赔偿的国内立法历史、不同地区的具体规定和特定地区的司法实践情况，作为观察和理解锚定效应与精神损害赔偿相关关系的立论支撑。同时，考虑到有关精神抚慰金的法律规定散见于不同的法律法规与地方规定，存在立法不充分、规定分散的情况，本文选取现存立法较为完备、司法实践中案件规模较大也更具代表性的人身损害赔偿案件，重点总结了有关精神损害赔偿的具体规定。

普通法法系国家的法官会参考判例降低犯错概率，而大陆法系国家的法官则依赖法律的具体规定为其裁判提供明确的指引方向。我国作为成文法国家，法官会优先考虑遵守法律法规和司法解释等正式法律渊源的明确指引，还会参照各地法院及地方政府出台的规范性文件和政府行政文件等。因此，为更好地掌握我国精神损害赔偿的具体情况，首先要了解我国有关精神损害赔偿的立法沿革和司法现状。

（一）立法沿革

我国法律正式提出对自然人精神损害的赔偿和保护，可以追溯到《民法通则》的有关法律条文，规定自然人的四种主要人格权受到侵害时受害者有权要求赔偿损失①。该规定具有开创先河的重要意义，是我国法律首次对精神损害赔偿加以规定，但内容简单、应用性不强，有待完善。首先，《民法通则》并没有直接阐明此类赔偿损失方式属于精神损害赔偿，而是以一种模糊隐晦的方式间接提出，立法措辞表述不明，难免会引起学术和实务上的误解和争议；其次，调整的对象相对有限，该条规定精神损害赔偿仅适用于有限的人格性权利，尚未延伸到一般人格权和身份权，更不要提自然人全部的人身性权利，使得该规定的调整范围局限性很大，施展空间不足②；最后，精神损害赔偿救济方式的具体实施性规定没有跟进，宣示性效果大于实质效果。随后，有关民事侵权中造成精神损害赔偿的司法解释③在吸取《民法通则》立法不完善、不成熟的经验后，结合审判实践需要，以司法解释的形式对民事侵权中的精神损害赔偿问题作了细致全面的补充性规定，实现了几点突破：其一，将精神损害赔偿权利范围扩展到全部的人格权和身份权，并将死者拥有的多种人格利益也纳入有权保护的范围；其二，首次规定具有人格象征意义的特定纪念物品被毁损的情形也可以请求精神损害赔偿，使得保护范围与国际认可和承认的权利客体范围相接轨；其三，首次提出"精神抚慰金"的概念，虽然这份司法解释对精神损害抚慰金辐射范围的划定与现在不同，如还将残疾、死亡赔偿金等财产性损害赔偿涵盖其中，但也具有一定的时代意义。将视线转到近年，2021年生效的《民法典》在维持对死亡及伤残赔偿金的相关定性不变的基础上，突破性规定公民就对方当事人的违约行为损害自己人格权

---

① 《民法通则》第120条规定：公民的姓名权、肖像权、名誉权、荣誉权受到侵害的，有权要求停止侵害，恢复名誉，消除影响，赔礼道歉，并可以要求赔偿损失。
② 杨立新：《最高人民法院〈关于确定民事侵权精神损害赔偿责任若干问题的解释〉释评》，载《法学家》2001年第5期，第50页。
③ 《最高人民法院关于确定民事侵权精神损害赔偿责任若干问题的解释》第9条。

的侵权行为也可以主张精神损害赔偿①，无论是立法的先进性和还是时代性都前进了一步。至此，目前我国现行法规定的可主张精神损害赔偿的违法行为可以总结为一般侵权行为、违约行为及故意或重大过失侵害具有人身意义的特定物三类民事法律行为。

尽管精神损害赔偿保护的范围不断延展和充实，但适用于全国范围的统一精神损害赔偿数额的明确标准迟迟没有出台，《民事侵权精神损害赔偿责任的解释》仅作了原则性规定：精神损害的赔偿数额根据侵权人过错程度、经济能力、获利情况、侵权情节、受诉法院所在地生活水平等因素综合决定。因此，各省份高院往往在遵循原则性规定的基础上分别制定、出台适用于地方的精神损害赔偿具体参考标准。

各省份高院出台的关于人身伤害精神损害赔偿的参考标准相差极大，在此以受害人死亡情形的规定为例，介绍几个省份的有关规定。安徽省高院指导意见②和福建省高院民一庭的解答③规定，为精神抚慰金的数额区间设置了上下限：5万元至8万元；江西省高院的指导意见④则为精神损害赔偿的最高限额设置了三级标准，分别为5万、10万、20万元；江苏省高院、公安厅规定，确定精神抚慰金一般不宜超过5万元⑤；云南省高院⑥则规定，精神抚慰金的赔偿数额一般不得超过5万元，情况特殊的不得超过10万元；北京市高院⑦规定，赔偿金数额一般不得超过北京市城镇职工上年平均工资的

---

① 《民法典》第996条、第1179条、第1183条。
② 《安徽省高级人民法院审理人身损害赔偿案件若干问题的指导意见》第25条。
③ 《福建省高级人民法院民事审判第一庭关于审理人身损害赔偿纠纷案件疑难问题的解答》。
④ 《江西省高级人民法院关于审理人身损害赔偿案件的指导意见（试行）》第22条。
⑤ 《江苏省高院、公安厅关于处理交通事故损害赔偿案件有关问题的指导意见》第28条。
⑥ 《云南省高级人民法院〈关于审理人身损害赔偿案件若干问题的会议纪要〉》第14条。
⑦ 《北京市高级人民法院关于印发〈关于审理人身伤害赔偿案件若干问题的处理意见〉的通知》第26条。

10倍；而山东省高院2001年出台的意见①规定，若侵害人为自然人，则最高赔付金额不超过5000元。赔付金额随着社会经济的发展和人民生活水平的提高同步增长，2011年召开的山东省民事审判工作会议纪要②提高了自然人侵权的赔偿标准：一般侵权判赔金额为1000~5000元，严重精神损害则为5000~10000元，但无论如何，山东省的地方性参考适用标准仍处于10000元及以下区间。

除以上省份的规定外，有几个省份地方法院对精神损害赔偿的法律性质认识不清。四川省高院指导意见③虽有意识地将人格权区分为精神性与物质性人格权利，但仍将精神抚慰金与死亡赔偿金混为一谈，精神抚慰金名存实亡；河南省高院④则将精神抚慰金可主张的条件限定为"侵害自然人健康权但未致残"，显然与目前的主流观点不符。四川省高院及河南省高院的问题主要是没能分清精神抚慰金与死亡赔偿金的区别及对精神损害赔付标准规定过于苛刻。就前者而言，精神抚慰金与死亡赔偿金的定性显然存在差异，死亡赔偿金是对受害人死亡结果的金钱等价赔偿⑤，也就是对受害人死亡导致财产性收入损失这一机会成本的对价填补，也是对相关权利人预期继承收入和生活教育支出的补偿，二者显然应该予以区分，不能混为一谈。就损害赔偿的标准而言，河南省的标准显然已与主流观点不符，前述种种确属目前法律层面未能很好监测到的"盲区"，具体问题不在此展开。

---

① 《山东省高级人民法院关于审理人身损害赔偿案件若干问题的意见》第85条。
② 《山东省高级人民法院关于印发全省民事审判工作会议纪要的通知（2011）》。
③ 《四川省高级人民法院贯彻执行最高人民法院〈关于确定民事侵权精神损害赔偿责任若干问题的解释〉的意见》第3条第1款。
④ 《河南省高级人民法院关于当前民事审判若干问题的指导意见》第30条。
⑤ 张新宝：《侵权责任法原理》，中国人民大学出版社，2005，第481页。

（二）司法现状——以 Q 市辖区法院人身损害赔偿案件为分析对象

为进一步发现并证实诉讼环境中不同诉讼要素对法官最终判决的精神损害赔偿数额的影响，本文将基于中国裁判文书网上各地法院上传的裁判文书统计数据进行初步的实证研究。裁判文书选择步骤如下：首先在网页高级搜索中全文检索"精神损害赔偿"，搜索关键词选择"人身损害赔偿"，地域及法院选择"Q 市中级人民法院"（含 Q 市辖区内的基层法院），裁判年份选定"2020 年"（包括 2020 年立案并判决的案件及 2019 年立案、隔年审判结束并上传判决书的案件）；共检索到 205 份一审、二审民事审判判决书，排除 11 份原告变更诉讼请求、原告未主张、判决书内容不明等原因产生的无效样本；最终筛选出 194 份民事判决书作为本文有效研究样本，其中 19 份是二审判决书（含一审判决结果），175 份是一审判决书，由 Q 市中级法院及基层法院作出，样本区域分布广、来源正规、可信度高。通过浏览上网公开的判决书全文并提取关键信息，以原告诉请抚慰金金额、受害者人身伤害程度（即伤残等级）、法官一审裁判金额、援引裁判依据四个主要指标进行整理和分析。样本一审裁判金额分布情况见表 1。

表 1 一审裁判金额分布

区间（千元人民币）	件数（件）	百分比（%）
0	33	17.0
0~1	2	1.0
1	56	28.9
1~2	3	1.5

续表

区间（千元人民币）	件数（件）	百分比（%）
2	25	13.0
2~3	2	1.0
3	14	7.2
4	3	1.5
5	14	7.2
5~10	5	2.6
10	24	12.4
10~100	13	6.7

（1）裁判金额

精神抚慰金一审判决金额在5000元及以下（含5000元）的为152件，约占样本总数的78%，5000~10000元（不含5000元，10000元）的为29件，约占样本总数的15%，二者相加约占全部样本的93%。由此可知，除造成重大伤害结果（如双下截肢、植物人状态、死亡）外，超过九成的裁量金额位于10000元及以下区间。

（2）裁判依据

在194个有效样本中，引用人身损害赔偿案件司法解释作为裁判依据的案件数为175件，占比90%，多依照《最高人民法院关于审理人身损害赔偿案件适用法律若干问题的解释》第23条的有关规定[1]，而明确提及第23条的次数为63件，占全部样本的32.5%（32.5%与90%存在交叉情况，故相加超过100%）。以上两个司法解释为有权解释机关制发的专门解释；援引山东省高院出台的规定[2]作

---

[1] 《最高人民法院关于审理人身损害赔偿案件适用法律若干问题的解释》第23条规定：精神损害抚慰金适用《最高人民法院关于确定民事侵权精神损害赔偿责任若干问题的解释》予以确定。

[2] 《山东省高级人民法院关于审理人身损害赔偿案件若干问题的意见》。

为裁判依据的仅有1件,此为地方司法解释性的规范性文件。

(3) 类似案件裁判金额差异

为观察类似案件在不同法院与法官间的裁判金额差异,选取造成受害者死亡结果这一类型案件作比较,原因有二:其一,在全部样本中,造成受害者死亡结果的案件共42件,样本基数大;其二,死亡为亲属造成的精神伤害这一后果方便进行定量观察,不会产生较大分歧。进一步展开讨论,本文首先对预计结果作合理的推理和假设:对于人身伤害案件中可能涉及的赔偿款项计算,无论是死亡赔偿金、丧葬费、住院医药费、营养费还是交通费及误工费等费用计算,皆存在可以依照及参考的市场化价格及法律规定的明确标准,但对于精神抚慰金的赔偿来说,只有地方高院出台的审判指导性意见建议的赔偿限额和大致区间,法官面对精神抚慰金的定量问题,往往会存在一定的自由裁量权及灵活处理空间,会造成类似案件的赔偿金额差异较大的情况,甚至部分法院的判赔金额超出预期和经验的情形。

根据表2可以获得以下信息:首先,原告诉请金额中主张1万元与5万元的比例较高,分别占全部样本的33.3%及26.2%;其次是主张10万元的,约占14.3%,原告主张赔偿金额在1万元及以上的占90.5%,可见原告认为亲属死亡这一结果对自己造成的精神伤害赔偿金额价值为1万元及以上的占绝大多数;再次,一审法院最终裁判金额为1万元的有19件,约占全部样本的45.2%;最后,对原告诉请金额与一审裁判金额进行前后对比,法官支持原告全部主张金额的有13件(其中原告主张金额1万元的为9件),法官在原告主张金额基础上向下调整的为29件,约占69.0%,其中最终调整为1万元的案件数最多(10件),在向下调整案件中占34.5%。

表2 受害者死亡结果的诉请与裁判金额分布

原告诉请赔偿金额（千元人民币）	件数（件）	百分比（%）	法院一审赔偿金额（千元人民币）	件数（件）	百分比（%）
不明	3	7.1	0	3	7.1
3	1	2.4	2	3	7.1
10	14	33.3	3	1	2.4
20	4	9.5	5	2	4.8
30	2	4.8	8	1	2.4
50	11	26.2	10	19	45.2
70	1	2.4	15	2	4.8
100	6	14.3	20	5	11.9
			25	1	2.4
			30	1	2.4
			50	1	2.4
			80	1	2.4
			100	2	4.8

初步观察可以发现，哪怕是相似案件，在同一地区的不同法院、同一法院不同法官的裁判赔偿金额差异也较为明显，而一审裁判金额中近一半赔偿金定为一万元，进一步观察表1得出初步结论——超过九成的裁判结果是在一万元及以下——进行辅证：合理猜测，死亡作为较为严重的侵权后果，近45%的法官倾向于在确定一万元及以下的裁判结果区间后选择顶额赔付。另外，大部分法官习惯于在原告诉请金额的基础上再向下调整得出最终判决金额，为进一步验证该猜测，本文将观察样本从死亡案件扩展至全部案件再次进行验证。

（4）原告诉请赔偿金额与一审裁判金额

对表3中原告诉请赔偿金额与一审法官最终裁判金额进行对比后发现，除去因裁判文书网上传的判决书不含原告提交的起诉状导致对原告诉请金额不明的12份样本以及法官酌情将原告诉请的93738.27元金额调整至一万元的1份样本后，一审法官裁判金额低于原告主张金额的比例略高于法官全部支持原告主张金额，但二者大致呈1：1格局。这一现象从侧面表明，一审近50%的案件中法官不会全部支持原告主张的金额，而是倾向于向下调整寻找其认为的更合适的金额。

再分解表3中"原告诉请金额等于裁判金额"这一情况得出表4。观察可知：对于精神抚慰金一项赔偿而言，法官同意支持原告全部诉请金额主要集中在1000元、2000元、3000元、10000元四个等级，共约占全部观察样本的83.7%，其中40.6%的法官愿意支持原告申请索赔1000元的诉讼请求。本文由此提出猜想1：在受害者伤情较轻的人身伤害案件中，绝大多数法官倾向于视1000元为符合精神抚慰金性质的恰当数额。为验证这一猜想，表5将对受害者单处伤害评定为"十级伤残"与"九级伤残"两种伤情较轻情况中一审法院的裁判金额再进行统计分析。

表3 原告诉请赔偿金额与一审法官裁判金额前后对比

分类	件数（件）	百分比（%）
原告诉请金额高于裁判金额	95	49.0
原告诉请金额等于裁判金额	86	44.3
原告诉请金额低于裁判金额	1	0.5
原告诉请金额不明	12	6.2

表4 原告诉请赔偿金额与一审裁判金额相等情况的金额分布

金额（千元人民币）	件数（件）	百分比（%）
1	35	40.6
2	16	18.6
2.5	1	1.1
3	11	12.8
4	2	2.4
5	7	8.1
9.5	1	1.2
10	10	11.6
50	1	1.2
100	2	2.4

（5）伤残等级与裁判金额

根据表5的数据，当原告受到的人身伤害程度被评定为十级伤残与九级伤残时，多数一审法院倾向于将精神抚慰金的金额确定为1000元与2000元，分别占全部观测案件数的71.4%与50%，初步验证了上文的假想，并且可以发现这样的趋势：在受害人伤情被评定为十级伤残及原告主张1000元赔偿金两种情况下，一审法院支持1000元赔偿金的比例都是最高的。同时观察十级伤残与九级伤残赔偿金额，提出猜想2：伤残等级与法院裁判的赔偿金额可能存在正相关关系，为验证猜想2，本文将进一步探讨伤残等级与一审法院裁判的精神抚慰金的相关关系。

表5 伤情较轻情况的一审裁判金额分布

十级伤残			九级伤残		
法院一审赔偿金额（千元人民币）	件数（件）	百分比（%）	法院一审赔偿金额（千元人民币）	件数（件）	百分比（%）
0	11	15.7	0	1	4.2
0.8	1	1.4	1	4	16.7
1	50	71.4	2	12	50.0
2	2	2.8	3	2	8.3
3	1	1.4	5	1	4.2
5	5	7.1	7	1	4.2
			9.5	1	4.2
			10	2	8.3

（6）伤残等级与裁判金额回归分析

表6为伤残等级对一审法院判决金额影响的基准回归结果。在描述检验结果之前，首先对数据提取的思路进行简单陈述：在表6中，自变量为伤残等级，因变量为一审法院的裁判金额，运用多项

式函数线性拟合模型进行模拟，检验伤残等级与一审法院裁判金额的相关关系，临界值设置为 1.96（对应置信度 95%）。其中伤残等级按照司法伤残鉴定的惯性规律划分为十级，一级伤情最为严重，十级最轻，同时为便于理解和观察规律，将十级伤残赋值为 1，九级伤残赋值为 2，以此类推，建立 1~10 级伤情逐级递增关系。其次，原数据收集的伤残情况中存在一人身体多处被认定为伤残的情况，但本文认为将多处伤情笼统相加得到数值的方式过于草率直接，但又无法找到将多处伤情加权统计的合适方式，故只统计了受害者被评定为一处伤残的情形。最后，对于受害者死亡的情形，本文亦认为其对家属的精神伤害要远大于一级伤残，也不能为死亡结果找到合适的数值，故删去部分样本。因此，表 6 第一列共对 104 份判决书的样本数据进行回归分析，是伤残等级与一审法院裁判金额相关关系的基准回归结果，括号内为检验统计量。

表 6　伤残等级、原告诉请赔偿金额与一审法院裁判金额
相关关系的基准回归数据

变量	伤残等级	原告诉请赔偿金额
裁判金额	0.1324 *** (8.826)	0.3085 *** (9.977)
R-SQUARE	0.4388	0.3754
ADJUSTED R-SQUARE	0.4333	0.3717
观测值	104	170

由于 T-Statistic 的数值 8.826 明显大于 1.96，表示在 95%的置信区间相关关系显著，初步支持猜想 2。回归结果显示：伤残等级与一审法院裁判金额的相关系数显著高于零，二者存在正相关关系。

（7）回归分析结果检验

本文同时提出猜想 3：原告诉请赔偿金额与一审法院法官裁判金

额存在正相关关系,在参照表6第一列研究方法的基础上,对二者基准回归结果进行检验和分析整理,得出表6第二列,自变量为原告诉请赔偿金额,因变量为一审法院裁判金额。由于部分原始数据存在记录不明的情况,最终筛选出170份判决书样本数据作为观测样本,表6第二列是原告诉请赔偿金额与一审法院裁判金额相关关系基准回归结果。

根据表6第二列的基准回归结果可知,由于T-Statistic的数值9.977明显大于1.96,表示二者在95%的置信区间相关关系显著,初步支持猜想3。结果显示:原告诉请赔偿金额与一审法院裁判金额的相关系数显著高于零,二者存在明显的正相关关系。

(8) 基准回归分析检验

伤残等级与一审法院裁判金额存在正相关关系仅从常理便很好理解,法官自然认为,受害人的受伤程度越严重,其所受的精神伤害也越严重,无论是基于道义救助还是经济补偿,都会参考受害者伤残等级鉴定意见加以考量。但上文对于原告诉请金额与一审法院裁判金额相关关系的验证,其内部有效性则存在一定漏洞,因为原告诉请金额高低与其本人或近亲属的伤残等级高低也可能存在正相关关系,即原告诉请金额越高、法院裁判金额越高这一相关关系会受到受害者伤残等级这一变量的干扰,使得结果存在伪相关或偏误的可能。因此,为得出更为干净的验证结果,有必要选取伤残等级相同、样本量较大的几种情况再次进行回归分析。

因此该部分选取样本量占比最多的三种情况(十级伤残样本量为68份、九级伤残样本量为22份、死亡情形样本量为37份),沿用上文基准回归的研究方法,分别观察十级伤残、九级伤残、死亡三种情况下原告诉请赔偿金额与一审法院裁判金额的关系,自变量为原告诉请赔偿金额，因变量为一审法院裁判金额。在对三种情形的基准回归结果进行检验和分析后整理出表7。

表7 三种情形下原告诉请赔偿金额与一审法院裁判金额相关关系的基准回归数据

变量	原告诉请赔偿金额（十级伤残）	原告诉请赔偿金额（九级伤残）	原告诉请赔偿金额（死亡）
裁判金额	0.2247*** (3.8943)	0.5444*** (6.1653)	0.3409*** (3.4579)
R-SQUARE	0.1925	0.5832	0.2682
ADJUSTED R-SQUARE	0.1803	0.6673	0.2473
观测值	68	22	37

观察表7三组回归数据可以发现，三组数据的T-Statistic数值都大于1.96，但都低于9.977，即虽然可以验证三组数据中自变量与因变量存在相关关系，但显著程度都低于整体水平。可见法院在确定裁判金额会同时考虑原告诉请赔偿金额与受害者伤残程度，猜想3的相关关系并不绝对纯粹。

（9）分析结论

尽管如此，三组数据的T-Statistic值仍然可以验证原告诉请赔偿金额与一审法院裁判金额存在正相关关系，且受害者九级伤残的T-Statistic值显著高于另外两种情形，表现更为突出，证明受害者在九级伤残情况下法官受原告诉请赔偿金额这一"法外因素"的影响更大。考虑到近半数案件的法官不会全部支持原告主张的金额，而是倾向于向下调整寻找其认为的更为合适的金额，那么原告最优策略性诉讼行为应为：在主张赔偿金额时应在伤害程度的历史性多数赔偿金额记录以上确定一个数额，便有一定概率会得到高于常规的赔偿金。

(三) 研究不足

首先,由于篇幅有限,本文仅选择裁判文书网上 Q 市中级及区级法院的裁判结果作为分析样本,尚不具备足够的代表性,也存在一定的研究局限性。希望今后的研究进一步选择不同地区的判决书,或是与本文形成交叉印证关系,或是对本文观察结论的不足予以补充,甚至是推翻本文结论。其次,本文选择的观察数据以一审法院的审理结果为主,如有必要,应当对不同审级法院的裁判结果进行对比分析。最后,需要注意,在以上基准回归验证中无法避免的一个问题是:无法排除其他可能影响相关性的因素在单一自变量与因变量基准回归计算过程中的干扰,即最后的检验结果可能存在伪相关(spurious correlation),或是产生忽略变量偏误(omitted-variable bias)。二者虽然在表达上存在一定区别,但在本质上结果是相似的。比如,台湾的研究指出,法官不仅会基于对被告过重赔偿负担的担心酌定减少慰抚金的赔偿数额,还会因主张赔偿的被害人近亲属身份关系的亲疏不同而判定不同的数额[1],即法官对被告经济负担的考量与主张赔偿人与被害人的亲疏关系可能是本研究的忽略变量,对预测模型产生潜在影响。就伪相关和忽略变量偏误而言,目前都很难排除忽略的相关因素对结果造成的影响,但是收集到的判决书有关精神损害赔偿的信息十分有限,这个问题在目前阶段难以改善。

如果未来需要解决该问题,应当收集更为全面的判决书相关信息,尽量考虑所有可能产生影响的变量,必要时还需要向法官发放

---

[1] 张永健、何汉葳、李宗宪:《或重于泰山,或轻于鸿毛——地方法院车祸致死案件慰抚金之实证研究》,载《政大法学评论》2017 年第 6 期,第 139~219 页。

调查问卷及展开座谈等形式予以辅助。由于本研究目前可获得的数据仅限于裁判文书网公开的判决书，内容有限且粗略，就现阶段而言，无法在现有数据基础上采集到更多的有效信息，也无法很好地控制所有变量，因此必须承认，本研究所得出的结果存在出现变量偏误的可能性。与模拟实验相比，数据的内生性也是田野调查开展和验证更为困难和复杂的原因之一。

尽管如此，目前所得的两个回归结果的显著程度仍旧较高，在无法忽略其他误差影响的前提下，仍能够证明受害者伤残等级、原告诉请金额分别与一审法院的裁判金额存在正相关关系。由于根据常理可以判断，二者间的因果性不存在反向的可能性，如只能是伤残等级高低影响裁判金额多少，不可能是裁判金额向伤残等级反向作用，本文也可以初步推断受害者伤残等级影响一审法院的裁判金额、原告诉请赔偿金额影响一审法院的裁判金额这一因果链条确实存在。

三　精神抚慰金的定量难题

（一）精神损害赔偿定量的理论难题

无论是对立法者还是司法者，由于人身伤害及痛苦等精神痛苦与金钱的不可通约性，对精神损害的价值进行定价显得尤其棘手。有的判决结果是很容易量化的，如诉讼程序法中常见的期限规定、合同约定违约金的数额计算；但有的定量活动因为涉及精神伤害则显得困难重重[1]，如对冤案错案中被非法关押数年的受害者进行

---

[1] Cass R. Sunstein, Daniel Kahneman & David Schkade, Assessing Punitive Damages (with Notes on Cognition and Valuation in Law), 107 *Yale Law Journal* 2071, 2131-32 (1998).

国家赔偿，对于受害者来说无论多少赔偿金都无法代替牢狱之苦，精神抚慰金显然属于后者。典型表现为行为人损毁、灭失了对所有者具有重要纪念意义的个人物品，法官若是根据物品的原有经济价值判决赔偿势必造成不合理，即便法官考虑到原告对其赋予的情感价值而判决一个稍高于该物品市场价值的数额，原告也会认为其所获得的赔偿额远低于其内心衡量的价值，尽管该物品对所有者以外的任何人可能都一文不值。除法官以外，原被告律师也受制于精神痛苦的主观性，很难提出有力的论据为当事人主张更多的精神抚慰金或者向原告律师抗争合理的金额。

另外，受制于有限的立法和司法资源，法律及法官也不可能就不同案件不同当事人的精神伤害此类精神痛苦的主观价值进行个性化定价，这会面临极高的管理成本。在现代交易市场中，无论是对一般侵权行为还是商事活动中产生违约损失的赔偿，不管是特定物之债还是种类物之债[①]，多数都具备标的的可替代性和物质性等特性，填补和计算损失无非是返还财产、恢复原状、赔偿损失及支付违约金等几种常见赔偿方式。对于自然人的人身权益、人格权及具有人身意义的特定物来说，难以恢复到侵害发生之前的状态、难以计算受害人、原告等主张内心伤害的损失规模及其价值，诉讼多方参与人对赔偿金额和补偿方式往往存在较大分歧，法官在审判环节要耗费更多的精力协调诉讼双方，以此确定赔偿金额和赔偿方式，并努力获得多方的认可，因此要求法官掌握更为高明的审判技巧和艺术。由此来看，也可以理解为锚定效应往往会在涉及精神损害赔偿相关案件中对法官发挥潜在的影响。

---

① 江平主编《民法学》（第二版），中国政法大学出版社，2007，第400页。

(二) 精神损害赔偿的司法困境

精神损害定价本身便具有极大难度，加之最高人民法院对精神损害赔偿的司法解释为地方单独解释留出相当大的灵活处理空间，各省份高级人民法院制定有关精神抚慰金的地方性规范性文件保有很大的自主权，同样类型、类似情况的诉讼请求在不同地区法院可以主张的精神损害赔偿数额相差悬殊，上至 10 万元下至 5000 元不等，乃至更低，因而使得精神损害赔偿数额地区差异显著，影响司法公平。

目前地方精神损害赔偿标准存在很大差异，最高人民法院出台有关精神损害赔偿的司法解释只作出纲领性、原则性规定显然是考虑到各地经济发展不均的现实情况，如同死亡赔偿金也是根据各省份上年度人均可支配收入来确定数额的，最高人民法院希望各地按照当地发展水平分别制定。但随着经济社会的不断发展，尤其过去十年是中国新时代发展的黄金时期，各地居民生活水平早已千差万别，而各地法院提出的标准仍然停留在十几年前的收入水平，与现今司法实践和社会现实的冲突明显。"一地一价""精神痛苦地方差异化"已经成为学术上的争议点和司法实践操作中的棘手问题。尽管立法的规模和精细度不断更新强化，但目前横亘在实现司法公平桥梁上的现实问题仍然需要引起重视和关注。

从已出台相关指导意见的各省份的规定来看，各地规定的金额相差悬殊，主要原因有以下几点。首先，由于多数省份的指导意见出台时间在《侵权责任法》正式施行之前，多年未及时更新规定，赔偿标准显现出时代局限性和滞后性，如部分省份对死亡赔偿金的定性已与上位法的立法现状不一致。其次，多数省份高院单独出台的具体赔偿标准不同,而部分省份的相关规定则仍处于缺位状态,各地赔偿标准不一致反映了人身损害赔偿的"一地一价"问题,间接体现了对人身精神痛苦标准的标尺不同,也从侧面反映了目前我国对精神损害赔偿的法律性质认识不清,导致定价存在模糊和分歧。最后,精神抚慰金的赔偿标准缺少全国性的法律规定也间接表明,地方立法与司法环节缺少国家层面的明确定性和规定,导致各地的地方性规定缺少统一法理基础支撑。

四 精神损害赔偿中的锚定效应

(一) 司法活动中的锚定效应

司法裁量过程可以分为定性和定量两个环节,无论是定性行为还是定量行为,都与判决结果息息相关。据相关研究,对数字的认知难度高于对事件性质和归类等的认知难度,一方面是因为数字核算本身存在较大困难;另一方面是因为人们量化决策时的情感参与,导致认知结果的可预测性不强[1]。因此,在司法裁判环节,法官定量裁判行为(numeric judgment)的难度并不亚于定性裁判行为。法官定量行为的结果也直接影响公众对司法公正的感受和司法参与者对裁判结果的满意度和认同度。尽管个别热门案件定性不当会引发社会范围内对司法公正与否的广泛争议,但从统计学意义来看,法院裁判中的定量环节更易引发当事人与社会大众的普遍质疑。定量行为存在于法律活动中的许多环节,因为司法判决往往离不开数字形

---

[1] Cass R. Sunstein, Daniel J. Kahneman&David Schkade, Assessing Punitive Damages (with Notes on Cognition and Valuation in Law), 107 *Yale Law Journal* 2071, 2074-2081 (1998).

式的产出，如计算赔偿金额、确定刑罚年限①。而研究锚定效应与裁判结果的相关关系、在何种程度上发挥效用等相关理论显然是倾向于定量的，锚定效应与司法裁判量化的关系密不可分，对司法定量行为的分析和理解离不开对锚定效应的研究。

锚定效应（anchoring effect or effect of anchors）又被称作铁锚效应——作为突出反映行为法律经济学交叉学科特点的典型心理学效应之一，在司法环节尤其是司法裁判过程中对法官的隐性效用和影响值得法学界加以重视。锚定效应是一种人们在思考时无意识地将先前选取的一些参考点作为"铁锚"（一种对思考及决策参考基准的形象化比喻）的心理活动方式。锚定效应并非人们刻意为之，而是由于人们的计算能力和记忆能力有限，在判断时不喜欢从零开始，在思考时会潜意识地寻找一些个人既往经验、其他参考意见作为思考的参照点，并基于此进行调整从而形成看似"独立"的自我观点②，以此促使决策成本和试错成本降低到理论上的最小化。锚定效应可以显著降低个体复杂思考所需的相关时间成本和认知负荷，进而实现社会总体效率的整体优化，是一种符合进化心理学思考框架的直觉性思维倾向，也被称为心理捷径或是经验法则的一种。

对锚定效应的研究最早可以追溯到20世纪70年代，实验发现"锚定与调整"（anchoring and adjustment）现象确实存在，反映在个体对数字的判断会受到其他任意或不相关数字的影响③。人类的信息

---

① 杨彪：《司法认知偏差与量化裁判中的锚定效应》，载《中国法学》2017年第6期，第241页。
② 〔美〕沃德·法恩斯沃思：《高手：解决法律难题的31种思维技巧》，丁芝华译，法律出版社，2009，第188页。
③ Kahneman D. and Tversky A., Judgment under Uncertainty: Heuristics and Biases. 185 *Science* 1124, 1124-31 (1974).

处理机制之一是"经验—直觉式",又被称为"第一机制",这种心理思考机制受个体知识经验的影响明显[①]。下意识采用心理捷径可以节约思考成本、减少认知负荷,但相应也会导致错误的预测和判断,即"抄近路""走捷径"式的认知启发(cognitive heuristics)行为导致系统性认知偏差,反映在司法环节则是司法认知偏差。在交易市场中受心理学效应影响的商事活动是自担风险的自由行为,在认知活动中也只是影响个人的思考方向,尽管会影响经济效率和行动决策,但司法认知偏差还会影响公众及诉讼参与方对司法活动公平性的感受和对我国法治建设的态度。因此,心理学效应在司法环节的效用还会涉及公平正义等法治理念,甚至关乎公众的民主监督。

为降低决策成本、弥补认知缺陷,陪审团及法官会下意识地借助启发式直觉性认知行为帮助思考,其中锚定效应作为司法认知偏差的突出代表,值得学界及立法机构重点关注。在案件的输入和判决的输出中存在一个认知加工过程,而锚定效应便是可能影响认知加工方向的一种心理学效应。锚定效应理论在法律场景中的现实应用已得到国内外大量文献的一致证实,作为司法认知偏差的典型表现形式,普通法系国家的研究成果多集中于影响陪审团决策(juror decisions)的作出过程[②]。国外许多模拟实验和真实案例共同表明,陪审员等裁判者在缺少法律明确规定及自身无既有认知框架的情况下,会将诸如原被告观点、专家证言、鉴定人意见、原告主张金额、标的物参考价值等要素定位为思考基点,使得量化裁判的结果与选

[①] 杨群、邱江、张庆林:《演绎推理的认知和脑机制研究述评》,载《心理科学》2009年第3期,第646页。
[②] Gretchen B. Chapman and Brian H. Bornstein, The More You Ask for, the More You Get: Anchoring in Personal Injury Verdicts. 10 *Applied Cognitive Psychology* 521, 519-40 (1996).

取的"铁锚"呈现明显的相关关系①。早在1990年便有学者组织在模拟审判条件下陪审员决策的相关随机控制变量实验,测试结果发现,实验对象陪审员对劳动者受年龄歧视情况下的具体损害赔偿金额判断会受到专家关于未来可得工资损失和其他预期损失证言的强烈干扰,其中近一半的陪审员选择与专家建议数额完全一致的损害赔偿金,且原告专家意见对陪审团产生的潜在影响大于被告专家意见②。正是由于期待利益损失带有不确定性,难以预测和计算,陪审员事先并无可参考的法律及社会通行标准,如习惯法,使得该实验中专家证言成为陪审团在缺少其他确信信息前提下潜意识选定的锚定基准。

相比陪审团,资深法官显然接受过法律职业训练并拥有丰富的实务经验,在对待刑期和赔偿数额等定量问题时可以凭借其严谨和审慎的工作方式尽量消除锚定效应的不良影响③,但从实证研究结果来看,法官也会作出非理性行为。法律与认知科学交叉领域的诸多实证研究很好地验证了心理因素对法官裁判行为的潜在影响,如美

---

① Jeffrey J. Rachlinski, Andrew J. Wistrich & Chris Guthrie, Can Judges Make Reliable Numeric Judgments? Distorted Damages and Skewed Sentences. 90 *India Law Journal* 695, 695-739 (2015); Theodore Eisenberg, Jeffrey J. Rachlinski & Martin T. Wells, Reconciling Experimental Incoherence with Real-World Coherence in Punitive Damages, 54 *Stanford Law Review* 1239, 1239-1271 (2002).

② Raitz A., Greene E., Goodman J. and Loftus E. F.. Determining Damages: The Influence of Expert Testimony on Jurors' Decision Making. 14 *Law and Human Behavior* 385, 385-95 (1990); Bornstein, B. H. and Rajki, M. Extra-legal Factors and Product Liability: The Influence of Mock Jurors' Demographic Characteristics and Intuitions about the Cause of An Injury. 12 *Behavioral Sciences and the Law* 127, 127-47 (1994).

③ Thomas Mussweiler & Fritz Strack. Numeric Judgments under Uncertainty: The Role of Knowledge in Anchoring, 36 *Journal Experimental Social Psychology* 495, 495-518 (2000); Andrew R. Smith, Paul D. Windschitl & Kathryn Bruchmann, Knowledge Matters: Anchoring Effects are Moderated by Knowledge Level, 43 *European Journal of Social Psychology* 97, 97-108 (2013).

国大法官曾承认，面对一个案件的第一直觉会帮助其形成一个初始结论[1]。尽管在对理想法官的描摹中，刚正不阿、不偏不倚是不可或缺的修饰语，但越来越多的研究发现并承认，不谈心理因素的规范研究将会面临解释苍白的困境。比如，张永健等人在就无权占有他人土地的不当得利实证研究中发现，原告在诉讼请求中提出的金额多寡也会影响法官对当事人的认知，对资历尚浅的法官的判决结果产生锚定效应[2]；另外，就赔偿金额的诉讼请求来说，若原告要求金额过高会被认为贪得无厌，因此给法官留下不好的印象和心理暗示，原告要求金额过低也可能会引起裁判者对其诉讼正当性的怀疑[3]等，可以被理解为趋近锚点[4]和远离锚点。

锚定效应对法官判决作用力的强弱与个人内心的确信程度高低存在密切联系，当对问题如何处理的社会效益和个人利益更大存在足够多的内心把握和经验时，锚定效应的影响也会相应减弱[5]。反之，如果对某一问题的解决毫无头绪，也正是锚定效应发挥作用的重要"场合"。在法律领域，尤其是法官审判过程中，确实存在许多法官难以估量的情形。精神损害赔偿作为锚定效应的一个重要研究方向，也是审判环节锚定效应的重要发挥场域，即主审法官计算自

---

[1] Jerome Frank, Are Judges Human? Part Two: As Through a Class Darkly, 80 *University of Pennsylvania Law Review and American Law Register* 242, 242-245 (1931).

[2] 张永健、陈恭平、刘育升：《无权占有他人土地与相当于租金之不当得利：实证研究与政策建议》，载《政大法学评论》2016年第3期，第81~153页。

[3] Gretchen B. Chapman and Brian H. Bornstein. The More You Ask for, the More You Get: Anchoring in Personal Injury Verdicts. 10 *Applied Cognitive Psychology* 521, 522, 526 – 27 (1996); Shari Seidman, Mary R. Rose & Beth Murphy, etal., Damage Anchors on Real Juries, 8 *Journal of Empirical Legal Studies* 148, 149 (2011).

[4] Verlin B. Hinsz & Kristin E. Indahl, Assimilation to Anchors for Damage Awards in a Mock Civil Trial, 25 *Journal of Applied Social Psychology* 991, 994 (1995).

[5] 〔美〕沃德·法恩斯沃思：《高手：解决法律难题的31种思维技巧》，丁芝华译，法律出版社，2009，第189页。

然人的生命健康权、人格权等相关权益被侵害给当事人及其家属带来精神损害此类赔偿的金钱价值。

锚定效应不仅会在司法环节对法官及陪审团的决策产生潜在作用，对于普通法系国家来说，锚定效应还会对判例法的形成产生显著影响。因为相似案例会激发法官的代表性启发直觉，也被称为基于案例的决策（case-based decisions），这种思维方式可以节省计算替代方式的预期成本，减轻认知负担。普通法系的重要特征之一便是法官造法及相应遵循判例法的传统，正如霍姆斯大法官所言："先裁断案件再确定原则构成了普通法的优点。"[1] 但换个角度来看，如果法官在立法空白的情况下直接了解案情并裁判，更容易先入为主、陷入锚定效应所描述的无经验、无参照情形；同时，既有判例无法做到像立法机构出台的法律一样纯粹，百案百面、千案千法。判例产生时的案件背景和案情都是具体而特定的，因此法官看似只是单纯参考、借鉴该判例中的法官意见（holding and dictum）和引用根据该判例创设的原则和规则等，并没有将案情（the fact of cases）也纳入判决的考虑范畴，实则并非如此；而对于大陆法系等采用国家立法体制的国家来说，相对而言法官受到法官造法的影响会减弱，但由于法官仍会在判案时参考既有判例、上级法院出台的判案指导性意见等，尽管前者并不具有国家制定法的正式法律渊源性质，却也会在无形中影响法官看待案件的态度和裁判方向。

（二）精神损害赔偿与锚定效应的相关实证研究

虽然研究锚定效应与司法决策认知偏差的相关实验成果已蔚为

---

[1] Oliver Wendell Holmes Jr., Codes, and the Arrangement of the Law, 5 *American Law Review* 933, 951-960 (2006).

大观[①]，但模拟实验的内部有效性、外部有效性及其实际价值一直存在广泛争议，因为锚定效应对现实中法官的真实影响无法在实验室环境下得到确实可靠的检验[②]。有学者解释认为，实验室模拟（lab experiment）条件下产生数据及结论的内在有效性非常牢固，外在有效性却常常受到怀疑和质问[③]。因为实验过程中会向测试对象展示材料，为得到纯粹、干净的研究结果会排除其他干扰因素（confounding factor）的影响，材料难免受到变量控制从而带有目的性和暗示意味，难以摆脱需求影响（demand effect），仅仅是实验者展示锚点这一行为就可能被实验对象理解为存在相关关系。而真实社会环境相较于实验室环境存在复杂的干扰因素，能够在真实世界做田野实验（field experiment）得出可靠的因果推论更为可贵。而行为经济学近些年已逐渐走出实验的圈子，注重对现场数据的收集、整理、利用与分析，甚至采用计算机模拟研究方式辅助实验。比如，约翰·李斯特（John List）曾经主持两个著名的自然实验，分别用来检验损失厌恶理论与框架效应[④]。

目前学界对行为法律经济学锚定效应的研究多数仍然以实验方式模拟真实司法过程的方式进行，因为在现实情境下，可能影响司法决策的因素非常复杂，排除诸多因素干扰得出纯粹干净的因果关系结论非常困难。再加上法官决策的作出过程多为心理活动，单从

[①] 〔美〕沃德·法恩斯沃思：《高手：解决法律难题的31种思维技巧》，丁芝华译，法律出版社，2009，第189~192页。该书相关章节提到许多显著体现铁锚效应在司法及合同订立场域实际运作的情形。

[②] Adrian Furnham, Hua Chu Boo, A Literature Review of the Anchoring Effect, 40 *The Journal of Socio-Economics* 35, 36-37 (2011).

[③] 张永健、程金华：《法律实证研究的方法坐标》，载《中国法律评论》2018年第6期，第83页。

[④] 参见张永健《量化法律实证研究的因果革命》，载《中国法律评论》2019年第2期，第137页；刘庄《法学中的实验方法》，载《中国法律评论》2018年第6期，第110页。

判决书内容可能无法探测、观察法官的真实内心偏好,更多的心理学效应都被概括性的文字所掩盖,在实验室之外证明锚定效应的存在和成因仍然存在一定难度①。因此,提取与利用真实诉讼材料还尚且不够,以针对法官设计调查问卷和专门访谈的形式也不可或缺,这种一对一的交流方式可能更容易了解一线法官们的真实想法。

走出实验室去看真实世界的司法是如何运行的,锚定效应与精神抚慰金相关关系的实证研究初具规模,也与上文论证相互印证。张永健等人选取台湾地区法院医疗纠纷及车祸案件相关判决中的身体健康侵害慰抚金数额作为研究对象,发现法官酌定慰抚金数额与被害人受伤程度及医疗费用呈正相关关系②;另一项对台湾地方法院车祸致死案件的相关实证研究结果也表明,法官不仅会因对被告过重赔偿负担的担心酌定减少慰抚金的赔偿数额,还会因主张赔偿的被害人近亲属身份的亲疏关系不同而判定不同的数额③。以上两例近年代表性的台湾地区实证研究发现,锚定效应属实会对司法活动中的精神抚慰金定价公平性与量化决策的稳定性产生负面效应,当然也证明了锚定效应对司法环节尤其是法官裁判产生客观性的潜在影响,值得引起学界的更多关注和了解。

尽管大陆与台湾地区同源共流,拥有共同的历史文化传统和相似的司法文化语境,但对于台湾地区已证实的锚定效应在现实诉讼场景产生影响的相关研究,仍不能采取完全拿来主义的轻率态度。同样,依赖模拟现实环境作出的控制变量对照实验也是远远不够的。

---

① Adrian Furnham & Hua Chu Boo, A Literature Review of the Anchoring Effect, 40 *The Journal of Socio-Economics* 35, 36-37 (2011).
② 张永健、李宗宪:《身体健康慰抚金之实证研究——2008年至2012年地方法院医疗纠纷与车祸案件》,载《台大法学论丛》2015年第4期,第1785~1843页。
③ 张永健、何汉葳、李宗宪:《或重于泰山,或轻于鸿毛——地方法院车祸致死案件慰抚金之实证研究》,载《政大法学评论》2017年第6期,第139~219页。

我们依旧要向现实发问：锚定效应是否会对中国法官真实的司法判决过程及结果产生潜在影响？只有通过对中国真实的诉讼材料进行关键数据的提取、汇总、整理和分析，在此基础上设计、构建用于测量锚定效应效果的理论模型并进行描述性统计和回归分析，才能摆脱以往国内法学研究中"大胆假设、简单论证"的弊病，得出经得起推敲的可靠的研究结果。

虽然我们在实证研究方面起步较晚，但也能看到国内优秀学者追赶前沿领域理论研究的努力。其中，杨彪教授以广州市2015年四种代表性损害赔偿案件的精神损害赔偿金额审理情况作为统计数据样本，对不同司法情境中精神损害赔偿数额与锚定效应的关系作了实证性验证，确定了锚定效应在中国真实司法语境下也会影响法官的司法决策[1]。杨彪的文章就锚定效应与法官认知偏差的论述扎实，是国内锚定效应及司法认知偏差相关研究中少有的针对性研究成果，其论述证实了锚定效应的客观存在，并发现外生锚点与内生锚点的作用差异。其研究发现突破了以往仅仅将司法认知偏差归咎于不同法官的专业素质差异、个体性差异导致的非理性行为及裁判环节不科学不完善等诸多因素这一长久以来的误读和局限，将锚定效应等心理效应研究经验引入实现司法公正性与统一性的讨论。

梳理国内外相关研究成果不难发现，目前学术成果颇具规模、内容丰富全面，但也必须指出存在的不足。比如，国外研究成果不可避免具有国别性和差异性，受当地政体、制度、社会环境与经济制度等多方面的制约，"拿来主义"势必无法在国内通行；许多研究是在模拟实验环境中，通过控制变量的方式精准掌控变量，却忽视

---

[1] 杨彪：《司法认知偏差与量化裁判中的锚定效应》，载《中国法学》2017年第6期。

了真实司法环境的复杂性与多变性；而国内有关精神抚慰金定量的法律行为经济学研究也不够全面多样。因此，本文认为，还可以系统梳理精神损害赔偿的国内立法状况，通过选取地方样本的方式感知国内真实司法环境，并以对地方司法解释性质文件的重点分析为切入点，阐述目前精神抚慰金定价中的混乱与锚定效应的可能作用点，以补充国内现有研究成果在这几方面的不足。

（三）精神损害赔偿案件中的显性锚点与隐性锚点

过去的研究表明，锚定效应的作用过程分为锚定和调整两个阶段，锚定是行为人内心确定个人基准值的行为，而调整则是在确定基准值的基础上进行自我调整，最后形成个人看法。因此，相较于调整阶段，锚定阶段的影响具有决定性作用，而影响锚定阶段的重要因素之一便是认知资源不足，反映在司法裁判环节就是法官在精神损害赔偿数额认定过程中用以量化精神痛苦的相关信息缺乏。锚定效应的一个表现即量化裁判金额被限制在一个固定的"锚位值"，无论如何调整都不会跳出这个范围，但这个起始值本身就可能是非理性的[1]。

通过对图表和文字的汇总分析，本文认为，可从以上数据中提炼出三种可能成为法官裁判中内心锚定值的要素，分别为受害者被评定的伤残等级、地方出台的建议赔偿标准、原告诉请赔偿金额。但以上三种影响因素对法官最终判赔金额的作用程度和作用形式各有不同，以下将结合具体判决书的裁判理由进行具体说明。

---

[1] 杨彪：《司法认知偏差与量化裁判中的锚定效应》，载《中国法学》2017年第6期，第241页。

（1）伤残等级在法官确定精神抚慰金赔偿金额过程中作为显性锚点发挥作用

本文认为这是一种显性锚点，主要原因有三。一是根据实证分析，部分法官会在裁判理由部分以明示方式明确表达裁判将根据受害者及其家属遭受身体伤害后心理创伤的严重程度酌情确定精神抚慰金数额。在Q市法院作出的194份判决书样本中，共有26份判决书或提到受害者的伤残等级与精神伤害相挂钩或指出受害者死亡对家属身心健康造成严重打击，都是根据人身伤害程度来对精神伤害程度进行估量，并最终以精神抚慰金的形式表现。二是我国司法解释对精神损害赔偿的数额明确规定，根据六个主要要素予以确定[1]，其中后果作为要素之一，比侵权的手段、行为方式、场合更为明确和具体。三是通过表6也可以发现，伤残等级与一审法院裁判金额的相关性显著，二者存在正相关关系，亦可以辅助证明伤残等级作为显性锚点的可能性。

伤残等级成为表达人身伤害程度的一种具象表现形式，首先是因为大部分法官对伤情鉴定不具备专业知识，而作为明确描述受害者人身伤害程度的伤残鉴定报告，是由专业伤残鉴定机构出具的，同我们所熟悉的鉴定人意见、专家证言等证据一样具有权威性和正当性，而后者对法官量化裁判的作用早已得到许多学者的证实[2]；其次，精神伤害难以从外表观察，而受伤程度和残疾情况作为反映内心痛苦的第一手外观直接证据，成为精神损害赔偿定量过程中的有力论据，法官可以据此对判赔金额的判决原因进行辅助论证，有利于增强判决的解释力和说服力，提高诉讼参与各方对最终判决结果

---

[1] 《最高人民法院关于确定民事侵权精神损害赔偿责任若干问题的解释》第10条。
[2] Allan Raitz, Edith Greene & Jane Goodma, etal. Determining Damages: The Influence of Expert Testimony on Jurors' Decision Making, 14 *Law and Human Behavior* 385, 394 (1990).

的满意度。

（2）地方高院出台的赔偿参照标准是对法官审判起潜在作用的隐性锚点

梳理国内有关精神抚慰金的全部规定后发现，两份正式司法解释①对精神损害赔偿有具体规定，山东省内则有两份规范性司法文件②对精神抚慰金的赔偿提供明确的参考标准。而对Q市的判决书内容进行梳理后发现，法官援引以上文件作为裁判依据的比例分别为90%、32.5%、0.05%、0。绝大多数判决书援引前两项作为裁判依据，而后两份文件几乎不会在最终判决书中以审判意见的方式出现，这一现象与1987年与2012年"两高"对地方法院及检察院出台的通知③中的规定有关，也与后两份文件的法律效力有关，下文有关地方司法解释性质文件的法律效力部分将具体阐述。

尽管司法解释明令禁止地方法院在判决书中援引司法解释性质的文件，但相关规定仍会以隐性锚点的方式对法官发挥锚定效应。具体表现为：近93%的一审法院判赔金额低于一万元人民币，而一万元又与山东省两份规范性司法文件有关精神损害赔偿的建议赔偿上限金额是一致的。基于地方性司法解释性质文件无法被合法援引的事实，法院只会借正式司法解释简单规定的外壳，并用"结合受害者受伤程度与精神损害程度"等裁判理由的模糊话术，确定一个大概符合地方高院建议赔偿标准的具体数额。尽管无法从判决书的几句结论中探知法官的真实心理和内心活动，但这一规律的普遍出

---

① 《最高人民法院关于审理人身损害赔偿案件适用法律若干问题的解释》《最高人民法院关于确定民事侵权精神损害赔偿责任若干问题的解释》。
② 《山东省高级人民法院关于审理人身损害赔偿案件若干问题的意见》《山东省高级人民法院关于印发全省民事审判工作会议纪要的通知（2011）》。
③ 《关于各地法院不宜制定司法解释性质文件问题的批复》《关于地方人民法院、人民检察院不得制定司法解释性质文件的通知》。

现显然绝非"惊人的巧合",考虑到本文篇幅有限,且可获得信息亦不足,该方面的分析留待后来者予以补充。

(3) 原告诉请赔偿金额是影响法院裁量金额的隐性锚点

结合表6相关数据对表7基准回归结果进行分析后,本文认为原告诉请金额与一审法院的裁量金额也存在正相关关系,且具有很大的可能性存在因果关系,因此原告诉请赔偿金额可以作为影响法院裁量金额的一个隐性锚点予以考虑。本文在对锚定效应的国外研究成果进行文献综述时曾提到,有研究指出原告主张的赔偿金额过高会塑造投机性的负面形象、引起法官的反感[①],使得法官对申请人及其律师的好感度下降并导致最终判赔金额低于应判金额,仅就本文收集的样本而言,该现象很难被有效观察到,因此无法对该观点作出检验和回应。不同于实验室模拟环境下可以对研究对象的选择进行对照实验,真实的庭审环境只能作出唯一的审判结果,本文对表6相关数据的分析可以得出的确定结论为:二者基准回归结果的显著程度较高,在无法忽略其他误差影响的前提下,仍能够证明原告诉请金额与一审法院的裁判金额存在正相关关系。但限于本研究的固有不足,对于原告诉请金额是否是在审判结果作出过程中影响法官情感和态度的明确锚点,只有通过模拟实验控制变量或是与法官群体进行直接访谈和调查问卷方式才能借此发掘法官的内心真实想法。尽管本文很难通过分析判决书内容的方式明确确定原告诉请金额是影响法官决策中确定基准值的隐性锚点,但结合其他学者的相关研究成果,如杨彪认为原告诉请金额会先入为主地干扰结果,

---

[①] Gretchen B. Chapman and Brian H. Bornstein, The More You Ask for, the More You Get: Anchoring in Personal Injury Verdicts. 10 *Applied Cognitive Psychology* 519, 521–40 (1996).

但可能根据权力类型的固有偏见,产生趋向锚点和远离锚点两种结果①,至于本研究重点关注的人身损害赔偿案件可能会滑向天平的哪一端,其研究没有明确说明。

(四)地方司法解释性质文件——"中国特色"隐性锚点

不同的社会背景会孕育不同的锚点,正如托马斯·穆斯魏勒(Thomas Mussweiler)的观点所解释的,情境(context)影响锚定是否存在及作用程度②,某个国家及地区特定的政治环境、法律制度、文化习俗、权力分布都会影响锚定效应的具体表现形式。在中国特定的司法语境中,除了配合党政机关、回应民众、接受媒体舆论监督等因素会影响法官裁判,以答复、指导意见、地方规定为代表的各类规范性文件也是影响法官选择和决策的重要因素。就精神损害赔偿而言,地方司法解释性质文件作为法条获取的直觉,因为更高效力位阶的司法解释的缺位而成为此类案件的"特色"锚点。

对Q市中级及基层法院2019~2020年有关精神损害赔偿的194份判决书进行数据统计和整理发现,没有一份判决书在裁判意见和审判依据部分援引山东省高院出台的这两份地方性审判指导意见③的赔偿标准,但对法官最终的裁判金额进行汇总分析还是不难发现,除了侵权人给受害者造成死亡及重大伤残(如造成下肢截瘫)等恶劣结果外,约93%的判决书确定的判赔金额低于以上两份规范性文件所提出的上限金额,显然无法忽略此类非正式规范性文件可能对

---

① 杨彪:《司法认知偏差与量化裁判中的锚定效应》,载《中国法学》2017年第6期,第257页。
② Thomas Mussweiler, The Malleability of Anchoring Effects, 49 *Experimental Psychology* 67, pp. 67-72 (2002).
③ 《山东省高级人民法院关于审理人身损害赔偿案件若干问题的意见》《山东省高级人民法院关于印发全省民事审判工作会议纪要的通知(2011)》。

法官产生的锚定效应。

尽管此类文件在司法实践中对本辖区的具体审判问题起到指导作用，但并不具有被正式承认的法律效力和援引效力。"两高"曾联合发文要求地方人民法院和人民检察院一律不得制定在本辖区普遍适用、针对具体应用法律问题（常见的标题中带有"指导意见""规定"等字眼，以"法发"形式编号）的司法解释性质文件，也不得在文书中加以援引，并且要求地方"两院"[①]对已经制定的文件及时自行清理。近年来，"两高"也联合发布了多次废止部分司法解释与司法解释性质文件的决定，目的是保证国家法律的统一与权威。最高人民法院于2018年发布关于规范裁判文书释法说理的指导意见[②]，再次强调，在裁判文书中引用的法律条文应出自规范性法律文件，且法官应当严格依照相关规范性文件的要求准确、完整地列明法律条文的相关信息。

理解地方司法解释性质的规范性文件的实际效力离不开对中国法院系统上下级法院之间指导和监督关系的理解，也与中国法院系统与党政系统的高度相似息息相关。虽然对于中国法院系统来说，同辖区的上级法院与下级法院之间并不存在严格的领导与被领导的管理关系，但首先上级法院拥有对下级法院的审判指导权，且随着错案终身追责制的制度性建设，下级法院对上级法院的请示也更为频繁[③]，因此上级法院作出的指示和意见会对下级法院的审判业务产生显著影响。相应的，上级法院发布的各类司法解释性质文件也会对本地区下级法院的审判精神和方向产生较强的指导意义和示范效

[①] "两院"在本文中指代地方人民法院和地方人民检察院，下文同。
[②] 《最高人民法院关于加强和规范裁判文书释法说理的指导意见》第12条。
[③] 王伦刚、刘思达：《从实体问责到程序之治——中国法院错案追究制运行的实证考察》，载《法学家》2016年第2期，第38页。

果。另外，在中国特色的司法语境下，法院与党政机关的联系紧密，在法院内部也存在遵循、依赖政治文件的传统。法院公文的形式是参照党政公文设立的[①]，比起制定流程严格的司法解释文件，法院公文可以更快回应现实问题，还可以在司法解释不能及时更新的情况下适时补强论证。法院也习惯于运用各类公文开展日常工作和法院系统内外的业务交流，对于上级法院出台、指示或是系统内自上而下传递的非正式规范性文件，下级法院出于对政治权力和知识权威的服从，一定会在日常审判业务工作中对上级法院传达的批复、意见、纪要等内容加以重视，甚至专门组织定期学习交流会开展学习。

地方司法解释性规范性文件的广泛使用与新中国成立以来的立法进程是息息相关的。在新中国成立初期，百业待兴，广大立法工作者也走过了一段艰难的立法岁月，所有的法律都要从无到有——制定并尽快出台，而在具体司法工作中，法官也常常面临无法可依的尴尬局面。因此，为更快更有序地开展日常审判工作，各地法院效仿党政机关以发布文件形式对下级法院进行业务监督指导和行政管理，是根据政治惯例形成的非正式文件创设权。同时国家层面对地方自行解释法律政策的行为也持宽容态度，既不支持也没有明确反对。随着国内立法工作逐渐步入正轨，"两高"对司法解释的制定程序和形式要求日益正规化，对有权制定主体的范围也在进行限缩。20世纪80年代末，最高人民法院曾针对一省高院的来函，发布地方各地法院不宜制定此类文件的批复[②]。在另一份"两高"禁止地方"两院"自行制定司法解释性质文件的通知中，前者再次重申[③]，如

[①] 侯猛：《纪要如何影响审判——以人民法院纪要的性质为切入点》，载《吉林大学社会科学学报》2020年第6期，第59页。
[②] 《最高人民法院关于地方各地法院不宜指定司法解释性质文件问题的批复》。
[③] 《关于地方人民法院、人民检察院不得制定司法解释性质文件的通知》第三条。

果地方"两院"在审判工作及检察工作中发现需要进行解释的事由，可以向"两高"提出制定司法解释的建议或对专门的司法应用问题进行请示，但不允许地方"两院"再违规创设相关司法解释性质的文件。

尽管地方出台的司法解释性质文件不具备正式法律渊源身份，法官也不被允许在判决书中加以援引或参照适用，但法院针对人身伤害案件中精神损害赔偿的裁量金额仍受地方高级人民法院发布的司法解释性质规范性文件这一"无形天花板"的制约和影响。地方司法解释性质文件成为法官无形中加以参照的隐性锚点，在法官决策过程中起着重要指引作用。

理论和实务两个层面都可以解释规范性文件这一隐性锚点存在的缘由。从理论层面讲，采用司法文件说理早已成为基层法院默认的惯例，这一现象是司空见惯的[1]。根据上文对相关规定的梳理，司法解释性质的规范性文件不具备法律法规及司法解释所承认的法定效力，法官也不被允许引用此类文件作为裁判依据，看似法官只需援引司法解释一切问题就迎刃而解了，但全国性的精神损害赔偿标准处于空白状态，对于广大一线法官来说，相较于完全无法可依的无锚定状态，即便是不能摆在台面上的规范性文件，都像是汪洋大海中一个可靠的"铁锚"，为法官判断和决策提供了重要指引。从实务看，地方法院违规制发、援引使用此类文件的现象层出不穷，只要可以作为裁判理由支撑判决，甚至是辖区外的文件都会被本地法院拿来参照适用[2]，可见地方法官的裁判文书撰写专业技能和对法律

---

[1] 安晨曦：《规范性司法文件的权威体系与概念分层》，载《甘肃政法学院学报》2020年第2期，第25页。
[2] 王晓英：《地方法院司法解释性质文件的法律地位探究》，载《法律方法》2019年第2期，第166~167页。

文件的性质掌握尚显不足。另外，不少资深法官曾使用类似规范性文件审理了许多案件并积累了丰富的实践经验，即便他们清楚此类文件早已被明令废止或尚处于效力不明状态，但以往习惯沿用的赔偿标准也以个人经验形式潜在固定为思考的基准值，干扰逻辑推理的过程，因而在缺少更高效力位阶的法律法规等法律依据的情况下，以往地区通用的参考标准仍会无形中影响法官的选择和判断。还有观点认为，为应付繁重的工作压力，一线法官倾向于诉诸更为安全和有效的锚点，以文件的权威性、来源的可靠性来支撑判决的正当性、佐证说理的合理性，同时也可以提高判案效率[1]。因此，尽管地方司法解释性质文件的效力存疑，但毕竟是地方高院对审判工作作出的指示，法官仍然会依循固有规定。

五 减少精神损害赔偿偏差的路径

本部分将结合上文的初步研究成果，从提高法官的裁判文书说理能力和专业技能、摒弃对规范性文件的违规滥用，试点开放授予地方法院与省级检察院文件制发权，督促立法机关或"两高"尽快出台法律法规或具有法律效力的司法解释，以解决各地裁判尺度不统一问题，提供针对性对策并展开讨论。

（一）提高法官释法说理能力、减少地方司法解释性质文件滥用

首先，法官应提高针对裁判文书的说理能力，减少对地方解释

---

[1] 杨彪：《司法认知偏差与量化裁判中的锚定效应》，载《中国法学》2017年第6期，第244页。

性质文件的滥用。关于地方司法解释性质文件违规默示使用与同类案件精神抚慰金判决金额不一这两类问题，从侧面反映了法官尽管拥有司法裁量的巨大权力，却极易受其他因素影响，以致无法在法官群体内部形成稳定一致的裁量标准。因此，这一问题的解决要从两方面入手。法官应加强司法裁判的专业能力素养，通过集中组织定期培训、学习法律专业技术知识等方式，提高裁判文书说理水平和质量。就精神抚慰金而言，面对地区法官判决金额差异明显的问题，可以通过本级法院对辖区内法官组织集中定期培训的方式，明确裁量应注重保持地区判决的稳定性和统一性，法官也可以通过检索类案的方式参照既往判例的相关裁量数额，既要避免判决金额过高扭曲精神抚慰金的安抚性质，也要避免判决金额过低导致受害者无法在个案中感受到公平正义。

其次，法官要及时学习和掌握法律效力不明的地方规范性文件的种类和特征，自觉规范审判行为，尽量克制甚至杜绝对非正式、违规规范性司法文件的盲目锚定行为，降低锚定效应在此类案件中的潜在作用。由于地方司法解释性质文件通常不会以明示方式在判决书中加以援引，上级法院对此类行为的监督和规制更为困难，简单的定期审查、抽检方式很难发现，唯有通过法官自我审视、自我规避和督促更高效力的全国性参考赔偿标准出台两种方式才能倒逼法官自觉摒弃对地方司法解释性质文件的滥用。

(二) 开放地方高院文件制发权

试点开放地方高院文件制发权，解决文件援引的效力不明问题。也有学者认为，与其让法官陷入进退维谷的尴尬局面，还不如通过试点改革方式逐步放开地方高院和省级检察院的文件制发权，毕竟无论是法律法规还是司法解释都需要经历严格复杂的立法程序，单纯依赖全国性统一标准出台会对实际审判造成延误后果。而且最高人民法院制定的统一标准或与不同地区的居民生活水平及人均收入水平无法适配，也会影响司法判决的社会效果和司法公信力。当然，国家立法机关和"两高"在考虑适度放开地方文件制发权的同时，也要对地方高院及省级检察院发布的规范性司法文件制定质量进行严格把控，如要求后者遵守严格的规范制定程序，及时向上级机关备案登记并接受立法机关的监督等，避免出现滥用文件制发权的行为。

(三) 统一立法或出台司法解释

全国统一立法或出台司法解释，适当提高赔偿标准。为解决各地参照标准不一问题，要督促统一立法或正式司法解释尽快出台。出台权威主体授权、更高效力位阶、更高技术水平的相关立法或司法解释，地方规范性文件的违规参照和适用问题便可迎刃而解。

目前各地的地方性规定并不统一，部分省份关于精神损害赔偿的细化规定仍处于立法空白状态，法官面对此类案件既无审判业务文件可学习，又无司法解释性质文件可参照，更为锚定效应发挥作用提供便利。考虑到一些省份地方司法解释性质文件也存在法律效力被宣布无效、正在被分批清理的现状，本文建议督促立法机关统一立法或"两高"以联合出台全国性司法解释的方式统一明确赔偿标准，避免地区差异。针对地方高院的参照赔偿标准又与地方经济发展水平不符的问题，未来出台的赔偿标准应当在同时考虑地区生活水平和人均收入水平差异、精神抚慰金的法律性质及同案同判法治目标这几大因素后，适当提高部分省市的赔偿标准，使得精神抚慰金的裁量同时兼具公平性与合理性。

除此之外，仍有多个省份尚未明确出台有关精神损害赔偿计算方式和赔偿限额的地方性规定，但考虑到全国性法律规范的具体计算标准仍处于缺位状态，无法为法官审判环节提供有力的政策支持，使得法官不得不依赖各种内生及外生锚点辅助决策，也在无形中受到前者的牵制与干扰，如原告诉求金额、案件具体情势、权威参考意见（如伤残鉴定报告及医疗过错鉴定结果）[1]等，当然地区法院既往的判决情况也会形成当地法官共同的依赖路径。

理解精神损害赔偿全国统一的必要性可以借鉴死亡赔偿金的时代性变化。基于城乡收入差距逐步缩减的现实背景与促进城乡融合发展的政策需求，2019年以来全国范围内已经实现人身损害赔偿标准城市与乡村统一[2]，2021年以来，各省人身损害赔偿标准再次进行更新和补正，死亡赔偿金"同命不同价"将彻底成为历史，考虑到精神抚慰金多年立法停滞的现状，举重以明轻，精神损害赔偿的标准问题更应当改进。

考虑到《民法典》已于2021年正式生效，原规定于侵权法的精神损害相关法律条文也已收录于《民法典》的侵权责任编，本文建议相关立法者及时更新和补正精神损害赔偿的相关标准。同时考虑到多数省份原有的指导赔偿标准大多于数十年前制定，立法机关应当考虑货币通胀、人均收入提高等因素的影响，适当提高建议赔偿标准。精神抚慰金补偿的是被害者身体健康权、生命权、人格权等被侵害后所遭受的巨大精神痛苦，以金钱补救也实属无奈，恰当的

---

[1] 杨彪：《司法认知偏差与量化裁判中的锚定效应》，载《中国法学》2017年第6期，第259页。

[2] 《关于建立健全城乡融合发展体制机制和政策体系的意见》第17条，《关于授权开展人身损害赔偿标准城乡统一试点的通知》。

赔偿金额可以使受害者及其家属得到稍许精神慰藉，正如同"精神抚慰"所提示的本意。因此，立法者在衡量相关赔偿标准时，也要考虑到精神抚慰金与死亡赔偿金的不同之处，太高会失去赔偿金设置的本意，太低也难以起到抚慰作用。无论如何，根本解决办法仍然是权威性司法解释或法律顺利出台。

六 结语

学习行为法律经济学的学科发展历史也是深入了解个体选择与决策的一个过程，通过对锚定效应相关研究成果的梳理，可以更好地认识法官在审判环节可能存在的司法认知偏差。而以精神损害赔偿定量这一突出矛盾为切入点，笔者对锚定效应的认识也更为详细和具体化。通过对Q市人身伤害案件判决书的分析，本文发现原告诉请金额、伤残等级与地方性司法解释性质文件这三个因素与法官对精神抚慰金判决金额的相关关系，并试图将其描述为影响法官定价的锚点。同时，本文对地方规范性司法文件的法律性质和法律效力进行了系统总结，并指出目前地方司法审判存在对这一类文件的违规适用问题。最后，将焦点回到对精神损害赔偿现存问题的总结，并提出尽快出台全国性司法解释或法律法规等，以彻底解决地方裁量金额差异明显的问题，方能实现同案同判的司法理想，以上是该文的主要研究内容。

正如奥格洛夫（Ogloff）所认为的，法律和心理学的结合是一个需要耐心的漫长过程，但坚持下去法学一定会收获颇丰[1]。行为法律

---

[1] James R. P. Ogloff, Two Steps Forward and One Step Backward: The Law and Psychology Movement (s) in the 20th Century, 24 *Law and Human Behavior* 457, 457–483 (2000).

经济学理论的国内研究仍处于初级阶段，还有许多未知领域等待探索，在中国司法实践中更是方兴未艾。有些问题是基础性的，如行为经济学和认知心理学存在各种各样的行为理论，不同的理论之间会产生交互作用，或是相向而行，或是背道而驰，是否存在统一的基础性理论指导引领学科发展？抑或是发现行为法律经济学仅仅是各种效应的集合？能否对法律决策提供预测？或是发现其本质上只是无规律心理学现象的法律映射？古典的、传统的经济学及法学理论能否参与行为法律经济学的运作？还有一些问题是实证性的、经验性的，如如何将理论猜想和假设从理想的实验室环境中成功移植到现实语境，如何进行有效性验证和可重复推演，从而将其固定为理论模型？还有一些问题是属于未来的，研究行为法律经济学能否帮助人们认识各种偏见和负面心理的客观存在并有意识地选择"别扭但有益"的行为决策？而减少偏见的努力能否增进现实世界的正向效用？以上种种都是行为法律经济学这一学科值得继续深耕的具体领域，希望本文粗浅的研究能贡献有限成果和一点思路。

Cognitive Biases in Judicial Trials
—The Anchoring Effect in the Compensation for Mental Damage

Wang Huixin

Abstract: Behavioral legal economics holds that there are many irrational behaviors of judges in the process of judicial selection and decision making. As a classical theory of behavioral legal economics, anchoring effect refers to the psychological activity mode in which people unconsciously take some previously selected reference points as "iron anchors" when thinking. This psychological effect is reflected in the judicial process as the judicial judgment made by the judge will be affected by the invisible factors outside the case. Based on the retrieval, summary and analysis of 194 judgment documents from 2019 to 2020 in the jurisdiction of Q, it is found that due to many reasons, such as vague value of rights and insufficient legal basis, the amount of mental damage compensation is significantly different between cases. There are three kinds of anchors: the degree of disability assessed by the victim, the suggested compensation standard in the local documents and the amount of compensation claimed by the plaintiff. The local judicial interpretation documents, as invisible anchors with the characteristics of Chinese judicial context, almost do not appear in the judgment, but virtually lead the expected direction of the judge's judgment. In order to minimize the influence of anchoring effect on judges in cases of compensation for mental damage, judicial loopholes can be filled by improving the level of reasoning of judges' interpretation of law, reducing the abuse of documents of local judicial interpretation, trying to open the power of document making and issuing of local high court, and making unified legislation or issuing judicial interpretation by national legislature.

Key words: Judicial Cognitive Bias; Anchoring Effect; Compensation for Mental Damage; Local Judicial Documents

健全基层法院一站式诉讼服务体系面临的问题与对策

——以全国 16 家基层法院实证比较研究为视角

陈臻胜　仙玉莉[*]

摘　要：目前，全国基层法院一站式诉讼服务中心已基本建成，但60%的实质性化解纠纷率尚未达标。本文通过对全国16家基层法院的调查研究，发现基层法院一站式诉讼服务存在以下问题：法院内设机构改革方案与诉讼服务中心建设体系不兼容，一站式诉讼服务程序与民事、刑事、行政三大诉讼法简易速裁程序未整合，一站式诉讼服务中心建筑面积不达标，人员配置比例不到位等，但国家对此无具体实施方案，也非法院权限所能解决。在梳理德国、英国等域外诉讼制度改革措施基础上，本文提出提升基层法院一站式诉讼服务体系效能的措施。

关键词：一站式诉讼　基层法院　提升效能

人民法院一站式诉讼服务体系建设，体现习近平中国特色社会

---

[*] 陈臻胜，甘肃省永靖县人民法院立案庭副庭长；仙玉莉，西北师范大学讲师。

主义法治思想"以人民为中心"的诉讼价值理念，涉及我国司法制度、诉讼制度格局的大调整。

2019年7月，最高人民法院提出了全国法院一站式诉讼服务中心建设的目标和时间表，要求到2020年底，全国法院一站式诉讼服务中心全面建成，形成"多数法官办理少数疑难复杂案件、少数法官解决多数简单案件"的工作格局[1]。2021年3月，最高人民法院工作报告显示，全国法院一站式诉讼服务体系"基本"建成，但最高人民法院提交全国人大常委会的《关于民事诉讼程序繁简分流改革试点情况的中期报告》显示，2020年1月到2021年2月，全国15个省份的20个城市法院开展试点工作，纠纷诉前化解率只有32%，小额速裁化解率19.3%[2]，没有达到最高人民法院提出的目标要求："诉讼服务中心实质性化解纠纷数量，达到一审民商事案件60%以上，审判质效明显提高。"[3] 2020年9月，全国高级法院院长座谈会提出，当前和今后一个时期，全面"提升"一站式多元解纷和诉讼服务"效能"[4]。2021年3月，最高人民法院工作报告再次指出，要在2021年"健全"中国特色一站式多元化纠纷解决机制和诉讼服务体系[5]。全国80%的案件和人员在基层法院，因此基层法院一站式诉讼

---

[1] 2019年7月31日，最高人民法院发布《关于建设一站式多元解纷机制一站式诉讼服务中心的意见》，其中第6条提出目标要求，"到2020年底，全国法院一站式多元解纷机制基本健全，一站式诉讼服务中心全面建成。中级、基层人民法院建立由多数法官办理少数疑难复杂案件，少数法官解决多数简单案件的工作格局"。

[2] 姜佩杉：《创新程序规则 优化流程机制 强化权利保障——聚焦最高人民法院关于民事诉讼程序繁简分流改革试点情况的中期报告》，《人民法院报》2021年2月28日，第4版。

[3] 孙航：《周强在全国高级法院院长座谈会上强调 全面推进一站式多元解纷和诉讼服务体系建设 加快构建中国特色纠纷解决和诉讼服务模式》，《人民法院报》2020年9月5日，第1版。

[4] 孙航：《周强在全国高级法院院长座谈会上强调 全面推进一站式多元解纷和诉讼服务体系建设 加快构建中国特色纠纷解决和诉讼服务模式》，《人民法院报》2020年9月5日，第1版。

[5] 《最高人民法院工作报告（摘要）》，《人民法院报》2020年3月9日，第2版。

服务体系的建设与效能，决定着全国法院能否实现上述目标。

针对上述问题，笔者从全国法院某业务培训班和300多家高级、中级、基层法院抽查16家基层法院，通过走访法院法官及法官助理、发放调查问卷、法官提供本院数据等方式，对16家法院一站式诉讼服务中心建设和运行情况开展调查研究，探索实质性提升基层法院一站式诉讼服务体系效能的路径。

一 基层法院一站式诉讼服务体系建设面临的问题

16家基层法院在全国的分布情况为：东部发达地区法院7家，中部地区法院3家，西部地区法院6家（见图1）。

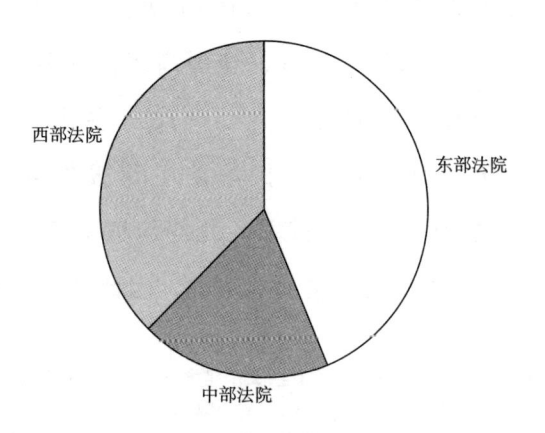

图1 16家基层法院的区域分布情况

16家基层法院类型为：市区法院7家，县级法院6家，民族地区法院3家（见图2）。

16家基层法院的案件数量与法官人均办案情况：2020年度，16家法院案件数量最多的13660件，该院员额法官人均办案332件；案件数量最少的法院2470件，该院员额法官人均办案206件（见图3）。

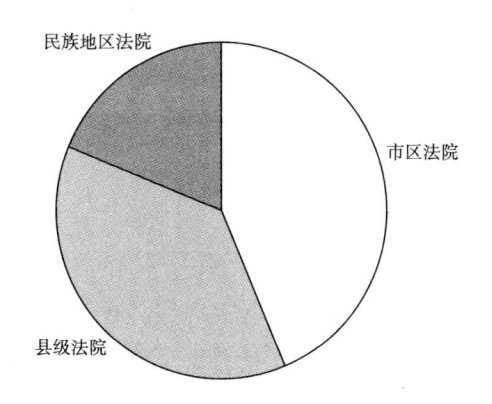

图 2 16家基层法院类型分布

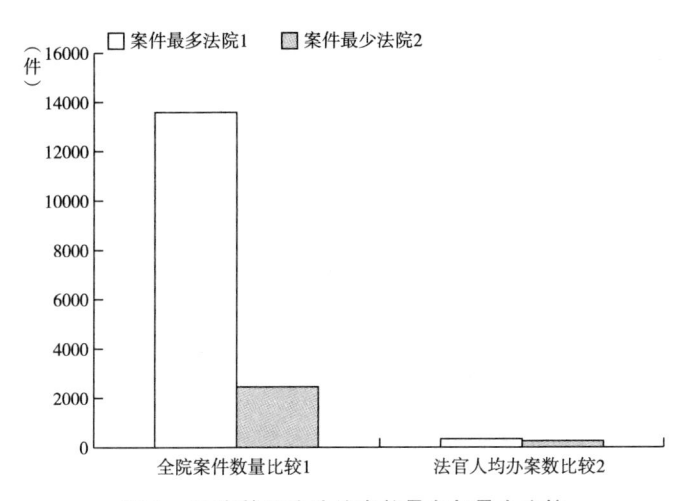

图 3 16家基层法院结案数最多与最少比较

通过调研数据分析，16家基层法院一站式诉讼服务体系建设多数进展缓慢，成效不明显，主要面临以下问题。

（一）法院内设机构改革方案与诉讼服务中心建设体系不兼容

2018年5月25日，中央机构编制委员会办公室、最高人民法院《关于积极推进省以下法院内设机构改革工作的通知》（法发〔2018〕8）发布，但并未对加强一站式诉讼服务中心建设提供机构增设支持。

16家基层法院一站式诉讼服务中心化解案件的数量，在本院民商事案件中所占的比重为：低于60%的未达标法院15家，其诉讼服务中心化解案件数量，平均占民商事案件的30.84%；达标法院1家，占民商事案件的75.8%。

与最高人民法院提出的"诉讼服务中心实质性化解纠纷数量，达到一审民商事案件60%以上，审判质效明显提高"① 目标要求相比，被调研法院还有较大差距。如果一站式诉讼服务中心建设不与法院内设机构改革联动，解决机构增设问题，使诉讼服务中心五大机构有编制、有职级待遇、专人负责，而只强调一站式诉讼服务中心建设的重要性，就无法有效完成一站式诉讼服务中心建设"重塑诉讼格局"、全面提升法院效能的任务。

（二）一站式诉讼服务中心的人员配置比例不到位

16家基层法院数据显示：16家法院总人数（包括临时聘用人员）共2130人，一站式诉讼服务中心人数282人，占总人数的13.2%；16家法院的员额法官共398人，一站式诉讼服务中心员额法官49人，占16家法院员额法官总人数的12.3%（见图4）。

如果按最高人民法院"少数法官办理多数简单案件"的要求，"少数法官"按40%的比例计算，参照图4数据，16家法院还应当向一站式诉讼服务中心增配员额法官110.2名【计算398×（40%－12.3%＝27.7%）】，增配其他人员570.8名【计算2130×（40%－13.2%＝26.8%）】，才能达到诉讼服务中心人员占法院总人数40%的比例要求。

---

① 孙航：《周强在全国高级法院院长座谈会上强调　全面推进一站式多元解纷和诉讼服务体系建设　加快构建中国特色纠纷解决和诉讼服务模式》，《人民法院报》2020年9月5日，第1版。

健全基层法院一站式诉讼服务体系面临的问题与对策

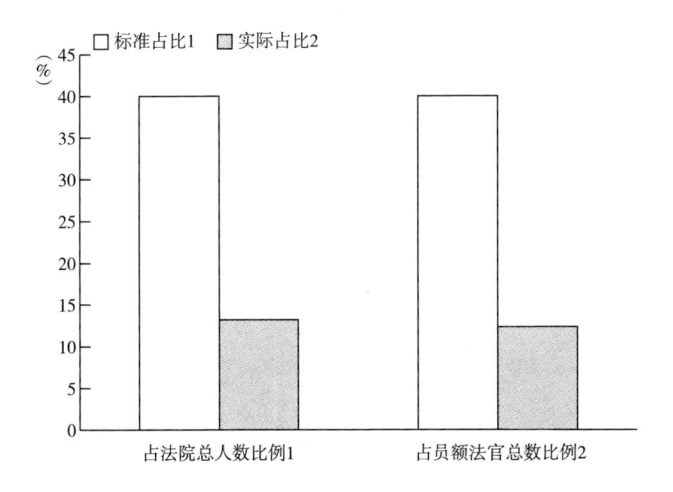

图4 被调研法院诉讼服务中心人员配置比例达标情况

（三）多数基层法院一站式诉讼服务中心建筑面积不达标

根据国家建设标准，基层法院一站式诉讼服务中心建筑面积不低于800平方米[①]。16家基层法院一站式诉讼服务中心建筑面积最大的1100平方米，最小的30多平方米，其中800平方米以上的法院2家，都是市区法院，其余14家法院都在800平方米以下。不达标法院占16家法院的87.5%（见图5）。

由于一站式诉讼服务中心的建筑面积达不到最高人民法院最低标准要求，一站式多元化纠纷解决机制运行中，派驻法院的外单位调解人员无法在法院派驻办公。诉前调解、立案后速裁所需的办公室、审判庭、调解室、远程视频开庭等，都难以在诉讼服务中心充分开展。全国法院审判大楼多数十年前建成，无论信息化线路安装、

[①] 2010年9月7日，住房和城乡建设部、国家发展和改革委员会发布的《关于批准发布〈人民法院法庭建设标准〉的通知》（建标〔2010〕143号）规定了全国基层法院一站式诉讼服务中心建设的建筑面积，目前参照该标准执行。

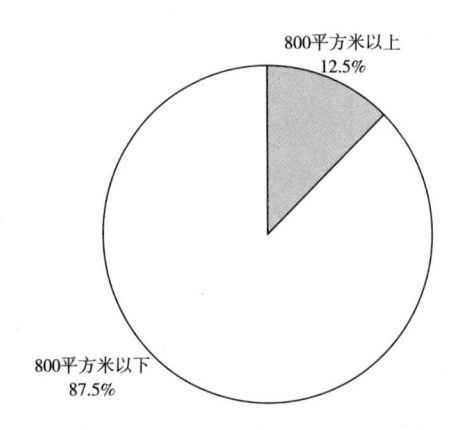

图 5 被调研 16 家法院诉讼服务中心建筑面积达标比例

安全保卫功能设置,还是一站式多元化纠纷解决机制诉调对接等,其结构、功能设计都不适应一站式诉讼服务中心的新要求。

(四) 三大诉讼法难以适应一站式诉讼服务工作要求

中国特色一站式诉讼服务体系建设,属于法学范畴,从法学理论分类,是诉讼法学价值理念的新发展,这对民事、刑事、行政三大诉讼法提出了新课题。目前一站式诉讼服务所需要的诉讼程序设计,不仅包括民事诉讼、部分行政诉讼调解,还需扩展到刑事速裁等。现行三大诉讼法仅适用于纠纷立案之后,但一站式多元化纠纷解决和诉讼服务体系还需要把大量立案前的纠纷一站式化解在法院诉讼服务中心,这需要对三大诉讼法的简易程序进行整合、剥离,还要完善对虚假诉讼的民事制裁、刑事处罚等程序[①],加强对诉权滥

---

① 据统计,2019 年人民法院审结虚假诉讼犯罪案件 826 件,是 2014 年的 118 倍;被认定为虚假诉讼的民事案件 2779 件,是 2014 年诉的 17.7 倍。参见孙航、黄艳辉、严怡娜《"零容忍""出重拳",依法严厉打击虚假诉讼——最高法召开系列虚假诉讼案件宣判处理新闻发布会》,《人民法院报》2020 年 12 月 12 日,第 4 版。

用的监督，保证诉讼合法、健康发展，这需要单独制定一部法律。

二 一站式诉讼服务体系建设在基层法院的困境成因

20世纪前后，全球发达国家出现诉讼增量，超过了司法资源承受力，各国对此采取了不同的司法改革措施。德国采取"设置审前准备程序，扩大独任法官审理案件范围，建立小额诉讼程序，改革上诉程序、审级制度，完善诉讼的替代性解决方式，强化和解制度，改革督促程序"等措施。英国实施"简化诉讼程序，完善小额诉讼请求程序，新设置快捷审理制，增加多轨审理制，引进替代性纠纷解决方式（ADR）"等措施[1]。法国采取"紧急救济程序"，荷兰采取"简易程序""初步禁令程序"等措施[2]。我国提出的则是"中国特色一站式多元化纠纷解决和诉讼服务体系建设"这一改革措施。目前该举措面临一些问题，具体分析其成因，表现在以下四个方面。

（一）一站式诉讼服务中心建设无机构增设与诉讼格局大调整要求不协调

因一站式诉讼服务中心无机构增设政策，没有专门机构和负责人负责，仅由立案庭负责人兼任，难以顾全。且立案庭庭长负责诉讼服务中心工作，职级太低，无权按照最高人民法院的标准要求，解决一站式诉讼服务中心需要的机构设置、撤并等重大问题，这些都是中央事权，连基层法院党组、当地党委组织部都无权决定。《中

---

[1] 廖中洪主编《民事诉讼体制比较研究》，中国检察出版社，2008，第257~263页。
[2] 乔欣主编《民事纠纷的诉讼解决机制研究》，中国人民公安大学出版社、群众出版社，2018，第171~172页。

共中央关于深化党和国家机构改革的决定》提出，要"优化司法职权配置，推进法院、检察院内设机构改革"，其核心是"推进以审判为中心的诉讼制度改革"，目的是要提高司法公信力，更好地维护社会公平正义，让人民群众感受到公平正义[①]。一站式诉讼服务中心的建设、职能及其适用的诉讼制度，是审判工作中心的平台、载体、程序。根据中央上述文件要求，法院一站式诉讼服务中心是应当进一步加强的部门。《最高人民法院关于深化人民法院司法体制综合配套改革的意见——人民法院第五个五年改革纲要（2019~2023）》也强调，"构建以人民为中心的诉讼服务制度体系"，纲要第12~15条专门部署如何"健全以人民为中心的诉讼服务体系"，明确要"加强诉讼服务体系建设"。但是，在法院内设机构改革后续的几年推进过程中，一站式诉讼服务中心的机构增设，以及与审判庭机构的撤并重组问题，一直没有引起关注，这与中央的上述文件精神不符。应该加强研究，精确领会中央机构精简国策与全面推进依法治国战略的平衡点，从重塑我国诉讼格局的全局角度考虑，研究一站式诉讼服务中心的机构增设问题。

（二）一站式诉讼服务中心建设诉讼格局重塑与法院人员调整、机构重组方案关联不紧密

《最高人民法院关于建设一站式多元解纷机制 一站式诉讼服务中心的意见》提出，法院一站式诉讼服务中心建设要"加强联动融合，重塑诉讼格局，提升程序效能"，提出设置相关速裁团队

---

① 《中共中央关于深化党和国家机构改革的决定》（2018年2月28日中国共产党第十九届中央委员会第三次全体会议通过）第5条第2项提出，"深化司法体制改革，优化司法职权配置，全面落实司法责任制，完善法官、检察官员额制，推进以审判为中心的诉讼制度改革，推进法院、检察院内设机构改革，提高司法公信力，更好维护社会公平正义，努力让人民群众在每一个司法案件中感受到公平正义"。

等，但对审判庭与一站式诉讼服务中心如何融合与整合，没有国家层面的总体框架设计方案。这导致基层法院对加强一站式诉讼服务中心建设的人员配置不知如何执行，呈现各自为战、参差不齐的状况。

（三）一站式诉讼服务体系建设硬件设施难以保障

总结调研的16家基层法院一站式诉讼服务中心建设现状，在一站式诉讼服务中心建筑面积方面，发达地区法院由当地政府财政充分保障，支持新建或者改造旧审判大楼，但经济欠发达地区的基层法院、民族地区法院，由于政府财政困难，有的财政只能保障公职人员工资，法院一站式诉讼服务中心建筑改造费用达千万元以上，没有国家专项资金支持，地方财政根本无力解决。经济欠发达地区法院，对一站式诉讼服务中心的改造或者新建，有的上报上级部门作为建设项目审批，也因国家无统一项目资金支持，且又有限制新建楼堂馆所等国家政策禁令，省级相关部门对此审批上报也有顾虑，导致新建或者改造一站式诉讼服务中心项目暂停搁置。这些问题在经济欠发达地区基层法院尤其突出。

（四）三大诉讼法简易速裁程序未整合影响诉讼服务提升效能

实现中国特色一站式诉讼服务体系建设目标，需要对原有民事、刑事、行政三大诉讼法简易速裁案件的审理程序进行整合，并融入非诉程序纠纷解决机制，作为一个特别程序单独立法。但目前这一融合式单独诉讼程序立法时机还不成熟，没有列入国家立法规划，不利于充分发挥一站式诉讼服务整体效能。

三 完善基层法院一站式诉讼服务体系建设构想

根据一站式诉讼服务体系建设在基层法院面临的问题以及成因分析，下文重点针对推动基层法院诉讼服务中心机构增设、人员调配、建筑硬件保障、三大程序法修订四个方面，提出完善建议。

（一）完善一站式诉讼服务体系机构格局

在机构精简的背景下，响应中央提出的国家战略与发展规划，可申报、审批新的增设机构，2020年12月，中共中央印发的《法治社会建设实施纲要（2020~2025年）》明确，要"全面建设现代化诉讼服务体系"，还提出要"依法有效化解社会矛盾纠纷""坚持和发展新时代'枫桥经验'""努力将矛盾纠纷化解在基层"[1]，将法院诉讼服务体系建设提到了国家战略高度。这为一站式诉讼服务中心五大职能内设机构的增设，提供了政策依据。贯彻落实习近平总书记在2019年中央政法工作会议上提出的"加快构建优化协同高效的政法机构职能体系""深化诉讼制度改革"等重要讲话精神[2]，组织协调最高人民法院、中央组织部，组成联合调研组，加强对全国法院特别是基层法院一站式诉讼服务中心机构增设问题的研究。

---

[1] 2020年12月，中共中央提出，"加强诉讼服务设施建设，全面建设集约高效、多元解纷、便民利民、智慧精准、开放互动、交融共享的现代化诉讼服务体系"，参见中共中央印发的《法治社会建设实施纲要（2020~2025年）》，中央人民政府网，http://www.gov.cn/zhengce/2020-12/07/content_5567791.htm，2020年12月7日。

[2] 《习近平在中央政法工作会议上强调 全面深入做好新时代政法各项工作 促进社会公平正义 保障人民安居乐业》，《人民法院报》2019年1月17日，第1版。习近平总书记在此次中央政法工作会议上指出，"政法系统要在更高起点上，推动改革取得新的突破性进展，加快构建优化协同高效的政法机构职能体系。要优化政法机关职权配置，构建各尽其职、配合有力、制约有效的工作体系。要推进政法机关内设机构改革，优化职能配置、机构设置、人员编制，让运行更加顺畅高效"。

进一步完善法院内设机构改革，对法院现有各审判庭与诉讼服务中心五大职能进行重组整合：所有审判庭法官以团队化组织架构方式设置，不再设置机构，各审判庭改组为只设一个审判团队，分刑事组、民事组、行政组，以"1法官+1法官助理+1书记员"模式组合（见图6）。

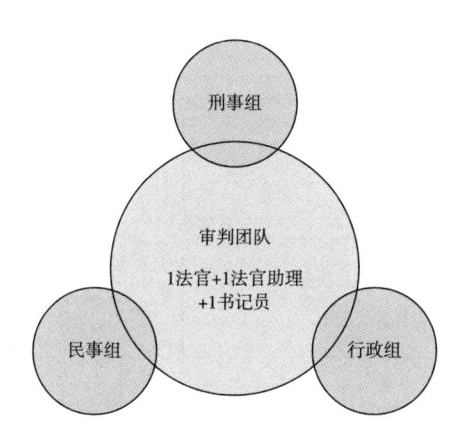

图6 一站式诉讼服务中心外部原审判庭撤并架构设想

撤销法院执行庭，统一改为执行警务局，对执行工作完全实行行政管理模式，执行人员改组警务化，执行局不再配备法官，对原执行庭签发的执行裁决法律文书，改革为由一站式诉讼服务中心新设机构"信访审监庭"法官审核、签发。将撤销的各审判庭机构编制，用来增设一站式诉讼服务中心职能机构：①多元调解室；②原立案庭更名为登记立案庭；③简易速裁庭；④审判辅助庭；⑤信访审监庭（见图7）。按上述模式组建的一站式诉讼服务中心架构，意在全力解决"一案变六案"（一审、二审、再审、抗诉、执行、信访）、诉讼程序空转、增加当事人诉累和浪费司法资源的问题[1]，将

---

[1] 胡云腾：《案例法治强调良法善治和知行合一、扎根社会生活——法治是案例之治》，《北京日报》2020年11月23日，第14版。

诉前调解、诉讼保全与简案速裁密切结合，实现一次、一站式将纠纷化解在基层，以案结事了为目的，全力提高一站式诉讼服务效能。

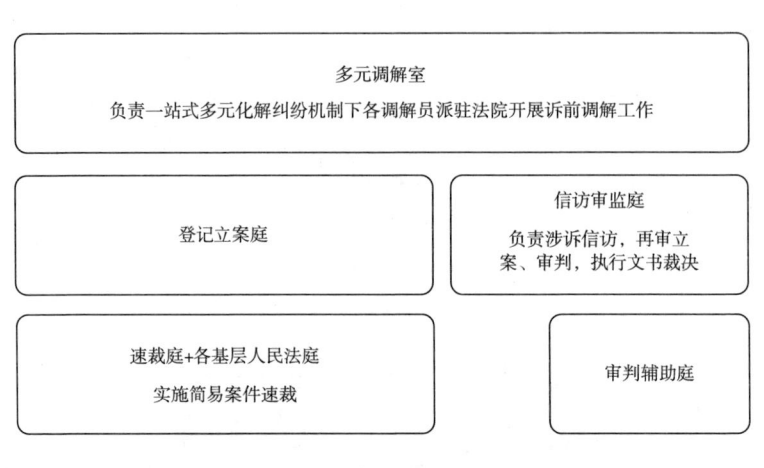

```
┌─────────────────────────────────────────────────────┐
│                     多元调解室                        │
│  负责一站式多元化解纠纷机制下各调解员派驻法院开展诉前调解工作  │
└─────────────────────────────────────────────────────┘

┌──────────────────────┐      ┌──────────────────────┐
│                      │      │       信访审监庭       │
│      登记立案庭        │      │  负责涉诉信访，再审立   │
│                      │      │  案、审判，执行文书裁决  │
└──────────────────────┘      └──────────────────────┘

┌──────────────────────┐      ┌──────────────────────┐
│   速裁庭+各基层人民法庭  │      │                      │
│    实施简易案件速裁     │      │      审判辅助庭        │
└──────────────────────┘      └──────────────────────┘
```

图7　一站式诉讼服务中心内部组织架构设想

（二）切实保障一站式诉讼服务中心人员配置达标

《最高人民法院关于建设一站式多元解纷机制　一站式诉讼服务中心的意见》第25条，为法院向诉讼服务中心调配员额法官、法官助理、司法辅助人员和聘用制人员、司法警察、警务辅助人员和安保人员提供了依据[①]。调研的16家基层法院，在一站式诉讼服务中心建设人员调配上，30%的法院人财物仍以各审判庭为重点，大量人员仍在各审判庭，只是把全部员额法官办理的调解案件数量和简

---

① 《最高人民法院关于建设一站式多元解纷机制　一站式诉讼服务中心的意见》第25条明确，对一站式诉讼服务中心建设，要"加强人才队伍保障。配备必要的员额法官和充足的法官助理，开展立案、调解、速裁快审等工作。充实司法辅助人员和聘用制人员，开展诉讼引导、咨询查询、材料收转等辅助性、事务性工作。配备一定数量的司法警察、警务辅助人员和安保人员，负责安全保卫等工作"。

易案件数量,归口统计为一站式诉讼服务中心的诉前调解和速裁案件,诉讼格局并未调整。一站式诉讼服务中心的人员配置,只有达到法院总人数的40%,才能为"少数法官处理大多数简易案件"提供智力、人力资源支撑。一站式诉讼服务中心人员40%这一比例,应包括基层法院各派出法庭总人数,把各基层法庭也调整到一站式诉讼服务中心管理。因为派出法庭审理的案件,绝大多数是辖区内的简易案件。而且这40%的人员比例,应是员额法官、法官助理、书记员、其他司法辅助人员(包括临时聘用人员)同比例的,配置人员充实到诉讼服务中心的多元调解室、登记立案庭、简易速裁庭、信访审监庭、审判辅助庭这五大部门。法院各审判庭保留60%的"多数"员额法官,实行"1法官+1法官助理+1书记员"的人员组合模式,承担审理重大复杂疑难案件的审判工作任务。实现一站式诉讼服务中心少数法官审理法院大多数简易案件、法院多数法官审理少数重大复杂疑难案件的诉讼新格局。

(三)国家统一规划一站式诉讼服务中心建筑硬件设施

只有通过国家支持,全国法院特别是经济欠发达地区基层法院、少数民族地区法院,才能有效解决一站式诉讼服务中心必需的建筑面积问题。一站式诉讼服务中心的目标,是以40%的少数法官化解60%的多数简易案件,与此对应,一站式诉讼服务中心的建筑面积也应占法院总建筑面积的40%,否则一站式诉讼服务中心无法容纳40%的法院人员,更难保证多元化纠纷解决机制下各类人民调解员进驻法院开展工作。此因,一站式诉讼服务中心的建筑面积及其设计、改造与重建,有必要纳入国家发展规划,由国家项目和财政专项资金予以保障。

（四）单独制定适用一站式诉讼服务体系的特别法

对《刑事诉讼法》中不追究刑事责任案件程序、自诉案件程序、简易程序、刑事速裁程序等，《民事诉讼法》中的调解程序、简易程序、特别程序一审终审程序、司法确认程序、督促程序、公示催告程序等，《行政诉讼法》中部分符合条件的行政调解程序、简易程序等，《人民调解法》调解程序，多元化纠纷解决机制诉调对接程序等，凡适用一站式诉讼服务程序的，以及对虚假诉讼的民事、刑事制裁程序，单独整合为一部特别法，使刑事、民事、行政适用调解、速裁的案件，都可以在诉讼服务中心得到一站式处理，法院真正实现一站式诉讼服务中心"少数"法官处理"大多数"简易案件，而不仅仅是民商事案件的"多数"简易案件。发挥中国特色一站式诉讼服务体系优势，为实质性提升一站式诉讼服务效能提供法律保障。

四　结语

中国特色一站式诉讼服务体系建设，是人民法院贯彻习近平中国特色社会主义法治思想理念，实行的一项综合配套改革。从法院建筑结构设计，到人力资源重新配置、机构撤并调整，实现审判工作重心前移，发挥多元化纠纷解决机制优势。发扬"枫桥经验"，将矛盾纠纷化解在基层，以一次性、彻底、高效解决简易案件，防止诉讼程序空转。以"无讼"为法治理想，把法官从繁杂、琐碎的审判事务中解脱出来，将多数法官资源集中在少数重大复杂疑难以及新类型、集团诉讼等有重大社会影响，具有社会规范指引功能的案件审判上。发挥法院裁判的社会指引与规范功能，提升国家治理体系与治理能力现代化水平，使多数法官更有精力、能力、实力提高法院裁判质量和公信力。一站式诉讼服务体系建设，将重塑中国诉讼格局，是一场人民法院从内到外诉讼制度、理念、价值的重大改革，它涉及完善我国诉讼立法、司法制度调整、法院外调解力量整合。这项改革已远远超出法院独家能解决问题的范围，更不是基层法院发挥"首创精神"就能实现的。需要从国家层面，对法院独家无法解决的重大问题作出顶层设计、规划和实施方案，在全国快速推行，为全面提升一站式诉讼服务体系效能打下坚实基础。

Problems and Countermeasures of Perfecting the One-Stop Litigation Service System of Basic Courts —From the Perspective of Empirical Comparative Study of 16 Grassroots Courts in China

Chen Zhensheng, Xian Yuli

Abstract: At present, the one-stop litigation service center of grassroots courts in China has been basically built, but 60% of the substantive dispute resolution rate has not reached the standard. Through the investigation and research of 16 grassroots courts in China, this paper finds the following problems in the one-stop litigation service of grassroots courts: Court internal institutions reform and litigation system is not compatible service center construction, service one-stop litigation procedure and law of civil, criminal, administrative three simple speed cutting procedure not integrated, one-stop service center of litigation construction area is not up to standard, personnel allocation does not reach the designated position, etc., but countries have no concrete implementation plan, also a court permission can solve. On the basis of sorting out the reform measures of the litigation system in Germany, Britain and other countries, this paper puts forward measures to improve the efficiency of the one-stop litigation service system of basic courts.

Key words: One-Stop Litigation; Grass-Roots Court; Improve Efficiency

裁判文书公开的价值之辨

王祎茗[*]

摘 要：司法活动的生成逻辑和历史传统决定了公开为其本质属性，裁判文书公开作为司法公开的重要一环概莫能外。中国当代裁判文书公开制度建设紧紧围绕实现公平正义的法的规范价值展开。不同法益的竞争关系虽引发争议，但即使是制度间的龃龉与调适也与规范价值追求并行不悖。司法主责之外人民法院参与社会治理的其他方式不影响其规范价值追求的核心地位。对以裁判文书公开为代表的司法公开的正本清源必要且迫切，互联网时代的司法公开并非走得太远，而是仍然不够。

关键词：司法公开 裁判文书公开 规范价值 社会治理

---

[*] 王祎茗，中国社会科学院法学研究所助理研究员。

一 历史上的裁判文书公开及其价值溯源

(一) 裁判文书公开的历史梳理

裁判文书公开的历史需要纳入审判公开的语境下追溯,中国历史上审判公开一直存在,即使是在"议事以制"而不以法的早期形态之下,司法过程也在不同程度上公开。在没有司法记录制度的早期,官员当场解决纠纷,公开宣判,是判决公开的主要形式。

公开审判源自中国上古传说。先民认识能力尚不发达,神明裁判盛行,神明裁判正当性、合法性被公众认可源自一定程度的公众参与,是为公众认可所加持的蒙昧理性。公开审判成为定例,从官衙附属设置也可以看出。设立于衙门之外的"鸣冤鼓",从百姓告状时起便将案件事实公之于众。"所谓击鼓升堂,就是为了告诉民众,官府将要'公开'审理案件。"[①] 各地遗存的古代衙门印证了"衙门八字开"的俗语,多个机构集于衙门"八"字排开,取八方开门之义,便于百姓办事进言。升堂问案时允许百姓观审,相关事例在民间史料中多有记述。会审和集议制度也代表了一定程度的审判公开。《周礼·秋官·小司寇》中记载的"三刺之法"[②] 成为后世会审、集议制度的渊源。"三司推事""三司会审""九卿圆审""热审""秋审""朝审"等会审方式都体现了某种程度和一定范围的审判公开。

即便在司法文书成文记录未成定制的时期,有形的"判决书"公开也已现端倪。《周礼·秋官·小司寇》所载小司寇之职:"以五

---

① 徐忠明:《包公故事:一个考察中国法律文化的视角》,中国政法大学出版社,2002,第429页。
② "以三刺断庶民狱讼之中,一曰讯群臣,二曰讯群吏,三曰讯万民。"

刑听万民之狱讼,附于刑,用情讯之;至于旬,乃弊之,读书,则用法。""读书"就是当众宣判的意思,是司法文书公之于众的典型例证。案件的判决书,在古代有判词、判状、判花、堂断等多种称谓,判词记载于一定载体之上予以公开,也有相当久远的历史。最早的判词出现在西周时的青铜器上。在以"铸刑鼎"为主要形式的成文法运动中,大量个案判词得以由此公之于众,也彰显了背后抽象的法律规则。这种列举个案以陈明抽象规则的手法,还体现于"春秋决狱"等重大历史事件中,甚至成为正式的法律渊源——廷行事、决事比。唐宋至清多类体裁的史料中可见大量判词,如《白氏长庆集》《李太白集》等,还有专门判词辑录问世,如《名公书判清明集》《龙筋凤髓判》等。

此外,张榜公布是中国自古流传下来的官方信息公开方式,发挥着官民沟通的渠道作用,重要的、社会影响较大的案件的司法文书也通过张榜方式公开。张榜公开的形式有"榜示""门示"之分,涵盖了诉讼活动各个阶段产生的司法文书,分别具备立案宣告、收集展示证据、涉诉财产信息公示、提高审判效率、公开判决、宣传教化等功能[①]。

民国时期,政府公报和司法公报成为司法公开的重要途径,司法公开以司法公报最为专业。"据第一期司法公报刊登之《司法公报简章》第三条,《司法公报》内容包括以下九类:1. 图画;2. 命令;3. 法规;4. 公牍;5. 判词;6 报告;7. 译件;8. 选论;9. 杂录。"[②]由此可见,司法公报成为司法文书公开的重要载体。在解释法律

---

① 参见朱文慧著《榜示·读示·门示——〈名公书判清明集〉所见宋代司法中的信息公开》,载《浙江学刊》2015 年第 5 期。
② 赵晓耕著《中华民国时期〈司法公报〉述略》,载《山西大学学报》(哲学社会科学版) 2012 年第 3 期。

过程中，大理院解释例、大理院判决例、最高法院判例要旨有规律地汇集和公布，也将一部分典型案件的裁判文书内容予以公开。

以古希腊、古罗马为代表的西方审判制度根植于其民主政治发展进程，因其公众参与度高而具有较强的公开性。作为审判结果的呈现，司法文书的公开既是史实，也是必然。

（二）司法活动的生成逻辑决定了司法公开的价值所归

司法活动何以生成？从个案角度而言，个体之间矛盾纠纷的产生会引发纠纷化解需求，自发的协商谈判不足以解决时自然求助于宗族亲属，纠纷再不得解超出血缘家族的范围进而求于乡里耆老等威望人士，倘若上述手段皆宣告失败，则唯有诉诸衙门申请公权力介入以求公断。当今部门法语境下的刑事案件审判同样能够适用这样一种司法活动的生成逻辑，只需将刑事案件视作矛盾纠纷的极端情况，其严重程度决定了无法通过个人、亲属、乡里的斡旋得以解决，而只能由国家公权力作出评断。

从宏观的国家治理角度而言，为配合这样的纠纷化解衍生逻辑，国家通过渐进式行动策略实现公权力对社会管理的渗透。通过对诚信观念的认可，对亲属关系的确认维护，对民间威望人士参与公共活动以利区域社会秩序维持的旌表奖励，以及最终司法审判制度的确立，或无形或有形地将纠纷化解置于公权力的全面参与之下。同时，司法审判制度诞生之时即呈现从地方到中央的审级差异，审级制不仅意味着司法权力层级的升高，更代表了地域范围的扩展，可见司法制度内部同样遵循了公众参与范围不断扩大的逻辑。

从中国早期法制指导思想的演变可以清楚地看到统治者不断为其统治手段"正名"的过程。从肇始的"天命"观指导下的"天讨""天罚"法律观,逐渐发展为"以德配天,明德慎罚""德主刑辅""礼刑合治"的德法关系协调理顺,"德""礼"其实是公平正义抽象概念的相对具象和制度化的表达。在"德""礼"的参与下,法律和司法活动的正当性、权威性不断得到强化,应然概念下具有"合法性"的法律体系不再是"天"选择的少数人的统治工具,而具有了维护公平正义的普世价值。杜绝秘密审判在东西方司法制度史上各自自发产生了从司法神秘到司法公开的萌芽,这种历史上称为普遍与必然的"巧合"才是司法公开历史渊源的价值所在。司法公开的萌芽根源于对司法活动正当性的证明和确立司法权威的需要。在当代民主政治背景下,这一结论同样适用。

最后回归个案,个体之间的矛盾诉诸公断是追求公平正义的最终一环,诉之行为本身就是将在一定范围内无法解决的矛盾交给代表广泛群体意见的公权力裁断的自愿选择。这种选择意在公开矛盾以争取大众视野下的公平正义需求,同时代表默许接受较广范围的社会评价。

二 当代裁判文书公开制度建设与实践围绕规范价值的展开

(一) 从司法人民性出发的当代司法公开制度

裁判文书公开作为司法公开的一部分,应置于法的整体运行过程中考察其制度价值。司法活动本身是为维护法的规范价值而生,因而法的规范价值即是司法活动的核心价值,司法公开、裁判文书公开皆围绕此核心展开。当代司法公开和裁判文书公开的制度生成与实践印证了这一点。

人民司法的理念根植于中国共产党的本质和一以贯之的群众路线,从革命根据地走来,新中国成立之后得以延续。人民法院代表人民行使权力,也应接受人民监督。1950年颁布的《人民法庭组织通则》第5条规定:"人民法庭开庭审判时,允许旁听。在审判时,旁听的人经允许可以发言。"1951年颁布的《人民法院暂行组织条例》第8条规定:"人民法院审判案件,除依法不公开者外,均应公开进行。"直至1954年《宪法》第76条规定:"人民法院审理案件,除法律规定的特别情况外,一律公开进行。被告人有权获得辩护。"以根本大法的形式规定了审判公开这一司法原则。新时期中国的各项事业蓬勃发展,法治建设不断开拓新境界,司法工作理念实现了"人民司法"到"司法为民"的升华。作为司法为民最主要的便民手段之一的司法公开也步入了新的历史阶段。十八大以来,党的历次代表大会均明确提及司法公开,党的执政理念发展从根本上为新时代司法公开工作指明了方向。

现行《宪法》第130条沿用了1954年《宪法》关于审判公开的规定:"人民法院审理案件,除法律规定的特别情况外,一律公开进行。被告人有权获得辩护。"三大诉讼法除了重述宪法规定并进行落实外,还对审判流程公开等内容作了不同程度的规定,司法公开具有完整的法律制度体系,并且在法律修改过程中日渐成熟。《刑事诉讼法》第202条规定:"宣告判决,一律公开进行。"《民事诉讼法》第151条规定:"人民法院对公开审理或者不公开审理的案件,一律公开宣告判决。"《行政诉讼法》第65条规定:"人民法院应当公开发生法律效力的判决书、裁定书,供公众查阅,但涉及国家秘密、商业秘密和个人隐私的内容除外。"第80条规定:"人民法院对公开审理和不公开审理的案件,一律公开宣告判决。"在公开审判和公开宣判制度前提下，裁判文书已经通过上述方式在一定范围内实现了公开，至少不是仅供法官、当事人、诉讼代理人等特定主体查阅的。在制度逻辑上，经过公开审判、宣判的过程，裁判文书公开只是具有公开属性的司法过程的结果，其公开具有顺势而为的应然性与必然性。

1985年创刊的《最高人民法院公报》公开了大量的裁判文书，这些裁判文书大部分来自地方各级人民法院的终审案件，多是因案情复杂存在争议或者法律没有明确规定具有典型性而被报送选取，经最高人民法院审查通过而刊出。以公报登载裁判文书有中国司法文化的历史渊源，也可视为新中国在媒体公开裁判文书的肇始。

司法公开、裁判文书公开制度化进程与司法改革历史进程同步展开。1999年10月20日印发的《人民法院五年改革纲要（1999~2003）》，即司法改革"一五"纲要对裁判文书作出要求："加快裁判文书的改革步伐，提高裁判文书的质量，其改革的重点是加强对质证中有争议证据的分析、认证，增强判决的说理性；通过裁判文书，不仅记录裁判过程，而且公开裁判理由，使裁判文书成为向社会公众展示司法公正形象的载体，进行法制教育的生动教材。此外，纲要要求，对第二审案件除依法可以不开庭审理的以外，应当做到开庭审理，公开宣判。"2009年印发的《人民法院第三个五年改革纲要（2009~2013）》在第一个五年纲要基础上进一步要求，"增强裁判文书的说理性，提高司法的透明度"。《最高人民法院关于全面深化人民法院改革的意见——人民法院第四个五年改革纲要（2014~2018）》提出，完善裁判文书公开平台要求，并将文书公开作为强化审级监督机制和完善案件质量评估体系的抓手予以强调。2019年最高人民法院印发《最高人民法院关于深化人民法院司法体制综合配套改革的意见——人民法院第五个五年改革纲要（2019~2023）》，专门在"健全开放、动态、透明、便民的阳光司法制度体系"部分用较大篇幅对推进司法公开提出要求，加强包括裁判文书公开平台在内的"四大平台"建设，在司法公开工作中更加侧重规范化、标准化、信息化建设。

在纲要提出宏观目标之后，细化的规定相继出台。2000年出台的《最高人民法院裁判文书公布管理办法》，率先示范公开典型案例，该办法开头便明确指出，公开裁判文书的目的是"为推进审判方式改革的深入发展，维护司法公正"。2007年出台的最高人民法院《关于加强人民法院审判公开工作的若干意见》规定，各高级人民法院应当根据本辖区情况制定通过出版物、局域网、互联网等方式公布生效裁判文书的具体办法，逐步加大生效裁判文书公开的力度。该意见对司法公开重大意义的总结较为全面，阐述了通过司法公开实现司法公正、维护司法公信与权威的价值追求，即"审判公开是以公开审理案件为核心内容的、人民法院审判工作各重要环节的依法公开，是对宪法规定的公开审判原则的具体落实，是我国人民民主专政本质的重要体现，是在全社会实现公平和正义的重要保障。……加强审判公开工作是建设公正、高效、权威的社会主义司法制度的迫切需要。……司法公正应当是'看得见的公正'，司法高效应当是'能感受的高效'，司法权威应当是'被认同的权威'"。

2009年12月，最高人民法院出台《关于司法公开的六项规定》，要求各级法院在审判执行工作中落实立案公开、庭审公开、执行公开、听证公开、文书公开、审务公开，是对司法公开较为系统的规定。2013年11月28日,最高人民法院发布《关于推进司法公开三大平台建设的若干意见》,要求推进审判流程、裁判文书、执行三方面信息的公开。该意见提出:"建设司法公开三大平台,是人民法院适应信息化时代新要求,满足人民群众对司法公开新期待的重要战略举措。人民法院应当通过建设与公众相互沟通、彼此互动的信息化平台,全面实现审判流程、裁判文书、执行信息的公开透明,使司法公开三大平台成为展示现代法治文明的重要窗口、保障当事人诉讼权利的重要手段、履行人民法院社会责任的重要途径,并通过全面推进司法公开三大平台建设,切实让人民群众在每一个司法案件中都感受到公平正义。"[①] 该意见重申了司法公开对于公平正义的规范价值追求,赋予司法为民崭新的表述方式与丰富的实践内涵。2013年2月23日,习近平同志在主持中央政治局第四次集体学习时要求:"加大司法公开力度,回应人民群众对司法公正公开的关注和期待。"2014年1月7日,习近平在中央政法工作会议上强调:"要坚持以公开促公正、以透明保廉洁,增强主动公开、主动接受监督的意识,让暗箱操作没有空间,让司法腐败无法藏身。"这使得司法公开有了实现司法案件公正和规范司法权、防治司法腐败的双重维度。

在司法改革政策和司法实践影响下,相关法律得以跟进修改。2012年修订的《民事诉讼法》第159条规定:"公众可以查阅发生法律效力的判决书、裁定书,但涉及国家秘密、商业秘密和个人隐私的内容除外。"这是当前通过互联网公开裁判文书的直接法律依据。2014年修订的《行政诉讼法》第65条规定:

[①] https://www.chinacourt.org/article/detail/2013/11/id/1152225.shtml, 最后访问日期:2022年7月20日。

"人民法院应当公开发生法律效力的判决书、裁定书,供公众查阅,但涉及国家秘密、商业秘密和个人隐私的内容除外。"

2009年的《司法公开六项规定》提出:"裁判文书应当充分表述当事人的诉辩意见、证据的采信理由、事实的认定、适用法律的推理与解释过程,做到说理公开。人民法院可以根据法制宣传、法学研究、案例指导、统一裁判标准的需要,集中编印、刊登各类裁判文书。"2010年11月26日,最高人民法院出台的《关于案例指导工作的规定》指出,"为总结审判经验,统一法律适用,提高审判质量,维护司法公正",开展案例指导工作。案例指导制度中的裁判文书公开直接功能是"统一法律适用",但最终目的依然落实到"维护司法公正"价值形态上。

(二)裁判文书公开在三个专门文件中的内容演变述评

就裁判文书公开,最高人民法院于2010年专门出台《关于人民法院在互联网公布裁判文书的规定》(以下简称《2010年规定》),并于2013年、2016年对《2010年规定》进行了修改(以下简称《2013年规定》《2016年规定》)。这三个文件规定逐步拓宽了裁判文书公开的范围,并细化了裁判文书公开工作的各项操作标准。选取与裁判文书公开价值取向相关的内容进行对比后可以发现,三个文件规定始终围绕司法寻求公平正义的规范价值展开并不断强化。

1. 裁判文书公开的目的

三个文件文本所阐释的制定裁判文书公开规定的目的,一以贯之的核心是"促进司法公正"。"保障公众知情权和监督权"虽然是司法公开的根本目的,但从法院本位出发,通过公开促进司法工作本身的公正属性,进而树立司法公信,才是法院开展司法公开工作的直接目的。《2013年规定》删除"保障公众知情权和监督权"的表述，增加基于法院自身建设的"提升司法公信力"在情理之中，使得这项对司法公开工作之一端的具体规定避免了过于宽泛的目的性表达，更加集中强调法院工作本身和裁判文书公开的规范价值。同时，《2013年规定》直接阐明了裁判文书公开的诉讼法依据，强调了其合法性基础（见表1）。因此，无论司法公开具备何等功能，均要服从和服务于司法公开最核心的目的，即监督司法权力运行、维护司法公正，所有与司法公开有关的制度设计、价值取舍均不应背离这一目的，否则不符合公开的规律，更违背司法改革的初衷。

表1 三个专门文件规定的裁判文书公开目的

2010年	2013年	2016年
为贯彻落实审判公开原则，保障公众知情权和监督权，规范人民法院在互联网公布裁判文书，促进司法公正，根据人民法院工作实际，制定本规定	为贯彻落实审判公开原则，规范人民法院在互联网公布裁判文书工作，促进司法公正，提升司法公信力，根据《刑事诉讼法》《民事诉讼法》《行政诉讼法》等相关规定，结合人民法院工作实际，制定本规定	为贯彻落实审判公开原则，规范人民法院在互联网公布裁判文书工作，促进司法公正，提升司法公信力，根据《刑事诉讼法》《民事诉讼法》《行政诉讼法》等相关规定，结合人民法院工作实际，制定本规定

2. 需公开的裁判文书范围及除外规定

《2010年规定》是第一个系统规定在互联网公开裁判文书的专门文件，此前虽有2000年《裁判文书公布管理办法》提及裁判文书通过互联网公布，但该项工作并未常态化开展，可以说《2010年规定》是裁判文书上网公布正式制度的开端。各级法院有关的工作机制、流程尚处于探索阶段，中国法院信息化建设同期也刚刚起步，不能为裁判文书公开提供有力支持，裁判文书公开的实际效果和社会评价也有待实践验证反馈。因此，《2010年规定》规定的裁判文书上网公开范围相对保守，采取了较为适合司法工作实际的"可以"字样表述，仅对最高人民法院和高级人民法院提出了"应当"这一相对严格的要求，为下级人民法院留下了建章立制和缓冲的空间。"当事人明确请求不在互联网公布并有正当理由，且不涉及公共利益的"除外规定意在给予社会公众适应这一要求的空间。其实，从本文第一部分的历史溯源可知，裁判文书公开的传统由来已久，并非新鲜事物。有别于传统做法的是，互联网是新生事物，互联网的出现扩大了公开的范围，提高了公开的速度，可能造成公众短时间内不适应，但作为一种公开形式，互联网并不能改变司法活动本身的公开属性和本质。换言之，裁判文书上网公开由司法活动的本质所决定，而《2010年规定》给予当事人选择权，体现了司法为民司法便民的美意，给予社会公众临时性的适应接受过程，也给裁判文书上网公开预留了足够的弹性空间。为使公众正确认识裁判文书上网公开，三个文件都规定了人民法院对当事人就裁判文书上网公开事项的告知义务，《2013年规定》和《2016年规定》增加了对公众告知的义务，此举既是对当事人知情权和程序性权利的保护，也同时具有对裁判文书公开的宣传引导功能。

经过近3年的实践，各级法院建立起通过互联网公布裁判文书的审核机制和专门管理机构，实施细则相继在各地出台，全面开展网上公开裁判文书的条件日臻成熟。《2013年规定》顺势扩大了网上公开裁判文书的范围，以"应当"取代"可以"的表述，将裁判文书上网作为司法公开的硬性要求，同时取消了当事人可以选择的除外规定，还原了司法公开的题中应有之义，使其向司法活动的本质归回。诚如该司法解释的主要起草者所言："由于裁判文书是公共产品，是否公开以及如何公开，并不能由当事人自由选择决定。……人民法院提前将在互联网公布裁判文书的范围告知当事人,既可以有效地引导当事人选择合适的方式处理纠纷,同时可以避免裁判文书上网给有关当事人的私权保护带来不便。"[1] 本条对司法解释理解与适用的说明,清楚展现了司法审判的本质有别于调解等纠纷解决方式,所以裁判文书必须坚持"以公开为原则,以不公开为例外"的立法逻辑。

《2016年规定》延续了《2013年规定》的公开理念,细化了裁判文书上网公开的规定。在公开范围上,《2016年规定》明确列举了九类必须上网公开的裁判文书类型,并设置"兜底条款":"其他有中止、终结诉讼程序作用或者对当事人实体权益有影响、对当事人程序权益有重大影响的裁判文书。"从这一兜底条款可以更清楚地看出裁判文书公开的要义在于维护当事人实体权益和程序权益,进而达致维护司法公正的根本目的。在除外规定上,《2016年规定》没有沿用"个人隐私"字样,但并未删除对必要的个人隐私保护条款,而是代之以"离婚诉讼或者涉及未成年子女抚养、监护的"具体要求。究其原因在于,个人隐私概念的内涵和外延并不清晰,如被滥用会极大影响司法公开预期功能的实现,并在公开阶段对正常公开裁判文书的案件当事人造成不公平对待,因此《2016年规定》对个人隐私的提法进行了限缩与修正。但《2016年规定》对个人隐私的保护并未局限在裁判文书上网公开除外规定这一个条文,三个文件后续对裁判文书所载相关信息的处理规定也都在配合除外规定,对个人隐私的保护有相对完整的制度设计(见表2)。

---

[1] 贺小荣、刘树德、杨建文:《〈关于人民法院在互联网公布裁判文书的规定〉的理解与适用》,载《人民司法》2014年第1期。

表 2　三个文件规定的裁判文书公开范围及除外规定

	2010 年	2013 年	2016 年
公开规定	人民法院的生效裁判文书可以在互联网公布，最高人民法院和高级人民法院具有法律适用指导意义的生效裁判文书应当在互联网公布	人民法院的生效裁判文书应当在互联网公布	人民法院作出的九类裁判文书应当在互联网公布。兜底条款：其他有中止、终结诉讼程序作用或者对当事人实体权益有影响、对当事人程序权益有重大影响的裁判文书
除外规定	（一）涉及国家秘密、个人隐私和未成年人犯罪的；（二）以调解方式结案的；（三）当事人明确请求不在互联网公布并有正当理由，且不涉及公共利益的；（四）其他不宜在互联网公布的	（一）涉及国家秘密、个人隐私的；（二）涉及未成年人违法犯罪的；（三）以调解方式结案的；（四）其他不宜在互联网公布的	（一）涉及国家秘密的；（二）未成年人犯罪的；（三）以调解方式结案或者确认人民调解协议效力的，但为保护国家利益、社会公共利益、他人合法权益确有必要公开的除外；（四）离婚诉讼或者涉及未成年子女抚养、监护的；（五）人民法院认为不宜在互联网公布的其他情形

3. 对裁判文书中所载信息的特殊处理

从司法公开全过程看裁判文书公开，裁判文书作为司法工作结果的呈现，除法律另有规定的案件之外，裁判文书所载信息在审判公开和公开宣判阶段都已公之于众。将披露当事人信息等责难加诸裁判文书公开工作之一端的做法有失公允。

公开当事人信息及其他案件信息是实现裁判文书公开监督司法权力运行的重要路径。就司法公开整体而言，无论是历史传统还是包括司法公报和公布指导性案例在内的当代实践，公开当事人信息和案件事实等信息都是一以贯之的固有做法。这种做法是由前文论证的司法活动的本质所决定的，在此不作赘述。究其价值取向的规范性，上述信息的公开为追求司法公正目标所不可或缺。事实上，通过司法公开满足公众知情权监督司法，是规范用权语境下规范司法权运行的一条主要外部路径。2017年党的十九大报告指出："要加强对权力运行的制约和监督，让人民监督权力，让权力在阳光下运行，把权力关进制度的笼子。"司法公开的重要功能之一即是预防与遏制司法腐败。"要坚持以公开促公正、以透明保廉洁，增强主动公开、主动接受监督的意识，让暗箱操作没有空间，让司法腐败无法藏身。"[1] 法院审理案件的信息、当事人信息、代理人信息所构成的信息链条是对司法活动进行有效监督的重要前提，身份背后所潜藏的社会关系是可能滋生司法腐败的温床，而事实描述则是说理过程和裁判结果的事实依据，同样是判断司法是否公正的必要条件。主体信息、案件事实、说理过程、裁判结果共同构成通过公开对司法权进行外部监督的实现路径，缺一不可。四者共同作用于司法公正目标功能的实现，最终紧扣住公平正义的法的规范价值。

三个文件规定在兼顾司法实践和公众接受程度动态扩大裁判文书公开范围的同时，对其内容也遵循同样的逻辑进行发展式扩充，直至《2016年规定》全面符合司法本质对司法公开的要求。《2016年规定》采用列举方式细化了应当公开的主体信息，且并未就此设计兜底条款，从而严格限制了公开信息的数量；对主体信息的技术处理增加了具有可操作性的条款；增加了应当删除的主体信息，如随经济社会发展对当事人而言更为重要的健康状况、车牌号码、动产或不动产权属证书编号等信息，再如司法公开实践中发现可能产生泄密风险的技术侦查措施的信息，等等。

《2010年规定》总体上由于初始阶段因素而规定得较为概括，又因包含当事人自主选择是否公开裁判文书的规定，对个人隐私的

---

[1] 2014年1月7日习近平同志在中央政法工作会议上的讲话。

保护反而失于笼统，实践中既出现了个人隐私概念被滥用而影响公开效果的现象，又出现过对个人隐私保护不周、隐名等保护个人信息手段使用不当的现象。《2013年规定》通过细化主体信息处理和明确应删除信息的方式，对《2010年规定》进行了修正。《2016年规定》在扩大公开信息范围、尽量避免规避公开情况出现的同时，相较于《2013年规定》加强了个人信息保护。这体现在表述上更加周延，增加了附带民事诉讼原告人及其法定代理人应隐名的规定；通过增强隐名规定的可操作性规范文书公开工作；增加应删除的主体信息种类，特别是强调应删除家事、人格权益等纠纷中涉及个人隐私的信息，对需进行个人隐私保护的案件进行具体化补强。

基于犯罪记录封存制度而对刑事案件裁判文书进行隐名处理或者不予公开相关裁判文书的观点也颇有一定影响。但犯罪记录封存制度在刑事司法中是一项尚处于讨论中的制度，较为成熟的制度设计在《刑事诉讼法》未成年犯罪记录封存条款上落地，2012年未成年人犯罪记录封存制度随《刑事诉讼法》修改入法，但在司法公开实践中早已践行这一旨在保护未成年人权益的规定。此前无论审判公开、公开宣判，还是裁判文书公开各项规定都将未成年人犯罪案件列入除外条款不予公开。尽管如此，关于前科消灭、被遗忘权的讨论仍在进行中，尚无定论，在制度层面也没有体系化的制度安排。在现有刑事诉讼法体系中增设轻罪的犯罪记录封存制度的观点饱受争议。虽然制度名称极为相近，但轻罪的犯罪记录封存制度与未成年人犯罪记录封存制度在逻辑起点上有显著差别，它并无全社会保护未成年人的共识作为认识论基础，在实际操作过程中单纯以刑种或刑期作为判断行为人社会危害性和预期危险性的依据，进而作为为其封存犯罪记录的依据的做法并不科学。因此，《2013年规定》

对轻微犯罪犯罪人作出了隐名处理（并非彻底封存）的态度含混的规定，《2016年规定》将这一不成熟规定予以剔除合情合理亦合法（见表3）。

表3 三个文件对裁判文书所载信息的特殊处理

	2010年	2013年	2016年
基本信息	人民法院应当对在互联网公布的裁判文书适当分类，并在公布目录上载明案件类型、案号、案由、当事人姓名或名称等基本信息	人民法院在互联网公布裁判文书时，应当保留当事人的姓名或者名称等真实信息	人民法院在互联网公布裁判文书，应当保留当事人、法定代理人、委托代理人、辩护人的下列信息：（一）除根据本规定第八条进行隐名处理的以外，当事人及其法定代理人是自然人的，保留姓名、出生日期、性别、住所地所属县、区；当事人及其法定代理人是法人或其他组织的，保留名称、住所地、组织机构代码，以及法定代表人或主要负责人的姓名、职务；（二）委托代理人、辩护人是律师或者基层法律服务工作者的，保留姓名、执业证号和律师事务所、基层法律服务机构名称；委托代理人、辩护人是其他人员的，保留姓名、出生日期、性别、住所地所属县、区，以及与当事人的关系
技术处理规定	人民法院在互联网公布裁判文书，对涉及当事人的家庭住址、通信方式、身份证号码、银行账号等个人信息，以及证人等诉讼参与人或者当事人近亲属的个人信息的，应当进行相应的技术处理。对涉及商业秘密及其他不宜在互联网公开的内容，应当进行相应的技术处理	必须采取符号替代方式对下列当事人及诉讼参与人的姓名进行匿名处理：（一）婚姻家庭、继承纠纷案件中的当事人及其法定代理人；（二）刑事案件中被害人及其法定代理人、证人、鉴定人；（三）被判处三年有期徒刑以下刑罚以及免予刑事处罚，且不属于累犯或者惯犯的被告人	人民法院在互联网公布裁判文书时，应当对下列人员的姓名进行隐名处理：（一）婚姻家庭、继承纠纷案件中的当事人及其法定代理人；（二）刑事案件被害人及其法定代理人，附带民事诉讼原告人及其法定代理人、证人、鉴定人；（三）未成年人及其法定代理人

续表

	2010 年	2013 年	2016 年
删除规定		人民法院在互联网公布裁判文书时,应当删除下列信息:(一)自然人的家庭住址、通信方式、身份证号码、银行账号、健康状况等个人信息;(二)未成年人的相关信息;(三)法人以及其他组织的银行账号;(四)商业秘密;(五)其他不宜公开的内容	人民法院在互联网公布裁判文书时,应当删除下列信息:(一)自然人的家庭住址、通信方式、身份证号码、银行账号、健康状况、车牌号码、动产或不动产权属证书编号等个人信息;(二)法人以及其他组织的银行账号、车牌号码、动产或不动产权属证书编号等信息;(三)涉及商业秘密的信息;(四)家事、人格权益等纠纷中涉及个人隐私的信息;(五)涉及技术侦查措施的信息;(六)人民法院认为不宜公开的其他信息。按照本条第一款删除信息影响对裁判文书正确理解的,用符号"×"作部分替代

三 裁判文书公开功能的竞争与价值再辨析

(一)众声喧哗之下的网上裁判文书公开

裁判文书公开作为一种沿袭已久的传统,在互联网时代以前似乎作为一种约定俗成的存在未受到过多质疑。互联网作为一种公开媒介出现之后,针对司法公开,特别是针对裁判文书上网公开出现了众声喧哗的激烈讨论。由于互联网的泛在性,同传统公开手段相比,司法公开的样貌在互联网时代呈现显著变化。人们震惊于如此不同,因此有了各种声音。

一方面,保守者认为,裁判文书公开范围过宽,无论是案件范围、内容所载,还是受众范围,公开的正当性都出现过基于各种原因的否定性论述。另一方面,还有相对激进的观点认为裁判文书公开规定还不够彻底。《2013 年规定》出台以后,对其中公开除外规定的兜底条款产生了违反公开为原则的质疑①。

需要再次强调的是，司法公开制度本身和公开范围（案件、内容、受众）均由司法的性质所决定。在互联网已经诞生裁判文书公开尚未制度化的年代，国家司法政策对司法公开的推动、公开典型案例以统一法律适用弥补法律空白的内部需求、当事人查询裁判文书的现实需要和公众民主法治观念提升进而提出满足知情权要求四方面的共同作用催生了网上公开形式。但互联网仅仅是一种手段，是为了满足司法公开需求而被"拿来"的客观手段，是司法公开需要实现其本质所要求的广度与深度的辅助措施，是实现司法公开有效性的途径之一。互联网不应被拿来参与任何对司法公开正当性的讨论，不论互联网是否存在，司法公开、裁判文书公开的正当性和范围都已然是随司法活动生成即已产生的既定事实。在这场现象级的讨论中，只有坚持对司法制度史延续性和司法本质的清醒认知，方可排除甚嚣尘上却难触及司法公开实质的干扰，而一部分由此产生的伪问题也将不攻自破。

（二）规范价值之下不同法益的竞争关系

大到司法公开，小到裁判文书公开，其所要维护的法益是一致的，即保障民主制度基础上人民群众的知情权、监督权，对司法权形成外部监督，以保障其廉洁性、公正性，以及对可能的社会风险进行预防和对公众普法。

对司法公开和裁判文书公开的质疑大多基于另外的法益而进行论证，如法律对隐私权的保护，其实在《2016年规定》出台后十余

---

① 参见《对关于"最高人民法院在互联网公布裁判文书的规定"有重大漏洞意见的答复》，最高人民法院网站：https://www.court.gov.cn/zixun-xiangqing-6425.html，最后访问日期：2022年5月31日。

年间，针对此项的争执已经随司法实践行动的展开和公众接受度的提升而日渐式微，直至《个人信息保护法》出台后围绕司法公开与个人信息权保护的龃龉又重新回归公众视野。

我们必须正视这种多次就同一问题进行讨论的理论和现实意义，因为其背后推动力并非原地踏步的历史循环，而是法学理论直至公众法治观念的螺旋式发展。如果司法公开所维护的法益可以统称为公共利益，那么，个人隐私、个人信息权都可以归纳为一种私权利，无论是公共利益还是私权利都是法治精神和法公平正义价值追求之下欲求保护的法益。但二者的边界存在交叉重叠，确实存在一定程度的竞争关系，使得具体的法律制度设计往往陷于反复权衡但最终只能顾其一端的窘境，这是制度本身不可避免的局限性体现。民主政治推动法治发展的过程，也是个体权利不断被认可和强化的过程，同时还是有关司法公开争议产生并不断走向激烈的过程。

个人隐私的概念一经出现，便跨越部门法条框在诸多领域皆有制度性表达，从宪法上人格权引申出的保护措施，到司法实践中以名誉权引申的隐私保护，直至2009年12月26日通过的《侵权责任法》将隐私权作为民事权益的内容之一正式纳入法律规定。《2010年规定》的出台恰逢其时，在司法公开领域跟进了对隐私权的保护，《2013年规定》强化了这种保护，《2016年规定》为防止滥用个人隐私规避司法公开的行为采取了限制"个人隐私"所指代案件范围的规定，两类法益在司法公开领域的角逐初见端倪。同时《2016年规定》拓展了应删除的主体信息范围，此举与个人信息、信息权概念在法律上的表达不断强势有密切关系。

个人信息保护的规定在国内较早出现于2009年《刑法修正案（七）》规定的出售提供公民信息罪和非法获取公民信息罪；2015

年《刑法修正案（九）》将前述罪名统称为侵犯公民信息罪，将犯罪主体由特定主体改为一般主体，并加重对侵犯公民信息犯罪行为的处罚；2016年出台的《网络安全法》规定了个人信息的概念；2017年《民法总则》首次对个人信息与个人隐私进行了区别表述；2020年通过的《民法典》首次明确了隐私权的法律概念，同时延续了隐私权与个人信息保护区别表述的方式；2021年公布的《个人信息保护法》在文本中多次出现"个人信息权益"字眼。

由此可以看出，三个文件规定时隔不久相继出台并未影响司法公开实质上的稳定性，而是以变动性适应情势变化以解决法的滞后性问题。但在《2016年规定》出台之后，还有几部重要法律问世，关于隐私权和个人信息保护的规定都呈现重要变化，司法公开层面却未就此作出包括出台新的司法解释在内的任何回应。在采纳个人信息可识别性解释路径的前提下，裁判文书公开所承载的信息是如何形塑个人身份并对其社会活动产生影响的，是需要重新加以探讨与解释的。《个人信息保护法》及其司法解释也应对国家机关收集使用个人信息作出具体化的制度性安排。制度间的协调和对不同法益的平衡应双向奔赴，不可苛求一端一味让步。

在笔者看来，裁判文书公开的个人信息与其有意回避删除个人信息共同构建起个人的诉讼主体身份，且并未超出司法活动本身而对其产生更加广泛的社会影响，换言之，裁判文书公开部分个人信息的做法即使是在《个人信息保护法》已然来临的时代仍具有合法性基础。

司法机关合法获取个人信息，在有明确法律依据的司法公开工作中使用个人信息，与个人信息保护的法益没有根本冲突。但实践中确实出现了各种问题，按产生原因大致可分为三类。第一类是由于没有落实裁判文书公开相关规定或落实不当导致的，如公开的裁判文书未就当事人感染艾滋病病毒进行技术处理致使其遭受社会歧视的案件①。但《2016年规定》应当删除的信息中有"自然人的健康状况"一项，即使该个案围绕感染艾滋病病毒事实展开且不可删除这一事实，那么，公开时也应依据规定的精神，通过隐名等技术手段对当事人个人信息进行处理，这并未超出既有司法解释的范围，更何况在除外规定中还有兜底条款可供适用。因此，该类事件实则是承办法院对规定理解有误、变通不足给当事人造成了困扰。第二类是其他主体对公开的裁判文书所载信息再利用引发的争议。这类争议实际与裁判文书公开制度本身无关，问题的出现不足以撼动裁判文书公开本身的正当性基础。《网络安全法》《民法典》《个人信息保护法》《刑法》共同构筑的个人信息保护网为解决此类问题提供了充足的制度安排和救济手段，裁判文书公开制度及作为其践行者的人民法院不应因此遭受责难，更不可因噎废食。第三类问题的诱因则更远离司法公开的核心议题，诸如劳动争议诉讼的当事人因涉案文书公开再就业时遭受歧视、当事人仅因到法院打官司在一定人际关系网络中遭受非议等，这都是一些背离现代法治精神的观念因素所致，需要改变的是有违法之嫌的主体或对诉讼作为解决纠纷正常手段之一有错误认知的观念，而非质疑和改变司法公开制度本身。

（三）公开"副产品"并不影响其规范价值追求的核心地位

裁判文书公开制度紧密围绕公平正义价值追求展开，在实现保

---

① 参见《对〈关于中国裁判文书网对艾滋病毒感染者姓名进行隐名处理的建议〉的回复》，最高人民法院，https://www.court.gov.cn/zixun-xiangqing-170982.html，最后访问日期：2022年6月1日。

障公众知情权、监督司法、维护司法公正等功能的同时，还不断有新的功能添附其上。其中最为引人注目的就是对社会诚信体系建设的辅助功能。在正式的司法解释文本中，从未有过对司法公开助力社会诚信体系建设功能的论述。相关描述仅存在于2013年之后司法解释制定者的言论之中。

最高人民法院就在互联网公布裁判文书的规定答记者问中提道："在互联网公布裁判文书是案件审判结果的公开，其重要目的体现在以下方面：……通过上网公布真实的裁判文书，推动全社会的诚信体系建设，切实履行司法的社会责任。上述目的的实现，有赖于在互联网公布的裁判文书的真实性。在互联网公布的裁判文书保留当事人的姓名或者名称等真实信息，既能更好地保障公众行使知情权和监督权，同时也有利于促进社会诚信体系的建立。"[1] 司法解释制定者相关文章指出："通过上网公布真实的裁判文书，推动全社会的诚信体系建设，切实履行司法的社会责任。"[2] 助力社会诚信体系建设的功能一直被置于其主要功能之后加以论述，由排序即可见其从属地位，而非正式法律文本记载的方式也足以推断这并非司法公开的主要目的和核心价值追求。即使有相关论述，司法公开同社会诚信体系建设的关系也没有字面理解上那样紧密和直接。当代司法公开制度建设早于社会诚信概念和社会诚信体系建设需求，早期的司法公开显然不具备与社会诚信相关的客观功能和主观目的。在社会发展过程中，社会诚信纳入国家治理视野，社会诚信体系寻找数据来源，司法裁判数据是最直接、最便于获取的数据来源，即使没有司法公开，在"社

---

[1] 最高人民法院：https://www.court.gov.cn/zixun-xiangqing-5866.html，最后访问日期：2022年6月1日。

[2] 贺小荣、刘树德、杨建文：《〈关于人民法院在互联网公布裁判文书的规定〉的理解与适用》，载《人民司法》2014年第1期。

会诚信体系建设是一项系统工程"的政策导向之下，司法机关也会通过合法合规的方式向由政府主导的社会诚信评价机制开放所掌握的司法数据，以此在司法裁判主业之外参与国家治理。

人民法院主业之外参与国家治理的方式并不限于助力社会诚信体系建设这一个方面，基于司法大数据的"数助决策"和社会风险评估预警系统都是已经为实践证明的司法参与治理的有效途径。但这些可称之为"能动司法"的行动从未超出司法活动的功能性基础，参与社会治理是司法机关作为国家机关的本职，是实现司法功能的重要体现，不足以上升到价值层面，事实上无论何种司法活动的具体功能都未偏离公平正义的规范价值追求。司法权也有必要在政权结构已经赋予的合法性之外再做出超出本职的迎合性行动以强化其合法性。

四 结语

司法的本质要求公开，司法本身应是公开的。司法公开所遭受的质疑与责难推动这项制度不断自我审视和与其他外部制度进行调适，如今它已经足够主动。其他制度能否以更加主动的姿态参与对不同法益的平衡？作为基本治国方略的法治建设能否进一步以法治精神革新对簿公堂即遭非难的"贱讼""厌讼"传统观念？正是那些"不能承受之重"使得对司法公开的历史及其本质进行正本清源式的回顾成为必须，但现实矛盾的化解更有赖于司法公开制度以外的各方努力。在清楚认识到司法公开对法的公平正义规范价值孜孜以求的前提下，任何维护不同法益的"美意"都可以讨论，任何秉持"美意"的"良法"最终都可获得适得其所的制度安排。

Discussing the Value of the Disclosure of Judgment Documents

Wang Yiming

Abstract: The generative logic and historical tradition of judicial activities determine that disclosure is its essential attribute, and the disclosure of judgment documents is an important part of judicial openness. The construction of China's contemporary judgment document disclosure system is closely centered on the normative value of the law to achieve fairness and justice. Although the competitive relationship between different legal interests has caused controversy, even the discord and adjustment between systems go hand in hand with the pursuit of normative values. In addition to the main judicial responsibility, the people's court's participation in social governance does not affect the core position of its normative value pursuit. It is necessary and urgent to clear the source of judicial openness represented by judgment documents. Judicial openness in the internet age has not gone too far, but is still not enough.

Key words: Judicial Openness; Openness of Judgment Documents; Normative Value; Social Governance

法官人身安全保护：问题审视与路径选择

——以近五年侵害法官人身安全案例实证分析为基础

雷 霞[*]

摘 要：2019年修订的《法官法》对法官及其近亲属的人身安全保护有明文规定，但缺乏相应的实施细则，且广度不够，与法院实际情况存在明显的割裂，导致对法官及其近亲属人身安全保护不到位，发生伤害乃至杀害法官的人身安全事件。本文在实证考察的基础上，归纳了侵害法官人身安全的类型和侵害人特征，从多个角度对法官人身安全遭到侵害的原因予以分析。同时，为更好地实现法官人身安全保护，本文从三个方面予以细化。一是制订人身安全风险评估表，开发人身安全数据填报系统和分析系统，用于实时监测法官人身安全风险并进行提示；二是法官运用心理学技术识别和分析当事人心理与异常，有效避免和化解侵害风险；三是法院升级安保硬件设施，增加警力，扩大人身安全保障范围。

---

[*] 雷霞，芜湖市弋江区人民法院法官助理，硕士研究生。

关键词：法官　人身安全保护　心理学

近两年，侵害法官人身权益的极端案例时有发生，如2020年郝法官被捅身亡、2021年周法官被当事人行凶报复。如何保障法官人身安全，维护司法权威，是法律界不断探索的方向。最高人民法院在《最高人民法院关于深化人民法院司法体制改革的意见——人民法院第五个五年改革纲要（2019~2023）》（以下简称《五五改革纲要》）和《保护司法人员依法履行法定职责规定》两份纲领性文件中描绘了法官人身安全保障的美好蓝图，但仅是"只言片语"的条文设置，全国法院在探索保护中实施性不强[1]。在深化司法体制综合配套改革之际，保障法官人身安全也是深化司法体制配套改革的题中应有之义。本文以探索建立操作性强的法官人身安全保障机制为目标，以中国裁判文书网已有案例为样本数据，对近五年来全国法官遭受的人身侵害案例展开实证分析，深层次剖析侵害类型及其产生原因，以期为加强法官人身安全保障提供全面的创新性对策。

一　样态扫描：侵害法官人身安全案例实证分析

为更直观清晰地反映侵害法官人身安全的数据，笔者从中国裁判文书网随机抽取了2016年至2021年合计85份样本案例，进行统计分析。

（一）图景：侵害法官人身安全的类型

在立案、保全、民事审判、刑事审判、行政审判和执行中法官

---

[1] 胡昌明：《健全法官职业保障制度的价值与路径——以新修订的〈法官法〉为视角》，载《法律适用》2019年第9期。

都有可能遭受人身侵害，侵害的具体表现形式不尽相同，常见的有辱骂、威胁恐吓、殴打等，可根据侵害手段特点进行分类，主要有以下两种。

1. 暴力型

侵害法官人身安全的手段含有暴力可归纳为暴力型，具体分为杀人报复型、暴力袭击型、泼污型、围攻型和自伤自残型。杀人报复型一般手段残忍、行为本身情绪性强，长期情绪压抑到极致。例如，2021年湖南省高级人民法院法官周春梅被"打招呼"不成的同学行凶报复。暴力袭击型的特点是殴打、伤害法官，当事人思想极端、胆大妄为、心生怨恨，多见于执行现场。例如，2016年上海某法院执行法官执行时遭遇当事人抢夺警车，砸碎玻璃，煽动员工暴力抗法。泼污型是行为人用事先准备好的液体或者粉状物抛向法官，如泼硫酸、泼汽油、泼粪、泼石灰粉等[①]。围攻型是行为人集结好友、员工、同乡等或者花钱雇用人员侵害法官，手段方法多采用拉扯、纠缠，并限制其行动自由，甚至上升到肢体冲突。例如，2020年福建某基层法院执行现场，当事人煽动村民拦住警车，阻止执行法官离开。自伤自残型是行为人以自伤自残方式威胁法官以达到某种目的，如2019年四川某法院，当事人用打火机点燃自焚后，以扑抱法官方式阻挠执法。

2. 软暴力型

"软暴力型"是指行为人为达到自己目的或形成非法影响，对法官所在场所或家人进行滋扰、纠缠、哄闹、聚众造势等，从而使法官产生恐惧、恐慌形成心理强制。主要包含威胁恐吓型、辱骂型、哄闹型、纠缠型、电话轰炸型、信访举报型。威胁恐吓型是指行为

---

① 倪寿明：《驾驭庭审的三项基本原则》，载《人民司法》2020年第25期。

人威胁法官及其家人，多见于判决前。例如，2018年北京某法院法官遭受当事人电话、短信和当面威胁，甚至到法官孩子学校门口以拍照方式威胁。辱骂型最常见，也是裁判文书网案例中数量最多的一种方式，如2021年湖北某法院立案大厅中一当事人不停辱骂法官。哄闹型是指当事人不满法院判决，个人或者聚集他人在法院办公场所哄闹、辱骂指责法官，以期引起他人或社会关注，影响法院正常办公秩序。例如，2018年马某某在最高人民法院办公区域穿状衣、高声喊冤、辱骂法官。纠缠型是指当事人不分时间、场所跟踪、尾随法官及其亲属，对其施加办案压力，或出于报复心理纠缠，如2016年薛某某长期跟踪、恐吓威胁、表白、拦截、纠缠广东某法院女执行员。电话轰炸型是当事人通过每日不断电话轰炸方式击溃法官心理防线，迫使法官达成其要求，否则一直施压，如2019年河南省某法院法官被一当事人电话轰炸、短信辱骂。信访举报型是行为人通过纪检监察部门、各级纪委、上级法院等方式投诉法官、举报不实事项，以此对法官进行施压[1]。

（二）提炼：侵害法官人身安全的特点分析

对85份样本案例的分析发现，侵害法官人身安全行为主要呈以下特点。

1. 侵害人多为男性、低学历和无业

第一，侵害人中男性比例高于女性。在85份样本数据中，男子61人，女子24人（见图1），男性所占比例是女性的2倍多。第二，侵害人多为小学或初中文化。侵害人是小学文化水平的占28%，初

---

[1] 余韬：《侵害法官履职权益行为惩处渠道的审视与完善——以S市148个法官履职权益保障案件为样本》，载《司法体制综合配套改革与刑事审判问题研究——全国法院第30届学术讨论会获奖论文集》，2019。

中文化水平的占35%，这类人能断文识字，有一定的认知和思想水平，又因学历较低，对各种加害行为认识不足，易发生侵害法官人身安全行为。第三，侵害人多为无业状态。样本中无业者占比42.5%，其他多为个体工商户、自由职业等。正是因为无业，侵害人有大量时间精力缠闹、跟踪，甚至伤害法官，不用顾及个人名誉，无后顾之忧，他们将官司诉求作为主要收入来源，一旦败诉或诉求未获满足，将面临巨大损失，换言之，这场官司就是他们的职业和生活来源。

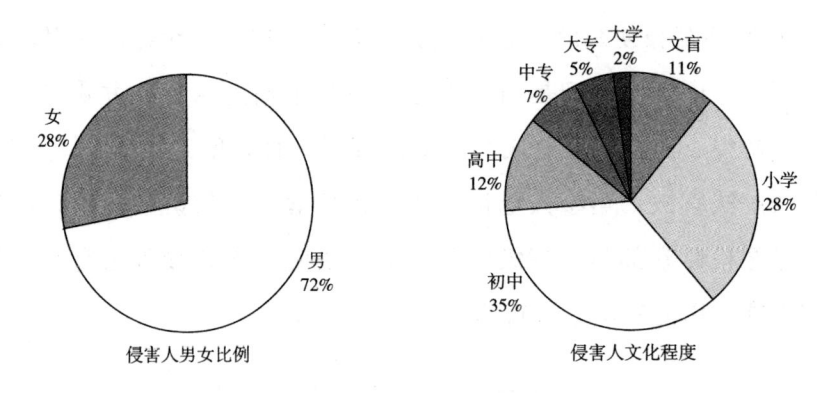

图1 侵害人性别比例及文化程度

2. 侵害人多为50~60岁

图2是侵害人年龄段情况，其中占比最多的是60后，发生侵害事件时年龄段在50岁到60岁，可见侵害人年龄偏大者较多，这类人劳动能力有限，大部分是无业状态。而90后几乎没有，80后有几人，这与个人经验、有无就业、子女成年与否有很大关系。可见法官在面对40岁到60岁的当事人时更需注意。

3. 侵害地点多发生在基层法院和法庭

第一，侵害事故多发生在基层法院，占比高达80%（见图3）。

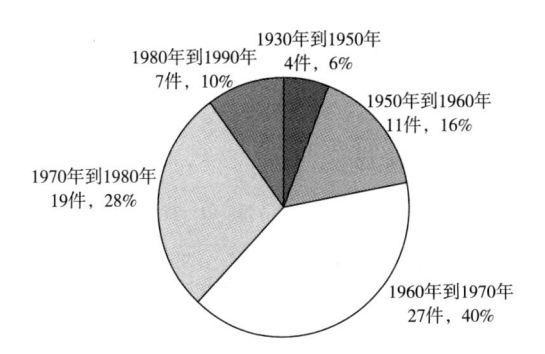

图 2 侵害人年龄结构

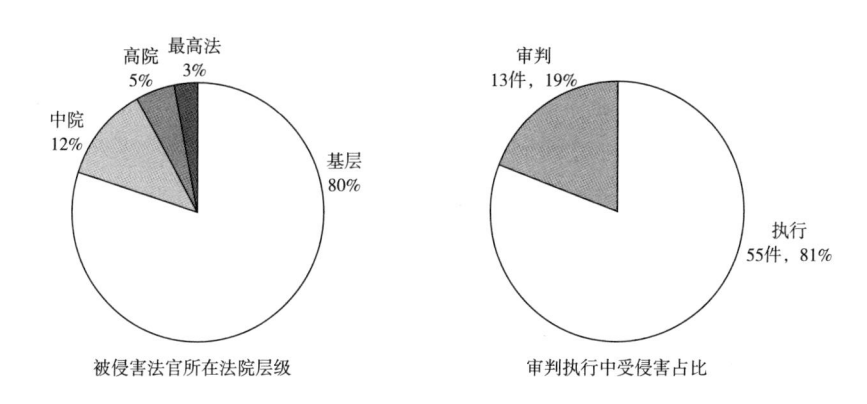

图 3 法院法官被侵害情况

这说明基层法院法官受侵害量远远高于其他层级法官，主要原因是基层法院案件数量庞大，法官面对当事人多，直面大量社会矛盾，更易遇到不法侵害事件。第二，侵害法官权益事件多发生在法庭上，相较于办公室、接待室、立案大厅、法官居住地和执行现场等地点，发生在法庭上的侵害事件占比最高，多达 30%；其次是执行现场，占比 22%。法庭是开展诉讼活动的场所，执行现场是强制执行时被执行人或协助人所在地，法官处在矛盾交汇点上，最易发生侵害法官事件。第三，婚姻家庭纠纷更易引发侵害事件。笔者向 A 省法院工作者发放 81 份法官人身安全保护调查问卷，其中 54.32%的人认为婚姻家庭纠纷更易引发对法官的人身侵害，占比远高于群体性纠纷、劳动争议案件和各类案件等选项。

4. 侵害人存在异常情形

少数极端侵害法官人身安全的事件中，侵害人呈现如下特点：情绪极端低落或抑郁超过半个月，有过自杀的企图或行为，家庭亲友中有自杀史或自杀倾向，发生失业、失恋、躯体严重疾病、家庭重大变故、人际冲突明显或突遭重挫，性格有明显缺陷，如暴力倾向，孤僻内向、与别人缺乏正常的情感交流，其他严重精神障碍等。郝法官遇害事件的加害人就存在暴力倾向，在与其配偶的离婚纠纷中就对其使用过家庭暴力。

二 成因洞微：法官人身安全保护的必要性分析和侵害原因解析

法官的职责是定分止争，化解当事人矛盾，既然法官是帮助当事人的，那么当事人为何会侵害法官，背后有其深层次原因。

（一）保护：马斯洛需求层次理论

法官在司法活动中的作用至关重要，根据马斯洛需求层次理论，保护法官人身安全是满足其安全、尊重和自我实现三个层面的需求。安全需求是指每个人都需要稳定、安全、受到保护、有秩序、能免除恐惧和焦虑的需求，保护法官人身安全就是保障其人身不受侵犯、家庭成员的安全，免于担惊受怕。尊重需求是指尊重自己、尊重他人和受到他人尊重的需求，从而体现人生价值，获得工作动力。当法官受到他人尊重和信赖时，会增强其职业尊崇感，激励其内在动力，更好地履职尽责，公平公正审判案件。自我实现需求是指实现个人理想、抱负，把个人的能力发挥到最大程度，达到自我实现境界的人。当满足法官最基本的安全需求后，法官才会有尊重和自我实现需要，才能真正发挥潜能（见图4）。

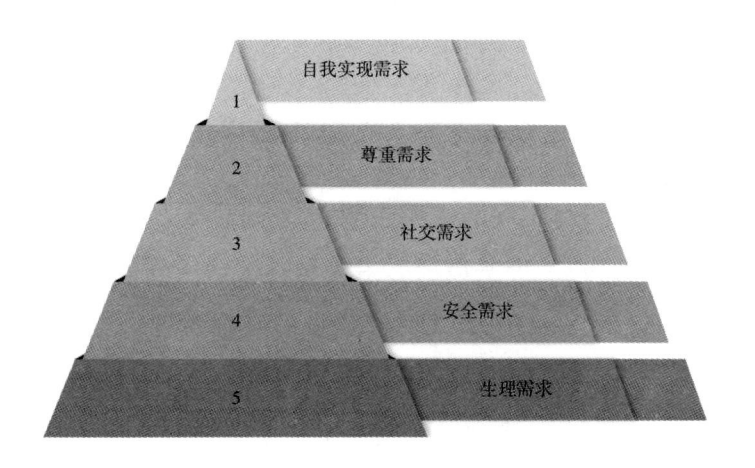

图4 马斯洛需求层次理论

（二）寻根：法律意识与司法的矛盾

实践中，部分当事人对主审法院和法官评价消极，质疑裁判的公平公正，从而发生暴力或非暴力的侵害法官人身安全行为，主要原因是当事人的法律意识与司法的矛盾。这并非我国所独有，欧美地区也有类似问题，如当事人过高估计司法机关的能力。多数当事人没有系统学过法律，对是非认定有一套自我逻辑认知，认为法院会按照自己理解的方式裁判案件，但法官是以事实为根据、以法律为准绳，当事人面对迥异于自己认知的法律体系，不理解也不信服，自己的诉求未获满足时负面情绪上升，乃至采取非理性措施伤害法官。当事人与法官的冲突类型可分为以下三种。

第一，当事人主张以自己感知的事实为基础，但法院裁判的依据是双方当事人质证后的证据；第二，当事人希望法官倾向弱势一方，有求必应，帮助调查取证，但法官的职能定位要求其必须是中立的裁判者；第三，当事人认为法院应从情感道德出发，但法官则是依据法律规范办案，兼顾道德情理[1]。正是因为大众固有观念与现有司法的冲突，导致个别当事人将矛盾转移到具体承办法官身上。

（三）危机：法官与当事人之间缺乏信任

当事人的期望与实际结果相差较大会引发暴力或非暴力的侵害法官人身安全行为[2]，究其原因，主要是司法信任危机。司法信任是当事人基于相信司法主体公正行使职权的心理预期，当现实与心理预期相差不大时，当事人尚可承受，当相差较大时，则易引发非理性行为。引发司法信任危机的原因如下。

第一，当事人的矛盾遭遇、矛盾解决、社会公平感、法律法规认知水平都是司法信任影响因素，除此之外，年龄、性别、户籍、教育年限、月收入对司法信任也有一定影响。上述实证分析表明，教育程度越高，侵害法官行为发生概率越低；年龄越大，侵害法官行为发生率越高；矛盾得到解决，侵害行为发生率低。第二，信息公开程度影响司法信任。现有"四大公开平台"包括审判流程公开、庭审直播公开、裁判文书公开和执行信息公开，随着互联网和计算机技术的普及[3]，司法信息公开得到强化，上网率直接影响司法公开

---

[1] 冯晶：《支持理论下民事诉讼当事人法律意识的实证研究》，载《法学研究》2020年第1期。
[2] 耿协阳：《论人民法院提升司法信任度的基本路径》，载《法律适用》2017年第15期。
[3] 唐应茂：《司法公开及其决定因素：基于中国裁判文书网的数据分析》，载《清华法学》2018年第4期。

程度。从上述实证分析可知，侵害人年龄集中在50岁到70岁，这部分人上网普及率较低，甚至很多人不会上网，无法得知司法公开内容。第三，当事人担心法官受到其他因素影响，质疑法官暗箱操作，更倾向于法官徇私枉法。

（四）表征：当事人与法官情绪管理失控

情绪管理是指识别、理解和调控自己的情绪、他人的情绪、自己与他人之间的情绪，是一种心理活动，也是一种心理学概念。实务中，部分法官认为管理当事人情绪或学习心理学帮助不大，部分法官认为情绪管理很重要[①]。当事人与法官的冲突很大原因是当事人或法官没有管理好自己的情绪，从而爆发非理性行为，如郝法官被害事件中，加害人酒后的杀人行为就是典型的情绪管理失控。一方面，当事人会因为情绪管理失控辱骂、侮辱甚至殴打法官；另一方面，法官会因为情绪管理不足使用侮辱、讽刺、挖苦、威胁性的语言，指责挑起争端的一方等。上述行为都会引发法官与当事人之间爆发矛盾冲突。

（五）外因：法院安保措施不完善

法院的安保措施主要存在以下问题。第一，派出法庭安保力量薄弱。派出法庭安检设备不过关，安保人员数量少，即使有法警，多是聘用人员或老弱病残。哈尔滨市双城区人民法院法官郝某遇害的原因之一就是派出法庭法院安保措施不到位，加害人吴某某带剔骨刀进入法院时未被发现。第二，民事案件开庭不配备法警。妨碍

[①] 易康：《情绪管理之司法适用研究——以司法裁判者庭审心理为切入点》，载《法院改革与民商事审判问题研究——全国法院第29届学术讨论会获奖论文集（上）》，2018，第169~178页。

诉讼行为多发生在民事案件庭审中或庭审后，民事案件体量庞大，有的案件开庭时只有法官和书记员，无法应对别有用心的当事人和突发情况，若是出现撕毁开庭笔录、朝法官投掷不明物体情况等，往往不能及时有效地制止该行为或对当事人处以必要的制裁。第三，庭审直播结束后无法录音录像。当事人在结束庭审直播后会有一段时间核对开庭笔录并签字，此时若法官人身安全受到威胁不仅无人帮助，甚至没有录音录像不能固定证据[①]。第四，无法保障法官工作时间以外的人身安全。现有安保力量无法覆盖法官工作时间以外和工作场所以外，也不能保障其亲属安全，恶意报复者往往选择非工作时间和非工作场所实施暴力行为，而法官的联系方式、家庭住址并不难获取[②]。例如，2018年北京某基层法院法官的女儿在学校门口被当事人拍照威胁。

三　另面探寻：法官人身安全保护的优化路径

各级法院以有限的安全保障资源，为法官人身安全尽量提供全方位保护，可从风险评估预警防控系统、心理学运用、加强安保措施三个方面来细化保障。

（一）设计：开发人身安全数据填报和分析系统

《人民法院落实〈保护司法人员依法履行法定职责规定〉的实施办法》规定："组织对法官或其近亲属可能面临的伤害风险进行评

[①] 徐振邦：《执行法官权益保障的检视及完善——Z市X区法院执行法官履职保障情况的实证考察》，载《人民司法》2019年第7期。
[②] 朱丹亚：《新〈法官法〉背景下湖南省法官健康权保障实证研究》，载《长沙民政职业技术学院学报》2021年第1期。

估，并采取相应措施。"可见开发人身安全数据填报和分析系统评估法官人身伤害风险有其必要性。

1. 人身安全风险评估表

因未建立有效的预防机制，导致法官面临人身安全侵害时猝不及防，不能有效止损。事前为法院工作人员做好人身安全风险评估能及时发现风险，进而预防风险、阻止风险的发生。具体操作如下。

第一，法院的承办法官、法官助理、书记员、法警以及其他接待当事人频繁的法院工作者，在案件办理的各个阶段填写人身安全风险评估表。评估表的内容主要是可能加害人、案件号、案件类型、加害动机、风险发生事由和背景、可能伤害方式、风险发生概率。申报时间为每月一报，报给政治处或者办公室，由其集中汇总、梳理、提示，做好预防措施。第二，填写完毕后的评估阶段，根据危害程度不同可分为轻微、严重、非常严重三个标准。轻微是指事件影响小，危害程度不大，能够立即作出处置，不需要启动应急处置预案，如侮辱诽谤、诬告陷害。严重是指有一定的影响力和破坏力，需要法院快速组织人员，赶往现场制止、处理或处罚，并及时调查取证、固定证据，如寻衅滋事、妨害公务。非常严重指造成或可能造成人员伤亡，需立即采取应急处置措施，如故意伤害和故意杀人等。第三，评估后的处置措施，根据危害程度不同制订相应的处置措施，轻微程度的下会同法警部门商讨，做好预防。达到严重程度的需调查、核实，找可能加害人了解情况，进行开导，无法预测加害人的则制订风险预案，做好防范措施。达到非常严重程度的则制作详细的书面报告，与公安机关联动，做好应急准备（见表1）。

表 1　人身安全风险评估

人身安全风险评估

程度	评估标准	处置措施
轻微	事件影响小，危害程度不大，能够立即作出处置，不需要启动应急处置预案	会同法警部门商讨，做好预防
严重	有一定的影响力和破坏力，需要法院快速组织人员，赶往现场制止、处理或处罚，并及时调查取证、固定证据	需调查、核实，找可能加害人了解情况，进行开导，无法预测加害人的则制订风险预案，做好防范措施
非常严重	造成或可能造成人员伤亡，需立即采取应急处置措施	制作详细的书面报告，与公安机关联动，做好应急准备

2. 人身安全数据填报和分析系统

开发建立人身安全数据填报系统和分析系统，有助于法官实时监测人身安全风险并对法官进行提示。人身安全数据填报系统的主体、内容、时间等与上述人身安全风险评估表类似，从而建立数据库，全面分析苗头性信息及已经发生的伤害事件。对已发生的侵害法官人身安全事件录入系统，全程留痕。

为使该系统实用型更强，建议人身安全数据填报和分析系统由全国性或省级部门开发，报告、处理和共享信息①，类似于法院的审判管理系统。通过该系统的大数据支撑，可分析哪些当事人易成为加害人，加害人的行为表征等。例如，法官在人身安全数据填报和分析系统中输入某个名字，就会出现此人是否曾有过伤害法官记录，若有则标识红色警醒记号，提醒法官谨慎对待，并可查看此人以往的行为记录，法官从而及时做好预警和应急措施。

---

① 陈正其、刘沐浩、楼晓瑛：《法官人身安全保护三项措施》，载《人民司法》（应用版）2017 年第 19 期。

(二) 疏导：当事人诉讼心理分析与心理学应用

心理学在司法中应用广泛，如民事调解中的心理学应用、法官裁判行为的心理学研究、愈疗法理学等。心理学对于法官识别、处理和化解人身安全侵害行为同样有益。

1. 当事人的心理应激反应分析

当事人在急性应激状态中，会产生一系列的生理反应，如庭审中的心跳加快、情绪波动大、行为异常、胸闷气短等机体反应。这都是正常人在非正常状态下的反应，当事人认知出现偏差时，在心理应激作用下，容易针对另一方当事人或者法官争吵不休。当事人是站在自己的角度思考问题，出于自我保护和防御的需求，在高度应激和对方不认可的双重威胁下，容易在心理上产生与法官的对抗，担心自己的权益被损害，一旦在愤怒情绪裹挟下，当事人往往作出错误的归因或非理性行为，伤害或者杀害法官。这个过程是可以通过心理调节或后天教育来改变的[①]。调查研究显示，离婚案件中最易发生侵害法官人身安全事件，因为离婚案件或其他家事案件中情感需求大于利益考量，当事人双方个体情感爆发，导致负面情绪增多，这种状态从矛盾开始一直持续到诉讼中，庭审则是矛盾爆发集中地，极易产生愤怒与抗拒情绪。当事人在应激状态下，应对不公平事件时，大脑社会认知系统的活动会产生变化而改变自己的行为，更有可能引起侵害法官人身安全行为。

2. 心理学技术的运用

法官在处理当事人纠纷时，运用一些基本的心理学技术，如倾

[①] 韩阳：《新冠肺炎疫情中心理干预与疏导》，载《党政干部学刊》2020年第5期。

听技术、提问技术、言语交流技术、分析技术和影响技术等[①]，能有效深入了解、识别当事人，避免侵害事件的发生。倾听技术是指法官在调解、庭审或者接待当事人时，在接纳的基础上，认真积极倾听，主动引导当事人积极思考、澄清问题，与其建立关系、参与帮助的过程。倾听技术能有效拉近法官与当事人的距离，得到当事人的信任。考虑到法院案多人少的矛盾，法官可以选择性倾听自己认为重要的方面。提问技术是指法官根据目标向当事人发问，对某一问题澄清、具体化以及思考的一种技术。法官提问时将开放性提问与封闭式提问相结合，避免判断性的提问，注意提问时的语气、语调和词语的选择，不要咄咄逼人或指责他人。分析技术有助于法官识别当事人行为模式，离婚纠纷案件中，夫妻双方常常会出现认知偏差，如妻子发现丈夫婚后陪伴的时间减少，就认定丈夫不爱自己了，其实只是那段时间丈夫工作压力过大。这是典型的基本归因错误，容易把对方的负向行为归因为内部因素，没有考虑到客观外在因素。

3. 当事人严重心理障碍识别

有的当事人采取暴力抗法行为是本身存在严重心理障碍，对此，识别当事人心理障碍有助于法官预判风险、制订应急措施，保护自身安全。外表识别法是指法官通过当事人外在表现，如从服装样式看打扮是否符合常理，从神态表情看是否消极低落、沮丧厌世，从行为举止看是否野蛮无理、沟通无效。逻辑识别法是指法官通过当事人的语言逻辑辨别，如心理障碍者可能主次颠倒、抓小放大、语无伦次、斤斤计较、认为法官偏袒，或进行言语和行为上的攻击。性格特征识别法是指法官深入分析当事人的性格特征，有的当事人会有强迫症、被迫害妄想症、臆想症等，认为案件不会受到公正审

[①] 邹碧华：《法庭上的心理学》，法律出版社，2011，第12页。

判，为了实现自身诉求，经常来法院或找院长信访说理，在诉讼服务大厅躺着，性格特点极为偏执[①]。

（三）筑防：强化法院安保措施

1. 升级法院安保硬件设施

升级法院安保硬件设施，保护法官人身安全，要做到以下几点。第一，办公区域和审判区域相对分离。优化工作区域划分，在安检区、审判区、接待室、调解室等区域安装监控设备，全过程留痕[②]。第二，加大安检力度，尤其是派出法庭的安检力度。安检室作为保障法院安全的第一道防线，必须加强对进入法院人员的人身安全检查和身份登记，严禁各种违禁品进入。第三，禁止法官在办公区域或者私下单独会面当事人[③]，防止发生暴力冲突事件无人知晓、无法取证，贯彻落实防止干预司法"三个规定"，不私下接受当事人财物，不为当事人请托送礼，不办人情案。第四，更新换代警用装备设施，在法庭、调解室、信访接待室、执行局接待室安装录音录像设备、一键报警设备，方便法官遇到突发事件时紧急呼叫和取证。执行干警外出执行公务时必须全部佩戴并使用执法记录仪、录音电话等固定证据设备和必要的个人防护装备。

2. 扩大人身安全保障范围

第一，加强对法官及其家人人身安全的保护，保护范围扩大至法官居住场所、上下班路上和法官的近亲属[④]。修订后的《法官法》

[①] 刘万成、陈启炜：《民事诉讼中当事人严重心理障碍的识别与应对》，载《法律适用》2020年第19期。

[②] 朱淼蛟、田欣、杨华：《保障法官履职安全 铸造法治守望者之"护身铠甲"》，载《中国律师》2019年第7期。

[③] 陈敏婕、邵毅凌：《法院安保机制不可或缺》，载《江苏法制报》2016年5月24日，第00C版。

[④] 涂龙科：《美国法官人身安全保护制度之借鉴》，载《法学》2016年第4期。

对法官近亲属的保护仅有一条，可操作性并不强。建议在法官家中安装家庭警报系统，对法官的个人信息进行保密，如不动产登记中心和车管所对法官、法官的配偶及子女相关信息进行保密处理①。第二，将法官权益保障纳入社区网格化服务管理。目前江苏省南通市中级人民法院已出台《关于把法官权益保障纳入社区网格化服务管理的实施意见》，规定若发现当事人及其近亲属以辱骂、威胁、跟踪、滋扰、故意伤害及其他暴力手段侵害法官本人或其近亲属权益的举动或行为，南通各县（市）区网格长（员）将及时协助开展疏导、化解等工作，若不能有效化解，则将信息逐级反馈至各县（市）区网格办，协调相关部门共同处置②。第三，为法官购买人身安全保险，侵害法官人身安全的事件增多，职业风险加大，尤其是基层法院的民事法官和执行法官，处理家事案件和执行被执行人财产时，极易与当事人爆发冲突，为法官购买人身、财产、医疗保险，对受到人身财产损害的法官提供必要的经济补偿，增强法官抗风险能力，维护法官的人身安全与合法权益③。第四，强化法院安保联防联动机制。目前最高人民法院已会同公安部完善联防联动工作机制，各级法院可与同级公安部门建立安全预警机制和突发事件应急处理机制，信息互通，制订预案，协同操演④。

---

① 马尔科姆·富兰克林：《美国法官如何保障个人安全》，钟莉、张强译，《人民法院报》2016年3月2日，第8版。
② 陈坚、谢洲：《南通在全省率先把法官权益保障纳入网格化管理》，《江苏法制报》2019年5月31日。
③ 商磊：《需要与尊荣：基层法官职业保障制度之重构》，载《政法论坛》2017年第5期。
④ 罗书臻：《全面加强法院安全保卫工作 为法官和其他干警依法履职提供坚实可靠的安全保障》，《人民法院报》2017年3月25日，第1版。

四　结语

保障法官人身安全，捍卫社会公平正义。法官的安全守护需要内外共同发力，法官自身清正廉洁、公平办案，谨防冤假错案；学习更多庭审技巧和心理学技巧，减轻当事人抵触情绪；法院评估安全风险，提升安保能力。在茫茫案海中，为法官人身安全提供全面保障。

Judge's Personal Safety Protection:
Problem Review and Path Selection
—Based on the Empirical Analysis of Cases of Infringement on the Personal Safety of Judges in the Past Five Years

Lei Xia

Abstract: The "Judges Law" revised in 2019 has express provisions on the personal safety protection of judges and their close relatives, but lacks the corresponding implementation rules, and the breadth is not enough. Personal safety protection is not in place, and the personal safety of judges is injured or even killed. On the basis of empirical investigation, this paper summarizes the types of violations of judges' personal safety and the characteristics of the infringers, and analyzes the reasons for the violations of judges' personal safety from multiple perspectives. At the same time, in order to better realize the protection of the personal safety of judges, this article will be refined from three aspects. The first is to establish a personal safety risk assessment form, and develop a personal safety data reporting system and analysis system, which can be used to monitor the personal safety risks of judges in real time and give prompts; Defuse the risk of infringement; third, the court upgrades security hardware facilities, increases the police force, and expands the scope of personal safety protection.

Key words: Judge; Personal Safety Protection; Psychology

【附录】

稿件规范与注释体例

1. 稿件应确保原创性和首发性。所投稿件及其主体内容不得在其他报刊、网络上发表。请注意学术规范,非原创观点必须按照规范标注来源。鉴于出版社要对稿件进行学术原创性和学术不端行为检测,作者在交稿之前务必进行自查。稿件无法通过检测的,恕一律无法采用。

2. 所有稿件需提供中文摘要及关键词,中文摘要200~300字,关键词3~5个。摘要仅对文稿主旨、主要观点进行概括,杜绝长篇大论和照搬文稿序言部分的情况,关键词不应是文章标题的简单拆分。

3. 除特殊情况外,文章篇幅在10000~15000字为宜;撰稿人需要提供文稿所有执笔人的工作单位、职务职称、联系方式。

4. 标题下不设节,文稿一般按"一、""(一)""1.""(1)"的序号设置层次,其中"1."以下(不包括"1.")层次标题不单占行;文稿层次较少时,略去(一)的层级;段内分项的,用①、

②、③、④……表示。具体为:"一、××××(一)××××1.××××(1)××××(2)××××①×××××××××;②×××××××××。"

5. 图和表应分别连续编号,如"图1""表1",图题排在图稿下方,表题排在表格上方,图表应与行文叙述照应,即在行文中要先出现抬注(见图1、表1)字样后,才能接着出现图表,不得使用"见下图""见下表"等表述。

6. 注释采用每页连续脚注(用①而不用1),引文规范应为:(1)著作类:[国籍]著者:《书名》,译者,出版者,出版时间,页码。(2)杂志类:作者:《论文名》,《期刊名》××××年第×期。(3)报纸类:作者:《文章名》,《报纸名》××××年×月×日。(4)英文注释中杂志名与书名用斜体,文章名用引号。

7. 注释以必要为宜,主要限于权威著作、学术来源、数据来源,尽可能避免说明性注释和花边式注释;注释应以引用报刊、书籍为主,尽可能避免引用网络链接。

8. 数字10以上的一律用阿拉伯数字,但中国古代典籍、年号中的数字,保留汉字习惯;10以下的一般用汉字;法条的条款项一律用阿拉伯数字。数字之间连接一律用波浪线;超过3位数的数字间一律不加逗号分隔,如10000;20世纪以前年代用20世纪90年代、20世纪80年代来表示,必须做到全文统一。

9. 确保文中引用的法规名称及颁布部门、时间、文号的准确性,凡标题为《中华人民共和国……》的法规文件,一律省略"中华人民共和国",不得使用法规简称,如不能将《刑事诉讼法》省略为"刑诉法"。

10. 文中使用的国务院机构名称一律使用规范的简称,参见国务院办公厅秘书局核定的"国务院机构简称"。

11. 文稿应尽量避免口语化、报刊语言，如"解放前、后""建国后"，应准确地表述为"1949年以前、以后""中华人民共和国成立后"；要注意少用第一人称，如我国、我党应表述为"中国""中国共产党"；简化语尽量少用，若用，应在第一次出现时加注说明。

《实证法学研究》 约稿函

中华人民共和国成立 70 余年，尤其是改革开放 40 多年来，中国的法学研究取得了举世瞩目的成就，中国的法治建设取得了前所未有的进步。中共中央印发《法治中国建设规划（2020~2025年）》《法治社会建设实施纲要（2020~2025年）》，为进一步推进全面依法治国指明了方向。实证强则法学强，法学强则法治强，法治强则国家强。法学是来自实践、服务实践并在实践中不断发展的科学理论，本质上属于实践应用之学、经世济民之学。

在全面依法治国新时代，深入学习贯彻习近平法治思想，实现法学理论创新、推动法治实践进步，均离不开扎实的实证法学研究。近年来，我国法学研究人员和法律工作者积极投身法治中国建设，形成了一系列重要理论和实证研究成果，对推动我国法治进步作出了重要贡献。

学术研究应当以推动社会发展进步为己任，新时代的法学研究应当更加凸显中国问题意识和实证研究方法。为加强实证法学研究，凝聚学界共识，推动实证法学研究的理论发展和推广，团结法学界、法律实务界同人更好地参与法治建设实践，中国社会科学院法学研究所于 2017 年创刊《实证法学研究》，以期形成中国实证法学研究的综合性、权威性、创新性平台，打造中国实证法学的权威理论园地。

《实证法学研究》由中国社会科学院国家法治指数研究中心和中国社会科学院法学研究所法治蓝皮书工作室编辑。中国社会科学院法学研究所长期关注中国法治实践，倡导并积极参与实证法学研究，已连续20年编辑出版系列法治蓝皮书等学术成果，开展了政务公开、司法公开、基本解决执行难等第三方评估工作，并连续多年主办全面依法治国与实证法学研究年会，见证中国法治进程，推动实证法学研究不断走向深入。

《实证法学研究》已成功推出七期，在法学界和法律实务界取得了良好反响。为进一步凝聚法律职业共同体，推动实证法学研究，服务全面依法治国实践，现继续向法学界和法律实务界各位专家学者诚约稿件。第八期用稿范围包括但不限于法学研究方法、专题研究报告、法治评估报告、学术理论争鸣等。

联系电话：010-64059953

投稿邮箱：szfxyj@126.com。

中国社会科学院国家法治指数研究中心
《实证法学研究》编辑部

【编者手记】

"赋税是政府机器的经济基础",税收不仅为国家运转提供资金来源,而且个人的自由也依赖于税收。倘若没有足够的税收,即便个人的夜跑自由也会被糟糕的治安环境所限制,个人旅行自由可能会被糟糕的交通网络制约。正是因为税收的重要性,党的十八届三中全会通过的《中共中央关于全面深化改革若干重大问题的决定》首次明确提出,"落实税收法定原则";党的十八届四中全会通过的《中共中央关于全面推进依法治国若干重大问题的决定》,又将制定和完善"财政税收"法律作为"加强重点领域立法"的一项任务。在税收执法环节,税务部门的稽查局在处理涉嫌构成刑事犯罪的虚开发票类案件中,在移送公安机关之前经常会作出一种特别的只确认违法事实而不作日常税务处理和税务行政处罚的"税务处理决定书",对于该决定书是否具有可诉性,有两位学者就此作出了针锋相对的争论。通过两位学者的争论,可以一窥税收执法过程中的争议焦点。

在司法领域,法官表面上是严格遵从法律和事实作出裁判,事实上,法官会被第一印象所支配,自觉或者不自觉地偏重部分信息,以至于忽略其他信息,这被人们称为"锚定效应"。通过学术研究发现,司法裁判认知偏差普遍存在于各类判决中。本书选择了两篇与之相关的内容:其一,对以危险方法危害公共安全罪进行样本研究,认真分析其中的司法偏差,提供纠正司法偏差的可能方案;其二,对Q市辖区内2019年至2020年194份裁判文书进行检索、汇总、分析后发现,某些几乎不在判决书中出现的隐性锚点无形中主导了法官判决方向。关注司法判决中的"锚定效应",对今后制定司法解释甚至立法有一定的理论和实践参考价值。

"法治是最好的营商环境。"当讨论营商环境时,不仅关注市场主体的准入、经营、退出各个环节和内容,而且还关注企业的设立、运营、退出是否合法合规。企业合规不起诉制度是"舶来品",1974年美国通过的《快速审理法案》规定,对于企业轻微刑事案件可以不起诉,随后该制度被其他国家广泛移植。我国现阶段推广应用企业合规不起诉制度,既是保护民营企业的需要,又是打造良好营商环境的需要,还是推动政府职能转型的需要。最高人民检察院自2016年起就企业合规问题陆续发布了多个文件,各地也对企业合规不起诉进行了有益的探索。本书选择了一篇关于企业合规不起诉适用对象的文章,其核心要义在于将适用范围从小微企业拓展到大中型企业,为中国版企业合规不起诉提供一个完善的方案。

刑事附带民事公益诉讼是一项实践先行的新型诉讼制度,一开始只是在检察公益诉讼试点工作中探索兴起,直到2018年《关于检察公益诉讼案件适用法律若干问题的解释》颁发实行后,该制度才具备了较为正式的法律支撑。在检察机关提起公益诉讼制度改革背景下,该诉讼模式下案件数量在两年内迅猛增长。刑事附带民事公益诉讼在公益维护与法益救济、丰富检察监督内核方面发挥着不可替代的功效。该制度经过初期探索与经验积累,目前已形成了一套稳定的审理模式,但通过对实践运行状况的仔细审视发现,该制度在诉讼主体、程序运行、法律规范适用、赔偿款项管理以及责任分配规则等方面研究深度不足,仍存在一些问题,文章选择了1045份裁判文书为分析样本,对我国刑事附带民事公益诉讼制度问题进行实证研究,深入剖析该制度存在的种种问题以及成因,并提出了针对性的改善建议。

2022年6月，一则唐山打人视频在移动网络中引起极大轰动，人们在高度关注的同时，也发现了扫黑除恶专项斗争的重要性。黑社会作为和谐社会的一个巨大毒瘤，不仅给人民群众的生命财产安全带来极大危害，而且也影响到整个社会的繁荣稳定。本书选择了黑恶势力财产处置现状审视与路径规范一文，对黑恶势力的财产认定和处置进行了分析和探讨。当下，司法实践中涉案财产存在的范围界定难、权属认定难、证据收集难、退缴执行难等问题仍未得到有效解决，导致涉案财产处置具有依附性、随意性和从属性，易侵害合法所有权人的正当权益。对此，文章提出要加强对物处置的监督机制，构建起全面、规范、具有可操作性的实体与程序兼具的涉案财产处置制度。

随着经济社会的发展和进步，股权转让和财产信托逐渐走入人们的视线。股权转让和财产信托在中国已经有多年的实践，本书选择了两篇关于股权转让和财产信托的文章，一个从股权转让合同解除权入手，对禁用合同法规范提出了质疑；另一个从信托监察人制度入手，讨论服务类财产权信托中信托监察人制度的构造。

法官是惩治犯罪、保障社会公平正义的重要力量。在现实中，法官自身的人身安全却屡遭侵害。尽管《法官法》对法官及其近亲属的人身安全保护有明文规定，但缺乏相应的实施细则，且广度不够，与法院实际情况存在明显的割裂，导致法官及其近亲属人身安全保护不到位，发生伤害乃至杀害法官的事件。本书选择了一篇关于法官人身安全保护的文章，以近五年法官人身安全案例实证分析为基础，从多个角度分析法官人身安全遭到侵害的原因，并对保障法官人身安全提供了建议。

[编者手记]

中国裁判文书公开不仅有利于提高司法公信力,有助于提升审判质量,还为法学研究提供了大量鲜活的素材。然而,部分学者从裁判文书公开中嗅到了一丝危机,认为裁判文书公开侵犯了当事人的权利,违背了部分法治价值追求。本书选择了裁判文书公开价值之辩一文,对不同法益之间的竞争、对不同规范价值追求进行了分析讨论。对裁判文书而言,在互联网时代,裁判文书公开不是走得太远,而是依然不足。

刘雁鹏　栗燕杰　田禾　吕艳滨

图书在版编目(CIP)数据

实证法学研究.第七期/田禾,吕艳滨主编.--北京:社会科学文献出版社,2022.12
ISBN 978-7-5228-0859-8

Ⅰ.①实… Ⅱ.①田…②吕… Ⅲ.①法学-研究 Ⅳ.①D90

中国版本图书馆 CIP 数据核字(2022)第 186011 号

实证法学研究(第七期)

主　　编 / 田　禾　吕艳滨
执行主编 / 刘雁鹏

出 版 人 / 王利民
组稿编辑 / 曹长香
责任编辑 / 王玉敏　郑凤云
责任印制 / 王京美

出　　版 / 社会科学文献出版社(010)59367162
　　　　　 地址:北京市北三环中路甲 29 号院华龙大厦　邮编:100029
　　　　　 网址:www.ssap.com.cn

发　　行 / 社会科学文献出版社(010)59367028
印　　装 / 三河市龙林印务有限公司

规　　格 / 开本:787mm×1092mm 1/16
　　　　　 印　张:20.25　字　数:244 千字
版　　次 / 2022 年 12 月第 1 版　2022 年 12 月第 1 次印刷
书　　号 / ISBN 978-7-5228-0859-8
定　　价 / 108.00 元

读者服务电话:4008918866

版权所有 翻印必究